DELIUS KLASING

KLAUS NÖLTER
JOHANNA MICHAELIS

Der erfüllbare Traum

Eine Weltumseglung

Delius Klasing Verlag

Bibliografische Information Der Deutschen Bibliothek
Die Deutsche Bibliothek verzeichnet diese Publikation in der Deutschen Nationalbibliografie; detaillierte bibliografische Daten sind im Internet über »http://dnb.ddb.de« abrufbar.

2. Auflage
ISBN 3-7688-1392-4

Fotos: Johanna Michaelis und Klaus Nölter
Zeichnungen: Klaus Nölter, Johanna Michaelis, Konrad Eyfer YPSC S.4
Karten: Ekkehard Schonart
Umschlaggestaltung: Buchholz/Hinsch/Hensinger, Hamburg
Druck: GGP Media, Pößneck
Printed in Germany 2004

Delius Klasing Verlag, Siekerwall 21, D - 33602 Bielefeld
Tel.: 0521/559-0, Fax: 0521/559-115
e-mail: info@delius-klasing.de
www.delius-klasing.de

Inhalt

Warum dieses Buch zwei Autoren hat

Der Text dieses Buches ist von mir verfaßt worden, aber es gibt darin keinen Absatz und keine Zeile, die ich nicht mit Johanna besprochen oder auch mit ihr zusammen verändert habe.

Ihre Anregungen, Einfälle und oft spontanen Ideen haben den Text entscheidend beeinflußt. Viele Abschnitte sind erst aus gemeinsamen Gesprächen und Überlegungen hervorgegangen.

Das zumeist von Johanna während der Reise geschriebene Log-Tagebuch, von dem dieses Buch Auszüge enthält, war häufig Grundlage meines Textes.

So wurde das Buch ein von uns beiden von Anfang bis Ende gemeinsam getragenes Unternehmen – wie es auch unsere Weltumsegelung war.

Klaus Nölter

Prolog

1. Dezember 1987

Das Heulen des Sturms nimmt zu. Die bedrohlich heranrollende See bricht sich lärmend an der stählernen Bordwand unserer JONATHAN, einer betagten 18-m-Yawl, mit der wir auf dem Weg von Lanzarote nach Gran Canaria sind.

Die Crew besteht aus Johanna, mir und unseren vier Schützlingen: straffällig gewordenen Jugendlichen, die das Leben auf See wieder zu »ordentlichen« Mitgliedern der Gesellschaft machen soll. Eine schöne Idee, wenn sie denn funktioniert. Doch unsere Jungs empfinden nach vier Monaten Bordleben das Schiff eher als Gefängnis, und die nun einmal notwendige Disziplin scheint sie zu überfordern. Jetzt im Sturm haben sie nur Angst – wie sollte es auch anders sein, denn ihre See-Erfahrung ist kurz und das Brüllen des Sturms für sie neu. Nur der 15jährige Sascha ist noch in der Lage, Johanna und mich von Zeit zu Zeit am Ruder abzulösen.

Der Südwest kommt genau aus Richtung unseres Ziels Las Palmas, und es ist unmöglich, gegen die neun Beaufort anzubolzen. So laufen wir unter der kleinsten Fock parallel zur Westküste Fuerteventuras nach Süden ab, um nach dem Runden des Kaps in den Leeschutz der Insel zu gelangen.

Es ist tiefschwarze Nacht, und nur die schwachen Blitze des Leuchtfeuers am Südkap lassen uns die ungefähre Position erkennen. Von dem gefährlichen Kap mit seinen vorgelagerten Felsklippen und Untiefen müssen wir uns gut freihalten. Also kontrollieren wir ständig die Peilung zum Leuchtfeuer, das unbedingt an Backbord bleiben muß, wollen wir uns nicht zu früh der Küste nähern, die keine vier Meilen entfernt, doch im Dunkeln nicht auszumachen ist. »So schaffen wir es nicht!« stelle ich plötzlich mit Schrekken fest. »Wir müssen höher an den Wind, Johanna.« Doch so sehr wir auch das Ruder nach Luv legen, die Peilung steht, wir nähern uns der Küste. Jetzt kann uns nur noch der Motor vor der Strandung bewahren.

Entschlossen startet Johanna den lärmenden, luftgekühlten Deutz, der holpernd anspringt. Jetzt endlich wandert die Peilung des Leuchtfeuers langsam wieder nach Backbord aus. Wir atmen auf und blicken uns erleichtert an. Unsere Angst läßt nach, und mit ruhiger Stimme gibt Johanna Anweisungen an Sascha, der jetzt wieder am Ruder steht und von der drohenden Gefahr nichts bemerkt hat.

Aber noch sind wir an dem gefährlichen Kap nicht vorbei, und es sieht ganz so aus, als müßten wir zwischen den vorgelagerten Klippen hindurch – keine angenehme Vorstellung bei dem heulenden Sturm, der steilen, brechenden See und der schlechten Sicht. Doch auch wenn unsere Chance nur fifty-fifty ist, wir haben keine Alternative. So kämpfen wir unter Fock und mit heulender Maschine um jeden Zentimeter Höhe. Mühsam arbeitet sich die JONATHAN mit ihren 30 Tonnen durch die aufgewühlte See, die das Deck überrollt und uns mit Gischtwolken eindeckt. Hin und wieder reißt jetzt der Himmel auf, und zwischen den dahinjagenden Wolkenfetzen scheint der Mond auf das naß glänzende Deck und die weiß leuchtenden, brechenden Wellenkämme.

In dieser Situation, die bedrohlicher ist als alles, was wir bisher auf See erlebt haben, bewundere ich Johannas Mut und Kraft. Sie hat Sascha abgelöst und gibt weder die schwere Arbeit am Ruder noch ihren Teil der Verantwortung ab, die wir für Schiff und Crew tragen.

Das Leuchtfeuer ist nun sehr nah. Deutlich erkennen wir im schwachen Mondlicht den dunklen Schatten der zerklüfteten Huk, auf der eine gewaltige Brandung steht. Schnell nähern wir uns, haben für einen Moment, zum Greifen nahe, den Leuchtturm querab, der ebenso schnell wieder nach achtern auswandert. Das war knapp! »Wir haben es geschafft!« jubele ich. Die ungeheure Anspannung will gerade nachlassen, als wir pötzlich merken, daß wir uns zu früh gefreut haben. Der unvermindert mit Sturmstärke wehende Wind hat auf Süd gedreht und drückt uns jetzt auf die Südküste. Warum, zum Teufel, können wir nicht ein paar Grad mehr Höhe laufen? Langsam dämmert uns, daß mit dem Schiff irgend etwas nicht stimmt. Doch wir finden keine Erklärung. Auf einen Bruch der Ruderanlage kommen wir nicht, weil der Ruderdruck unvermindert vorhanden und die JONATHAN noch steuerfähig zu sein scheint.

Plötzlich bietet sich uns voraus ein geradezu albtraumhafter Anblick: ein schneeweißes Brandungsfeld, in dessen kochender Gischt kein Fleck dunklen Wassers mehr zu sehen ist. Das voll nach Luv gelegte Ruder zeigt kaum Wirkung – nach Lee auszuweichen wage ich nicht, denn dort lauert die Küste. Johanna springt zur Karte, studiert sie hastig und schreit mir gegen den heulenden Wind zu: »Ein Flach ... Aber es reicht noch!« Auch wenn nicht – es ist zu spät, wir sind schon mittendrin. Das Schiff wird geschüttelt und auf die Seite geworfen. Ich ducke mich, um der Wucht der Brecher zu entgehen, die ins Cockpit donnern. Dann ein Knall: Das Schothorn der Fock ist ausgerissen, die nun mit ohrenbetäubendem Knattern am Vorstag zerrt und dabei zusehends in Fetzen geht.

Dann sind wir durch – ohne Grundberührung! Jetzt droht »nur« noch die Strandung. Mehr und mehr nähern wir uns der Küste, und ich spüre förmlich schon den Stoß, mit dem wir in der meterhohen Brandung zum erstenmal aufsetzen. Noch immer glauben wir nicht an einen Ruderschaden; um nicht tatenlos zu bleiben, machen wir etwas unter dieser Voraussetzung völlig Unsinniges: Wir halsen und gehen auf den anderen Bug, was uns normalerweise der Küste noch schneller näherbringen würde. Doch es ist wie ein Wunder: Plötzlich können wir Höhe laufen! Endlich fällt es uns wie Schuppen von den Augen: das Ruder! Johanna montiert die Notpinne, und wir sind wieder normal steuerfähig.

Später stellen wir fest: Nicht Wind und Strom haben uns so stark versetzt und beinahe stranden lassen, sondern ein weggerotteter Keil, der den Quadranten auf der Ruderwelle fixiert und das Ruderblatt in einer bestimmten Lage belassen hat.

Unter Maschine und noch immer laut knatternder Fock, deren Fall sich verklemmt hat, passieren wir ein zweites Mal das bedrohliche Kap. Der Wind hat mittlerweile ganz auf Süd gedreht und weht nur noch in den Böen mit neun Beaufort. Ich kämpfe auf dem Vorschiff mit den Resten der Fock und setze ein neues Segel. Wieder nehmen wir Kurs auf Las Palmas. Das Rudergehen mit der kurzen

Notpinne ist Knochenarbeit, bei der Johanna und ich uns in den nächsten 24 Stunden alle 20 Minuten ablösen müssen, denn auch der letzte unserer Jungs hat sich mittlerweile erschöpft in die Koje verholt.

Todmüde, abgekämpft und mit etlichen Schäden am Schiff erreichen wir zweieinhalb Tage nach dem Start von Teneriffa unseren Zielhafen Las Palmas. Wir haben in diesem Sturm einiges dazugelernt. Die wichtigste Erfahrung aber ist: Unsere Freundschaft hat ihre Bewährungsprobe bestanden und uns enger zusammengeschweißt, als es tausend gemeinsame »nette« Abende am Kamin oder sonstwo je vermocht hätten. Seitdem weiß ich: Ich kann mich in jeder Lage auf Johanna verlassen und mit ihr »Pferde stehlen« oder auch die Weltmeere bezwingen.

I.
Westwärts über den großen Teich

Einmal um die Welt: Ein Traum wird Wirklichkeit

Nach Abbruch unseres pädagogischen Segelabenteuers im sonnigen Mogan auf Gran Canaria standen wir im Frühjahr 1988 frierend auf dem Hamburger Flughafen. Die Zukunft war ungewiß. Am liebsten wären wir gleich wieder losgesegelt, diesmal ohne »Patienten«, nur wir beide mit dem eigenen Schiff. Doch davon konnten wir zunächst nur träumen, denn wir hatten weder genug Geld noch das geeignete Schiff für eine größere Reise. Sicher war nur, daß wir zusammenbleiben wollten. So gab ich meine Wohnung in Berlin auf, und wir machten es uns am Kohleofen der kleinen Altbauwohnung Johannas in Hamburg gemütlich.

Schneller als erwartet bekam ich bei einem privaten Arbeitgeber eine Stelle als Lehrer, und da auch Johanna nach ihrer Beurlaubung wieder im Schuldienst war, eröffneten sich finanziell bald neue Perspektiven. Johanna war anfangs noch skeptisch, als ich ihr vorrechnete, daß wir es bei größter Sparsamkeit in drei Jahren schaffen könnten, ein Schiff und eine dreijährige Reise zu finanzieren.

Keine Frage dagegen, daß auch sie Lust hatte auf die ganz große gemeinsame Reise. Dieser Wunsch war so selbstverständlich im Lauf vieler Jahre bei jedem von uns gewachsen, daß wir anfangs kaum über seine Ursprünge nachdachten. Je mehr wir nun miteinander darüber redeten, desto mehr zeigte sich eine verblüffende Ähnlichkeit in unserem seglerischen Werdegang. So hatten wir etwa zur gleichen Zeit, Anfang der 60er Jahre, mit dem Kuttersegeln auf der Ostsee begonnen, Johanna von Hamburg, ich von dem nur hundert Kilometer entfernten Rendsburg aus. Doch die Anziehung, die Schiffe und Wasser auf uns ausübten, muß schon viel früher entstanden sein. War es die Nähe zum Meer, in der wir beide aufwuchsen, oder der Einfluß der romantischen Seeabenteuer eines Herman Melville, Joseph Conrad oder Daniel Defoe, die wir schon als Kinder verschlungen hatten? Ein bißchen fühlten wir uns wohl schon wie Captain Cook, wenn wir als stolze Kutterführer mit unseren spartanisch ausgestatteten offenen Holzbooten die Elbe oder Ostsee durchpflügten. Dabei entwickelte sich jedoch nicht nur die Liebe zur See, sondern auch der Respekt vor den manchmal unberechenbaren Naturgewalten. Schnell merkten wir, daß nicht nur Mut und Abenteuerlust dazugehörten, sondern daß auch, wollte man auf Dauer überleben, Wissen und Erfahrung nötig waren. Die einzige Autorität jedoch, die wir dabei akzeptierten, war die See selbst. Was wir suchten, war Selbsterfahrung, Selbstbestätigung und die Freude am Segeln, die sich in der Auseinandersetzung mit Wind und Meer entwickelte.

Im Gegensatz dazu stand die traditionelle Segelschiffahrt, die auf Unterordnung, Gehorsam und Disziplin basierte, auf militärischen Prinzipien, die uns zutiefst verhaßt waren. Wir setzten dagegen Gemeinschaft und Eigenverantwortung. Als 17jährige Kutterführer besaßen wir zwar eine »natürliche« Autorität, doch sie kam ohne Kommandoton oder Drill aus. Diese frühen Segelerfahrungen prägten unser weiteres Seglerleben. Und so traten wir weder einem Segelverein bei, noch entwickelten wir jemals die Neigung, uns dem Regattasport zuzuwenden.

Trotz sehr ähnlicher Anfangserfahrungen gingen wir dann doch unterschiedliche Wege: Johanna begab sich in die Gaffelszene und segelte viele Jahre Traditionsschiffe auf Elbe, Nord- und Ostsee, während ich mit H-Jolle und Flying Dutchman jahrelang nur die Berliner Gewässer durchkreuzte. Doch immer war ich mein eigener Kapitän, und das wollte ich auch bleiben, als ich ab 1978 mit Charteryachten die Ostsee und das Mittelmeer befuhr.

Als wir uns 1987 kennenlernten und unser pädagogisches Segelprojekt begannen, hatten wir etwa gleich viel Erfahrung, doch keiner kehrte den Skipper heraus. So wenig, wie wir uns selbst unterordnen wollten, versuchten wir, andere dazu zu zwingen. So trugen wir gemeinsam die Verantwortung für das Schiff, für jeden Fehler, aber auch jeden Erfolg. In den sieben gemeinsamen Monaten auf der JONATHAN entwickelte sich auch unsere Liebesbeziehung, die eigentliche Grundlage unserer Reisepläne.

Nachdem unser »Kind«, der Plan der Weltumsegelung, geboren war, begann auch schon die Reise, jedenfalls theoretisch. Gemeinsam planten und träumten wir nun, und in manchmal nächtelangen Gesprächen versuchten wir, uns klar darüber zu werden, was diese Reise für uns und unser Leben bedeutete und warum wir sie eigentlich wollten. Schon viele hatten eine ähnliche Reise vor uns gemacht, deshalb hegten wir in dieser Hinsicht nicht den Ehrgeiz, etwas besonderes zu leisten, sondern etwas besonderes zu *erleben*. Sich in die Natur hineinzubegeben, statt sie nur zu betrachten, hatte schon immer unsere Form des Reisens bestimmt, sei es per Auto und Zelt oder mit dem Segelschiff. Fernreisen mit dem Flugzeug oder andere Hotelurlaube hatten uns dagegen nie gereizt. Lieber ersegelten wir uns mit eigenen Mitteln und Kräften Bornholm in der Ostsee, als uns in einen Flieger zu setzen, um einmal Hawaii zu sehen. Um die riesigen Dimensionen der großen Ozeane und Kontinente, um ferne Länder und einsame Südseeatolle wirklich zu erleben, muß man sie sich ersegeln, und das ist ein Abenteuer, das einmalig bleibt, ganz gleich, wie viele es schon vorher erlebt haben.

All unsere geistigen, physischen und psychischen Kräfte, auch das Ertragen von Unbequemlichkeiten und vielleicht Strapazen würden notwendig sein, um unser Ziel zu erreichen. Doch wir versprachen uns davon ein Maß an Befriedigung und Erfüllung, das kaum ein anderer Arbeits- oder Lebensbereich noch bieten konnte.

Die Idee war geboren, doch bis zu ihrer praktischen Verwirklichung wurde es noch ein langer Weg. Dabei lief das Sparprogramm sozusagen von allein, denn wir taten nichts weiter, als eines unserer Gehälter zurückzulegen; von dem anderen konnten wir ohne großen Verzicht immer noch gut leben: eine einfache Methode, die uns mancher Doppelverdiener nachmachen kann, der wie wir einmal die Welt umsegeln möchte. Voraussetzung dafür ist lediglich der Verzicht auf überflüssigen Luxus. Wer allerdings glaubt, auf das eigene Haus, die teure Eigentumswohnung, die Luxuslimousine, auf Designerklamotten, den regelmäßigen Besuch teurer Restaurants oder den letzten Schrei der Computer- und Unterhaltungsindustrie nicht verzichten zu können, der wird als Normalverdiener nie eine solche Reise machen können, sollte sich aber auch nicht darüber beklagen.

Von vielen Freunden oder Kollegen, die es sich vielleicht auch hätten leisten können, hörten wir oft den Satz: »Ja, ihr habt eben keine Kinder.« Stimmt, das erleichterte sicher manches, doch es gibt genügend Beispiele dafür, daß auch Kinder kein echtes Hindernis sein müssen. Denn entweder sind sie noch klein genug, um ohne Schaden, sondern mit Gewinn, ein paar Jahre mitzusegeln, oder sie sind alt genug, um auch eine Weile ohne ihre Eltern auszukommen. Das Aufgeben eines sicheren Arbeitsplatzes ist heute gewiß ein großes Risiko, doch auch das gingen wir ein, denn Johanna hatte als Beamtin die Sicherheit, nach drei Jahren Beurlaubung wieder eingestellt zu werden. Um es auf den Punkt zu bringen: Fast jeder, der es wirklich will, kann es uns nachmachen. Er muß nur den Mut haben, seine festgefügten Lebensbahnen zu verlassen.

Unsere 35 Jahre alte 9-m-Holzyacht eignete sich kaum für eine lange Reise. Deshalb machten wir uns auf dem Gebrauchtbootmarkt auf die Suche nach einem größeren Schiff, das maximal 100000 Mark kosten durfte, um die 12 Meter lang, absolut seetüchtig und möglichst so schön sein sollte wie eine Yacht von Abeking & Rasmussen. Wir sahen uns etliche hübsche Holzschiffe an, doch sie waren entweder zu teuer oder zu alt und marode. Endlich, nach einem halben Jahr, standen wir vor unserer »Traumyacht«. Sie hatte zwar einen GFK-Rumpf, aber von den Decksbalken aufwärts war sie ein Holzbau. Mit ihrem geteilten Lateralplan und den schlanken Linien versprach sie gutes Seeverhalten und Schnelligkeit. Teakdeck, Mahagoniaufbauten und das massive Rumpflaminat machten einen soliden Eindruck, und mit ihren 11,5 x 3 m bot sie uns genügend Raum, um drei Jahre darauf zu leben. Da auch der Preis stimmte und noch unter unserem Limit lag, entschieden wir uns ohne langes Zögern an Ort und Stelle für die OLE HOOP.

Zu Wasser gelassen, aufgeriggt und mit betriebsbereiter Maschine übernahmen wir sie vier Wochen später im holsteinischen Neustadt an der Ostsee und überführten sie im April '89 nach Hamburg. Vieles an der schon 22 Jahre alten OLE HOOP mußten wir erneuern, ändern und ergänzen, um aus einem Urlaubsschiff ein Blauwasserschiff zu machen. Das war mehr Arbeit und erheblich teurer, als wir anfangs geglaubt hatten. Fast unsere gesamte Freizeit und über 40000 Mark mußten wir in den nächsten zwei Jahren dafür investieren.

Die Vorbereitungen für unsere Weltumsegelung beschränkten sich nicht nur auf das Schiff. Auch wenn die Routenplanung und die einzelnen Reiseabschnitte im wesentlichen durch die Hurrikan- und Taifunzeiten festgelegt waren, so fehlte uns doch noch eine Menge Wissen über viele Seegebiete und Länder, die wir besuchen wollten. Als wir mit der Weltkarte begannen, unsere Reiseroute zu planen, wurde uns manchmal etwas mulmig, wenn wir uns die riesigen Ozeanstrecken vor Augen führten oder Berichte über Stürme, gefährliche Strömungen und Untiefen lasen. Immer wieder sagten wir uns, daß schon viele mit kleineren Booten und weniger Erfahrung eine solche Reise heil überstanden hatten. Lag nicht auch im Risiko eines solchen Unternehmens ein Teil des Reizes?

Das Beschaffen der nautischen Literatur, der Dutzende von Handbüchern und Hunderte von Seekarten stellte uns vor ein Problem. Neue Karten waren uns einfach zu teuer. So hörten wir uns um und fanden tatsächlich günstigere Quellen: von der Berufsschiffahrt ausgemusterte ältere Karten und fotokopierte Kartensätze aus den USA, wo das Kopieren von Seekarten offiziell erlaubt ist.

Schon auf unseren früheren Reisen hatten wir erfahren, welch wertvolles Kommunikationsmittel Amateurfunk an Bord ist. Die Prüfung für die dazu notwendige Lizenz gilt aber als so schwer, daß viele Fahrtensegler sich davor fürchten, obwohl sie den Vorteil des Amateurfunks gegenüber dem Seefunk lange erkannt haben. So arbeiten sie oft illegal als Schwarzfunker mit fremden oder erfundenen Rufzeichen. (Die Amateurfunk-Rufzeichen werden der Person und nicht wie in anderen Funkdiensten der Funkstelle zugeteilt.) Doch wir wollten die Vorteile des Amateurfunks ohne Einschränkung nutzen und nahmen es auf uns, vor der Reise die Prüfung für die umfangreichste, die B-Lizenz, zu machen, denn nur sie erlaubt das Funken auf Frequenzen, mit denen man Fernverbindungen zwischen den Kontinenten rund um den Erdball herstellen kann (20-m- und 15-m-Band). Über ein halbes Jahr lang mußten wir täglich ein bis zwei Stunden für diese tatsächlich enorm schwierige Prüfung lernen: Hochfrequenztechnik auf dem Niveau eines Ingenieurstudiums und vor allem Morsetelegraphie, was dem Erlernen einer Fremdsprache gleichkommt.

Zwei Monate vor unserem Starttermin war die Prüfung angesetzt. Wir fühlten uns aufgeregter als je zuvor in irgendeinem Staatsexamen. Durchzufallen konnten wir uns nicht leisten, denn für eine Wiederholungsprüfung hatten wir keine Zeit mehr. Nach vier Stunden waren wir endlich durch. Stolz und glücklich verließen wir das Prüfungsgebäude, in Händen die ersehnte gelbe Posturkunde.

Nun wurde es langsam ernst. Johannas Beurlaubung war genehmigt, meine Kündigung akzeptiert und das Auto verkauft. Mit Übergabe der Wohnung an den Nachmieter kappten wir die letzte Landverbindung. In den Wochen vor dem Start lebten wir auf dem Schiff und gewöhnten uns an unser künftiges Zuhause. Noch schien es uns fast unwirklich, doch gleichzeitig fieberten wir dem Augenblick entgegen, auf den wir uns drei lange Jahre so intensiv vorbereitet hatten.

Der große Tag: Elbabwärts gen England

14. Juli 1991

Der Startschuß ist gefallen. Unter grauem Himmel durchpflügt die OLE HOOP das gelb schäumende Wasser der Elbe. Noch können wir es kaum begreifen, daß wir nun wirklich unterwegs sind. Die vertrauten Elbufer gleiten an uns vorbei wie schon oft, wenn wir zu einem normalen Urlaubstörn aufbrachen. Doch der Abschiedstrubel auf dem Steg, bei dem an die hundert Freunde und Bekannte den Ponton fast zum Kentern brachten, die Fernsehinterviews und jetzt, immer noch neben uns, die wie wir über die Toppen geflaggte Segelyacht GERTRUD, auf der unsere Mütter und Freunde uns zum Abschied zuwinken, lassen keinen Zweifel daran zu, daß wir nicht träumen, sondern uns wirklich auf den Weg um den Globus machen. Viele Gedanken gehen mir durch den Kopf. Wird das Schiff, werden wir alles gut überstehen? Ich lasse meinen Blick über Rigg und Deck schweifen. Außer Mast und Baum gibt es keine alten Teile, die Mahagoniaufbauten glänzen unter sieben neuen Lackschichten, die Aries, unsere Windfahnensteuerung, ist solide montiert. Auch unter Deck, von der erneuerten Bordelektrik bis zum überholten, mit nur 500 Betriebsstunden noch jungen Motor, gibt es keinen Pfusch und keine Bastelei an Bord. So schiebe ich schnell alle Zweifel beiseite – zu unrecht, wie sich schon bald zeigen soll.

Cuxhaven, zwei Tage nach dem Start. Immer wieder starre ich ungläubig die milchig graue Emulsion an, die in dicken Tropfen vom Ölmeßstab kleckert. »Scheiße, wir haben Wasser im Motor!« fluche ich lauthals. Ratlos blicken wir uns an. Ohne Fachmann sind wir jetzt aufgeschmissen, denn viel zu wenig haben wir uns mit dem Motor, diesem so wichtigen Teil, beschäftigt. Nicht einmal ein Werkstatthandbuch haben wir dabei. Das soll anders werden, doch erst einmal sind wir auf Hilfe angewiesen.

Der Mechaniker erkennt sofort das Problem. Es ist so einfach, daß wir darauf auch selbst hätten kommen können: Die Dichtungsringe der Seewasserpumpe sind defekt, deshalb konnte Wasser über ihre Antriebsachse in den Motor gelangen. Zur Sicherheit prüft er auch noch die Einspritzdüsen, die sich zu unserem Erstaunen als verrottet erweisen. Nichts davon hatte der angebliche Spezialist erkannt, den wir vor der Abreise an Bord hatten. Die Konsequenz davon kann nur sein, selbst zum Motor-Spezialisten zu werden. Zumindest werden wir dem Volvo in Zukunft wesentlich mehr Aufmerksamkeit schenken müssen, denn wir haben nun Zweifel an seinem guten Zustand und fürchten, daß demnächst irgendein anderes Aggregat den Geist aufgibt. Um eine Erfahrung reicher und einige hundert Mark ärmer verlassen wir nach drei Tagen bei leichtem Nordwest die Marina von Cuxhaven.

Unserem vertrauten Heimatrevier, der Nordsee, wollen wir nun so schnell wie möglich entfliehen und tragen optimistisch das 450

Seemeilen entfernte Cowes auf der Isle of Wight als nächsten Zielhafen ins Logbuch ein. Zu optimistisch, wie sich bald zeigt, denn am zweiten Tag kündigt Norddeich-Radio ein Tief mit sieben bis acht Beaufort aus West an. Das ist nicht gerade das, was man sich für eine Passage durch den Englischen Kanal mit seinem dichten Schiffsverkehr und den starken Tidenströmen wünscht. Normalerweise wären wir zweifellos bei einem so ungünstigen Wetterbericht in den nächsten Hafen gegangen und hätten das nur wenige Stunden entfernte Den Helder angelaufen. Doch diesmal sind Johanna und ich uns nicht einig.

Ich möchte vorankommen und nicht schon wieder, nach nur zwei Tagen, im Hafen liegen. Deshalb stelle ich mich stur, obwohl ich es eigentlich besser wissen müßte. Denn natürlich ist es ziemlich unsinnig, bei acht Windstärken und womöglich Strom von vorn gegenankreuzen zu wollen. Nur widerwillig beuge ich mich Johannas Argumenten und spiele sogar den Beleidigten, als ich endlich nachgebe. Was ist nur in mich gefahren? Ist es das große Ziel, das mich auf einmal so ungeduldig macht? Dabei weiß ich doch, daß das Tidengewässer der Nordsee zu den schwierigsten Revieren der Welt zählt, daß Ungeduld und Leichtsinn dort schnell ihren Preis fordern können.

Als wir am Nachmittag im Hafen von Den Helder liegen und Sturmböen durch das Rigg heulen, bin auch ich heilfroh, jetzt nicht dort draußen gegenankämpfen zu müssen.

27. Juli, 05.00 Uhr

Der verdammte Kanal will uns einfach nicht loslassen! 30 Meilen vor Dover überfällt uns dichter Nebel. Kaum können wir unseren Bugkorb erkennen, geschweige denn die uns passierenden Schiffe, deren dumpfe Schallsignale von allen Seiten drohend zu uns durchdringen. Hätten wir jetzt kein Radar, bliebe uns nichts anderes übrig, als vom Fahrwasserrand weg auf ein Flach zu flüchten und dort vor Anker bessere Sicht abzuwarten.

Aber so rauschen wir bei kräftigem Nordwest mit sechs Knoten Fahrt durch die dichte, grau-weiße Suppe, während einer am Ruder steht und der andere konzentriert das Radarbild beobachtet. Der Schirm zeigt klare Echos aller Küstenlinien, der Fahrwassertonnen und Schiffe, die sich im Bereich der eingestellten zwölf Seemeilen befinden. Während im Radar demnach die Welt in Ordnung ist und nirgendwo Kollisionsgefahr besteht, bleibt es dennoch unheimlich und verlangt starke Nerven, ohne jede Sicht vollkommen blind zu steuern. Jede halbe Stunde tauschen wir die Rollen, und ich spüre jedesmal Erleichterung, wenn ich am Kartentisch Platz genommen habe und wieder »sehen« kann, was um uns herum passiert.

Uns ist klar, daß wir diese anstrengenden Doppelwachen nicht lange durchhalten können. Folglich wird es wieder einmal nichts mit unserem Zielhafen. Über UKW rufe ich Dover Port Control, denn es ist nicht nur verboten, ohne Erlaubnis in Dover einzulaufen, sondern auch lebensgefährlich. Die riesigen Luftkissenfähren donnern hier mit 80 Stundenkilometern aus der Einfahrt.

Der Controller meldet sich prompt und fragt besorgt, ob wir Radar haben. Meine bejahende Antwort scheint ihn zu erleichtern. Zwei Meilen vor der Westeinfahrt sollen wir noch einmal Kontakt mit ihm aufnehmen. Und jetzt beginnt das schwierigste Stück: »blind«, nur mit Hilfe des Hafenplans und dem Radarbild, den uns völlig fremden Hafen anzulaufen. Nachdem wir die Einlaufgenehmigung bekommen haben, herrscht Hochspannung an Bord. Angestrengt blicke ich auf die Bildröhre, wo sich die großen Hafenmolen und die Westeinfahrt gut erkennen lassen, gebe an Johanna Kurskorrekturen durch oder versichere beruhigend, daß alles stimmt und die Einfahrt direkt voraus liegt, während sie die OLE HOOP ins »Nichts« hineinsteuern muß.

Alles scheint gutzugehen. Aber dann bemerke ich plötzlich, daß eines der vielen Echos sich uns von achtern nähert. Eine Fähre, irgendein Motorboot? Ich weiß es nicht, doch es kommt immer näher und liegt schon auf Kollisionskurs. Wir müssen ausweichen! Doch kaum haben wir den Kurs geändert, ändert der Fremde ihn auch. Wir gehen zurück, und schon folgt er uns wieder. Jetzt bleiben wir auf Kurs und versuchen durch mehr Fahrt, den Verfolger loszuwerden, der sich uns auf hundert Meter genähert hat. Erleichtert atme ich auf, als nun der Abstand endlich konstant bleibt. »Der Kurs ist gut so! Noch zweihundert Meter!« rufe ich Johanna zu. Schnell haben wir die Echos der beiden Molenköpfe nahezu querab. »Stopp auf, wir sind drin!« Aufgeregt stürze ich vom Kartentisch nach oben.

Absolut nichts zu sehen! Doch dann, für nur wenige Sekunden, taucht die hochaufragende, mächtige Hafenmole als dunkler Schatten zwischen den hellen Nebelschwaden auf.

Wir haben es geschafft und warten nun – immer noch, ohne das geringste von den Hafenanlagen zu sehen – auf das Lotsenboot, das uns hier im Vorhafen abholen will. Die Organisation klappt perfekt, denn schon nach einigen Minuten hören wir laute Stimmen: Das Boot ist da. Und noch etwas sehen wir plötzlich dicht neben uns: einen kleinen Motorkreuzer, der mit uns zusammen eingelaufen sein muß, unseren »Verfolger«. Sein Radargerät ist defekt, deshalb hat er sich an uns gehängt, um sicher in den Hafen zu kommen.

»So was beißen gern die Haifische ab«, sagte der erfahrene Atlantiksegler, der uns in Hamburg am Steg besuchte. Damit meinte er das Pendelruder unserer Selbststeueranlage. Wir mußten zugeben, daran nicht gedacht zu haben, doch für eine Bestellung in England war es nun zu spät, und so nahmen wir einen Besuch bei Nick Franklin, dem Konstrukteur und Hersteller der Aries, in Cowes auf der Isle of Wight in unser Reiseprogramm auf.

Der Solent zeigt sich uns von seiner besten Seite. Der Kälte und dem Nebel des Englischen Kanals entronnen, genießen wir das warme Sommerwetter und die leichte Brise aus Südwest, mit der wir hoch am Wind auf Cowes zuhalten. Die Isle of Wight liegt an Backbord voraus, und an Steuerbord gleiten langsam die sonnenbeschienenen, sanften Hügel der South Downs vorbei. Zum erstenmal spüren wir so etwas wie Ferienstimmung. Auch die Engländer scheinen das schöne Wetter zu genießen – unzählige große und kleine Yachten durchkreuzen das breite Fahrwasser des Solents. Darunter sehen wir ungewöhnlich viele »Rennziegen«, und beim Einlaufen in den überfüllten Hafen wird uns klar, daß wir mitten in die Cowes Week, eine internationale Regattawoche, hineingeraten sind.

Als viertes Boot im Päckchen bekommen wir noch einen Außenplatz und betrachten interessiert den Rummel und das hektische Treiben auf den Stegen. Auch wenn Regattasegeln nicht unsere Welt ist, so sind wir doch fasziniert von den teuren Rennmaschinen und schnell angesteckt von der Partystimmung, die auf dem ganzen Klubgelände herrscht.

Doch bevor wir uns in den Trubel stürzen, müssen wir unbedingt Mr. Franklin anrufen, denn ohne ein Ersatzruderblatt für die Aries wollen wir England nicht verlassen. Auch wenn es vielleicht unsportlich erscheinen mag, für uns ist nichts grauenvoller als die Vorstellung, wochenlang über tausende Meilen Tag und Nacht von Hand steuern zu müssen.

Vor 30 Jahren hätten wir uns selbst etwas basteln müssen, denn erst 1970 kam mit der Aries die erste wirklich brauchbare Selbststeueranlage auf den Markt. Mit dieser genialen und technisch nahezu perfekten Konstruktion wurde der Segler und Ingenieur Nick Franklin zum Vater der Windfahnensteuerungen. Bis heute gibt es zwar teurere und aufwendigere Anlagen, aber keine besseren.

Leider hat Nick Franklin die Produktion eingestellt und liefert heute nur noch Ersatzteile. So ist es fraglich, ob wir ihn überhaupt antreffen werden. Um so erfreuter sind wir, daß es auf Anhieb per Telefon klappt und wir sofort zu ihm nach Northwood kommen können.

Der Taxifahrer nickt nur, als wir ihm unser Ziel nennen; ohne nach der genauen Adresse zu fragen, bringt er uns zügig bis vor Mr. Franklins Gartentor. Fast ehrfürchtig betreten wir das Grundstück dieses genialen Erfinders. Der freundliche ältere Herr, der in der Werkstattür steht, sieht genauso aus, wie man sich einen etwas eigenbrötlerischen Tüftler vorstellt.

Sobald wir in ungeübtem Englisch unseren Wunsch vorgebracht haben, führt er uns in seine Werkstätten, die einen überraschenden Anblick bieten: Neben großen, altertümlichen Maschinen türmen sich Berge von Aries-Teilen, aus denen man vermutlich noch hundert Anlagen zusammenbauen könnte. Zwischen alten Autoreifen und Maschinenteilen liegen auch Dutzende von Ruderblättern, aus denen Mr. Franklin das für uns Passende herauszieht. Vom Staub befreit, sieht es tatsächlich wie neu aus. Um eine noch fehlende Bohrung am Ruderschaft anzubringen, läßt er uns einen Moment allein, und wir nutzen die Gelegenheit, um in der abenteuerlichen Werkstatt etwas herumzuschnüffeln. Eine neumontierte Aries weckt unser besonderes Interesse, und wir fragen uns, wie es ihm gelingt, aus diesen verstaubt herumliegenden Teilen eine so blitzblanke Anlage hervorzuzaubern.

Nachdem wir noch eine Menge Ratschläge für die Behandlung des Geräts bekommen haben, darunter den wichtigsten: »Speak kindly to your vane gear«, fährt er uns zurück zum Hafen.

Hier ist die Party der Admiral Cupper mittlerweile voll im Gange, eine Rockband spielt auf, und die sportlichen, braungebrannten Jungs mit ihren dazu passenden Girls zeigen, daß sie nicht nur an Deck ihrer Racer eine gute Figur machen können.

Glücklich über den erfolgreichen Besuch bei Mr. Franklin, haben auch wir Grund zum Feiern, denn die OLE HOOP ist nun endgültig fit für den großen Ozean. Es drängt uns weiterzusegeln – dorthin, wo uns die Kälte des Nordens nicht mehr erreichen kann.

Die friedliche Biskaya

7. August, 1. Tag auf See

Nach tagelangem Warten auf eine günstige Wetterlage haben wir endlich den Abprung aus dem verregneten Falmouth gefunden. Doch das Warten hat sich gelohnt, denn nach dem Durchzug etlicher Tiefs breitet sich jetzt ein Hoch über der Biskaya aus. Das kann uns zwar Flauten, keinesfalls aber den gefürchteten Südweststurm bringen. Noch weht ein leichter Nordwest, und bei halbem Wind segeln wir auf direktem Kurs Richtung Kap Finisterre. Unser Zielhafen ist das 500 Seemeilen entfernte Muros in Nordspanien. Die vier oder fünf Seetage, die wir vor uns haben, schrecken uns nicht, im Gegenteil, wir freuen uns darüber, endlich einen großen Schritt gen Süden voranzukommen. Auch die Biskaya hat nun, da wir unterwegs sind, ihre Bedrohlichkeit verloren, und die Wetterlage ist so eindeutig, daß wir darauf verzichten, nach Westen »vorzuhalten«, wie es die Segelhandbücher für diese Strecke empfehlen.

Gegen Abend nehmen Wind und Seegang etwas zu. Wir wechseln das Vorsegel, teilen unsere Nachtwachen ein, und die OLE HOOP jagt, als würde auch sie sich nach Wärme und Sonne sehnen, mit schäumender Bugwelle ihrem Ziel entgegen.

10. August, 4. Tag auf See

»Delphine, Delphine!« Johannas Ruf läßt mich vom Kartentisch aufspringen. Es ist der erste Besuch dieser liebenswerten Tiere, und ich stürze an Deck, um keinen Moment davon zu versäumen. Von allen Seiten schießen sie heran, ihre schwarz glänzenden Leiber schnellen in elegantem Bogen aus dem Wasser, und während sie vor dem Bug abtauchen, werfen sie noch einen schnellen Blick auf die beiden menschlichen Wesen, die ihnen begeistert zurufen und ihren Kunststücken applaudieren. Es ist, als wollten sie die OLE HOOP zum Mitspielen auffordern. Doch gegenüber den rasanten Schwimmkünsten dieser Tiere wirkt sie trotz ihrer sechs Knoten Fahrt geradezu betulich. Trotz aller Aufmunterungsversuche schwimmt sie stur, mit gleichbleibender Geschwindigkeit geradeaus, ohne auch nur einen einzigen Sprung zu wagen. Kein Wunder, daß diesen munteren Burschen ein solcher Spielkamerad nach einer Weile langweilig wird und sie, voller Energie und Lebensfreude immer wieder aus dem Wasser springend, ihren Weg über das Meer fortsetzen.

Schnell sind sie verschwunden, doch das Erlebnis wirkt noch lange in uns nach, verstärkt das Gefühl von Freude, Harmonie und innerer Ruhe, wie wir es nur auf See erleben. Vor drei Tagen erst sind wir in Falmouth gestartet, und doch kommt es uns wie eine Ewigkeit vor. Die Schiffsbewegungen, die Windgeräusche, der weite Blick über das Meer, der Wach- und Schlafrhythmus und die täglichen Bordarbeiten von der Navigation bis zum Essenkochen sind uns selbstverständlich geworden. Hinzu kommt das herrliche Segelwetter mit blauem Himmel und frischen sechs Beaufort aus Ost, das uns nicht nur gut voranbringt, sondern auch das Segeln zu einem reinen Vergnügen macht. Besser hätten wir es wirklich nicht erwischen können. Was sind wir doch für Glückspilze!

Als wir das Kap Finisterre gegen Mitternacht querab haben, legt der nun aus Nordost blasende Wind noch einmal kräftig zu. Es hilft alles nichts, wir müssen das schon zweimal gereffte Groß ganz einpacken, und selbst unter gereffter Fock laufen wir noch fast sechs Knoten. Nur noch wenige Stunden trennen uns vom Landfall in Muros. Unser Wachwechsel gerät jetzt durcheinander, denn obwohl es noch 30 Meilen sind, mag keiner von uns lange in der Koje liegen

– er könnte ja etwas verpassen. Gegen Morgen nimmt der Wind immer mehr ab, und wir setzen nach und nach wieder alles Tuch, das wir haben. Langsam färbt sich der östliche Himmel rot, und im Gegenlicht der aufgehenden Sonne zeigen sich schemenhaft die zerklüfteten Konturen der hohen Felsenküste. Der Wind schläft nun ganz ein. Während wir unter Motor die letzten Meilen zurücklegen, tauchen plötzlich wie zur Begrüßung wieder Delphine auf (ob es wohl die von gestern sind?). Sie begleiten uns fast bis in den idyllischen kleinen Hafen hinein. Mittlerweile ist es richtig warm geworden – wir haben den Süden erreicht, um ihn für drei Jahre nicht wieder zu verlassen.

Endlich im Süden – mit Hindernissen

Wir müssen nun keine großen Sprünge mehr machen, denn für die portugiesische Atlantikküste und die Algarve können wir uns acht Wochen Zeit nehmen, bevor wir zu den Kanarischen Inseln aufbrechen. Glaubten wir anfangs, je weiter wir uns von unserem Heimathafen entfernten, desto isolierter würden wir reisen, so zeigt sich nun das genaue Gegenteil. Unsere Funkkontakte werden regelmäßiger, besonders mit Christoph vom deutschen Amateur-Seefunknetz. Wir sind auch keineswegs die einzigen, die sich auf großer Fahrt befinden.

Wie bei den Zugvögeln gibt es für Fahrtensegler, die von Nordeuropa in die Karibik wollen, feste Zugbahnen und Landeplätze. Da auch wir uns auf dieser Bahn bewegen, bleibt es nicht aus, daß wir nach und nach viele Crews anderer Yachten kennenlernen, die fast zeitgleich denselben Weg nehmen. In den Häfen trifft man sich mit großem Hallo wieder, Einladungen und Gegeneinladungen werden ausgesprochen, und so mancher Besuch endet in nächtlichen Trinkgelagen. Das Verbindende ist die Segelei, und die meisten Gespräche drehen sich um Bordtechnik (irgend etwas ist immer defekt) und Reisepläne. Nur selten vertiefen sich die Beziehungen darüber hinaus, was angesichts der oft großen Unterschiede in der sozialen Herkunft nicht verwundert. Denn vom promovierten Generaldirektor bis zum Lkw-Fahrer ist hier fast jede Berufsgruppe vertreten. Entsprechend verschieden sind auch die schwimmenden Untersätze und reichen von der Millionenyacht bis zum 10-Meter-Eigenbau.

Doch ungeachtet dieser Unterschiede überwiegt das Gemeinschaftsgefühl und überwindet die sozialen Schranken. Da hilft der Hippie dem Millionär bei der Motorreparatur oder umgekehrt, und die wenigen traurigen Gestalten, die ihren Standesdünkel nicht überwinden können, werden zu Außenseitern. Natürlich bestimmen wie im üblichen Leben auch letztlich Sympathie oder Antipathie, ob aus einem Gepräch mehr als eine Hallo-Beziehung wird.

Anfangs sind wir in der Kontaktaufnahme zu anderen Fahrtenseglern noch unsicher, kennen wir es doch weder von den überfüllten Mittelmeer- noch von den Ostseehäfen, daß man sofort per du ist und einander einlädt. Doch das ändert sich schnell, als wir schon in Muros die ersten »echten« Fahrtensegler kennenlernen: Christa und Holger von der GOLEM, die schon die Erfahrung einer neunjährigen Weltumsegelung vorweisen können. Jetzt sind sie auf ihrer zweiten Reise, bei der nicht klar ist, ob es noch einmal eine Weltumsegelung wird oder ob sie schon in der Algarve »hängenbleiben«.

Die beiden haben eine Menge für uns Wissenswertes zu erzählen. Besonders Holger beeindruckt durch sein Allround-Kenntnisse, von der Motortechnik bis zu den Einklarierungsmodalitäten in Brasilien. Als Funkamateur berichtet er uns auch eine Menge über die Maritime-Mobil-Netze anderer Länder, für uns alles Neuland, haben wir doch gerade unsere ersten QSOs hinter uns. Allerdings teilen wir nicht jede seiner pauschalen Bewertungen von in der Szene bekannten Seglern oder Amateurfunkern und merken bei allem Respekt schnell, daß auch Weltumsegler nur mit Wasser kochen. Dennoch freunden wir uns mit den beiden an, und nicht zuletzt dank des Amateurfunks bleibt dieser Kontakt über Jahre erhalten.

Auch wenn der berühmte portugiesische Norder ausbleibt und wir häufig durch Flauten motoren müssen, sind wir fasziniert von der Schönheit der iberischen Atlantikküste. Im Gegensatz zur Mittelmeerküste hält sich der Tourismus hier noch in Grenzen, und auch die Natur ist weniger zerstört als anderswo. In Peniche erstaunt uns der ungeheure Fischreichtum. Nirgendwo sonst haben wir so randvolle Fischerboote von ihrem Fang zurückkehren sehen. Unsere Nordseefischer würden bei diesem Anblick vermutlich vor Neid erblassen. Vor allem die kleineren Boote sind stark überladen, und selbst an Deck türmen sich Berge von Fischen. Entsprechend freigiebig sind sie mit ihrem Reichtum. Unseren Versuch, den großen Kabeljau, den wir herübergereicht bekommen, zu bezahlen, weist der Fischer fast empört zurück.

Der Motor bleibt unser Sorgenkind. Alle Versuche, die Sprit-Zufuhr zu verbessern, ändern nichts daran, daß wir das Dock de Alcantara im Hafen von Lissabon gerade noch mit den letzten Umdrehungen schaffen. Aus – nichts geht mehr! Wir orgeln nur die Batterie leer.

Auch Entlüftungsversuche und das Anpumpen von Hand führen nicht zum Erfolg. Statt dessen stellen wir überrascht fest, daß der Ölstand fast bis zum Einfüllstutzen reicht, wir also auf geheimnisvolle Weise große Mengen Diesel in den Motor gepumpt haben. Auch Skipper Edmund vom Nachbarschiff kann sich das als Maschinenbauingenieur nicht erklären. Welches Geheimnis auch immer dahintersteckt: Ausflüge und Besichtigungen sind damit erst einmal gestrichen, und wir machen uns auf die Suche nach einer Volvo-Penta-Vertretung. Glück im Unglück: 20 Kilometer vom Zentrum entfernt, mit Bus und Bahn in eineinhalb Stunden zu erreichen, gibt es die größte Volvo-Vertretung Portugals. Der englisch sprechende Ingenieur will uns gleich morgen einen Spezialisten schicken. Im Vertrauen einflößenden Firmenoverall erscheint auch tatsächlich am nächsten Morgen ein Mechaniker. Schnell hat er seine Diagnose zur Hand, schraubt die drei Einspritzpumpen heraus und verspricht, Anfang nächster Woche mit den reparierten Pumpen wiederzukommen. Zur Sicherheit fahre ich mit in die Werkstatt; dort stellt sich heraus, daß in dem riesigen Ersatzteillager der Firma ausgerechnet unsere Pumpenteile nicht vorhanden sind. Lieferzeit: mindestens eine Woche. Für uns heißt das, also doch erst einmal Sightseeing und Abwarten.

Nach zweieinhalb Wochen stehe ich in der großen Werkhalle, wo mir der Spezialist stolz die blitzblanken, »runderneuerten« Einspritzpumpen zeigt. Wenn es denn tatsächlich an den Pumpen lag, müßte das Problem nun in Kürze behoben sein. Doch ich freue mich zu früh, denn nach dem Einbau der Pumpen funktioniert noch immer nichts. Bei über 30° C unter Deck hängt unser Mechaniker stundenlang schweißtriefend über dem Motor und baut die Einspritzpumpen immer wieder ein und aus, um am Abend dann endgültig zu kapitulieren. Er nimmt sie wieder mit, da sie anscheinend nicht in Ordnung sind, und will es morgen noch einmal versuchen.

Frustriert sitzen wir in dem Chaos von Werkzeugen und öligen, abgeschraubten Motorteilen. Allmählich zweifeln wir an den Fähigkeiten des Mechanikers, studieren selbst das Werkstatthandbuch und stellen fest, daß unser »Spezialist« Fehler gemacht hat. Am nächsten Morgen beobachten wir einige Stunden lang seine weiteren Versuche, den Motor in Gang zu setzen, dann sind wir am Ende unserer Geduld und fordern ihn auf, einzupacken. Gemeinsam fahren wir in die Firma, ignorieren dort den Ingenieur, der uns schon eine zweite gepfefferte Rechnung für die zusätzlichen Arbeitsstunden ausgestellt hat, und verlangen den obersten Chef, der natürlich gerade eine »Besprechung« hat. Aber wir bleiben hartnäckig und warten.

Nachdem wir in dem komfortabel ausgestatteten Vorzimmer schon alle Firmenprospekte rauf und runter gelesen haben, erscheint nach zwei Stunden endlich der Chef, im Schlepptau den Ingenieur und unseren Mechaniker, der einen ausgesprochen betrübten Eindruck macht.

Anhand des Werkstatthandbuchs dokumentieren wir die Fehler des Mechanikers, lehnen es ab, weitere Rechnungen zu bezahlen, und stellen polemisch fest, daß die größte Volvo-Vertretung Portugals offenbar nicht in der Lage sei, unseren kleinen Motor zu reparieren. Damit packen wir den Chef an seiner Ehre. Er ordnet an, daß der Ingenieur mit zwei fähigeren Mechanikern so lange an dem Motor zu arbeiten hat, bis dieser läuft. Weil er garantiert, daß uns daraus keine Mehrkosten entstehen, sind wir's zufrieden, bedanken uns und sind gespannt, wie es nun weitergeht.

Drei Tage später, denn natürlich fehlten wieder wichtige Ersatzteile, steht die Drei-Mann-Crew an der Pier. Schwitzend und stöhnend zwängen sich die beiden Mechaniker in den engen Motorraum, während der Ingenieur als »Laufbursche« mehrmals losgeschickt wird, um irgendeine kleine Kupferdichtung zu besorgen, die sie vergessen haben. Nach vier Stunden endlich läuft der Motor, und das Team rückt erleichtert ab. Auch wir sind froh, endlich weitersegeln zu können, doch unser Mißtrauen gegenüber diesem Motor ist größer als je zuvor.

Schnelle Reise zu den Kanaren

Portimão (Südportugal), 30. September

Wir hocken in den Startlöchern. Ein Sturmtief liegt über der Biskaya, und für die Straße von Gibraltar und das Kap São Vicente ist Starkwind aus West angesagt. Unsere beiden Wetterfrösche Christoph und Günther vom Amateur-Seefunknetz raten uns ab, jetzt auszulaufen. Wir beherzigen die Warnung und bringen zusätzlich zu unserem Bügelanker noch den 35 Kilo schweren Stockanker aus, den wir wie ein Reitgewicht mit einem großen Schäkel an der Ankertrosse zur Kette hinabgleiten lassen. Vielleicht übertreiben wir damit, denn unser Bügelanker hat bisher immer gut gehalten, doch so schläft es sich entschieden ruhiger. Immer wieder gibt es Berichte über Yachten, deren Crew erst durch die Strandung geweckt wurde. Hier in der breiten, lagunenartigen Flußmündung des Rio Arade ist der steinige Strand nicht weit, und ist erst einmal der Anker ausgebrochen, kann nur noch der schnelle Einsatz der Maschine die Strandung verhindern, vorausgesetzt, man wacht durch Zufall rechtzeitig auf.

Tatsächlich wird die Nacht ausgesprochen ungemütlich: Kräftige Regenschauer prasseln aufs Deck, und von den Bergen am Westufer fegen Sturmböen heulend durch das Rigg. Auch wenn der Lärm uns nicht gut schlafen läßt, so sind wir doch heilfroh, bei dem Wetter kein Ankermanöver mit dem Dingi mehr fahren zu müssen. Unsere Kontrollpeilungen zu den Molenfeuern bestätigen: Die OLE HOOP bleibt wie angenagelt auf gleicher Position. Als am nächsten Morgen bei strahlendem Sonnenschein ein leichter Nordost über unseren Ankerplatz weht, zögern wir nicht länger, denn wir sind schon seit Tagen startklar für den Sprung zu den Kanarischen Inseln. Der Oktober beginnt, und die Sonne verliert langsam ihre Kraft – Herbststimmung breitet sich aus.

So sehr wir auch die schöne Küste und Landschaft der Algarve genossen haben, wir spüren, daß es an der Zeit ist, Europa zu verlassen. Auch den anderen Seglern geht es ähnlich – überall herrscht Aufbruchstimmung. Die meisten liegen 25 Seemeilen weiter östlich in der Marina von Vilamoura, einem Touristenzentrum mit Hotelklötzen und Ferienanlagen. Solche Marinas scheinen viele anzuziehen, aber uns schrecken sie eher ab. Nur Christa und Holger mit ihrer GOLEM haben uns vorübergehend hier am Ankerplatz Gesellschaft geleistet. Über Funk hören wir, daß auch sie morgen von Vilamoura aus starten wollen.

Wozu noch warten? Der angekündigte Nordost scheint sich eingestellt zu haben. Wir holen unsere Anker auf. Doch statt der erwarteten Backstagbrise weht uns ein kräftiger Westwind entgegen, der am Nachmittag bis auf sieben Beaufort zunimmt. Dabei haben alle Wetterberichte Nordost vorausgesagt.

Unter Fock und gerefftem Groß laufen wir nun hoch am Wind durch eine hohe und steile Kreuzsee, die uns nur mühsam voran-

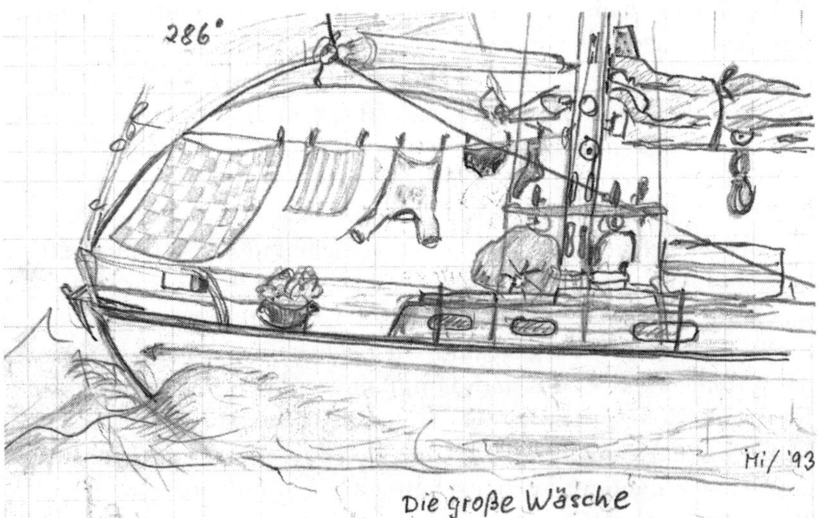

kommen läßt. Hätten wir vielleicht doch noch warten sollen? Ach was, da müssen wir jetzt durch. Auch wenn die OLE HOOP noch so sehr in der Welle tanzt, wir kommen unserem Ziel Las Palmas näher, und ewig kann es doch nicht aus West wehen!

Tut es auch nicht. Schon in der Nacht schwächt sich der Wind ab und kommt am nächsten Morgen konstant mit vier Beaufort aus Nordost: ein Traumwetter. Auch das Etmal fällt mit 120 Seemeilen viel besser aus als erwartet. Zum erstenmal können wir jetzt unsere Passat-Segeltechnik ausprobieren. Aus Kosten- und vor allem Platzgründen hatten wir uns gegen zusätzliche Passatsegel entschieden. Da der Wind raum von Backbord kommt, baumen wir die Genua nach Steuerbord und die kleinere Fock nach Backbord aus. Das dreifach gereffte Groß setzen wir mittschiffs als Stützsegel, um in der immer noch sehr unruhigen See das Rollen etwas zu mildern. 77 Quadratmeter stehen nun vor dem Mast und treiben die OLE HOOP mit fünf Knoten voran, während die Aries sie auf Kurs hält.

Segelwechsel und etliche Schiffsbegegnungen haben uns nachts viel Schlaf geraubt, und so sitzen wir nun todmüde, aber glücklich über den guten Start im Cockpit und genießen es, endlich wieder auf See zu sein. Während wir rundum zufrieden sind, meldet sich plötzlich Holger von der GOLEM und schimpft wie ein Rohrspatz: »Eine solch furchtbare Kreuzsee habe ich in meiner ganzen Seglerlaufbahn noch nicht erlebt! Das kann nicht normal sein!« Günther, der den spanischen, englischen und deutschen Seewetterbericht aufgenommen hat, beruhigt ihn: »Für euer Seegebiet gibt es keine Meldungen über irgendwelche Seebeben, das muß lokale Ursachen haben.«

Wir verstehen die Aufregung unseres Weltumseglers nicht ganz, der vermutlich keinen anderen Seegang hat als auch wir 24 Stunden zuvor. Allerdings hatten wir mehr Wind und haben Fahrt gemacht, während die GOLEM bei zwei Beaufort aus Nordost praktisch auf der Stelle stand und den ganzen Tag über nur 18 Meilen vorankam. So gesehen haben wir Glück gehabt, daß wir einen Tag früher ausgelaufen sind.

In den nächsten Tagen wird die See ruhiger, eine lange Atlantikdünung stellt sich ein, und der kräftig gewordene Nordost beschert uns ein Durchschnittsetmal von 130 Seemeilen. Noch ist das Blauwassersegeln für uns etwas Neues und Aufregendes, das uns jede Meile intensiv erleben läßt. Am 3. Oktober schreibe ich nachts um 03.00 Uhr ins Logbuch: »*Hohe Wellen, aber sanft. Fast behutsam steigen sie, im Mondlicht glitzernd, achteraus an und werden zu dunklen, bedrohlichen Wänden. Doch rechtzeitig heben sie das Heck der* OLE HOOP, *bringen es ins Schwingen und gleiten gutmütig gurgelnd und schmatzend vorbei. Eine schnelle und schöne Fahrt ...*«

Die Tage vergehen wie im Flug. Obwohl wir nicht Ruder gehen müssen, sind wir eigentlich immer beschäftigt. Unter anderem üben wir uns täglich, wie in der Biskaya auch, in der Astronavigation, um mehr Sicherheit und Routine zu gewinnen. Denn so bequem und genau elektronische Navigationssysteme wie unser Satnav auch sein mögen, ein paar Salzwasserspritzer genügen, um sie lahmzulegen. Das sichere Beherrschen der Astronavigation mit Hilfe von Tafelwerken und Sextanten gehört deshalb auch heute noch zum notwendigen Handwerkszeug eines jeden Blauwasserseglers.

Während bei Trockenübungen in Navigationskursen naturgemäß die praktische Handhabung des Sextanten in den Hintergrund tritt, weil realistische Seebedingungen nicht simulierbar sind, stellt die präzise Messung die eigentliche Schwierigkeit dar. Auf einem rollenden Schiff in hoher Atlantikdünung fällt es anfangs nicht leicht, den Sonnenunterrand exakt auf die Kimm zu setzen, die ständig hinter den Wellenbergen verschwindet. Doch von der präzisen Messung hängt die Genauigkeit der Standlinie ab. Es dauert eine Weile, bis wir mit unseren Ergebnissen zufrieden sind, die wir im Wettbewerb miteinander vergleichen. Die Übungen machen nicht nur Spaß, sondern geben uns das gute Gefühl, auch ohne jede Elektronik unseren Weg über die Meere finden zu können.

Las Palmas und die Welt der Fahrtensegler

6. Oktober, Las Palmas

Mittagshitze flimmert über der Stadt. Die Ole Hoop liegt bewegungslos im ölig glänzenden Hafenwasser des Yachtklubs von Las Palmas. Nur fünf Tage waren wir auf See, und doch brauchen wir einige Zeit, um uns daran zu gewöhnen, daß sich nichts mehr bewegt und wir so »plötzlich« an dem Ort sind, wo vor vier Jahren unsere gemeinsamen Reiseträume begannen. Die Palmen auf der Pier sind gewachsen, doch sonst hat sich kaum etwas verändert. Anders als damals allerdings haben wir jetzt keinen 24-Stunden-Job und deshalb Zeit, die anderen Segler kennenzulernen, die wie wir fast alle auf dem Weg in die Karibik sind.

Natürlich treffen wir alte Bekannte, denn irgendwann macht jeder Station in Las Palmas. Noch ist die Muelle Deportivo relativ leer, denn der eigentliche Run beginnt erst kurz vor dem Start der Atlantic Rallye for Cruisers (ARC) Mitte November, einer von dem englischen Fahrtensegler Jimmy Cornell organisierten Geschwaderfahrt nach St. Lucia, an der über hundert Yachten teilnehmen werden. Sicherheits-Check, Funkbegleitung und Schnellkurse für Anfänger sollen all den Skippern, die sich eine Atlantiküberquerung allein nicht zutrauen, das Gefühl erhöhter Sicherheit geben. Doch wenn Schiff und Crew einer solchen Reise nicht gewachsen sind, scheint es uns eher fragwürdig, sie damit auf die Hochsee zu locken.

Ansonsten könnten sie ebensogut allein segeln, und zwar sicherer, schneller und billiger. Sicherer, weil die Kollisionsgefahr mit anderen Yachten geringer ist; schneller, weil sie sich den Starttermin nach der optimalen Passatwetterlage aussuchen können (so manche ARC ist wegen des frühen Starttermins um den 20. November schon in der Flaute hängengeblieben); und billiger, weil sie ein paar hundert Mark Startgeld sparen. Aus all diesen Gründen bleiben wir der Massenveranstaltung fern und planen statt dessen, die uns bisher unbekannten kleinen westlichen Inseln der Kanaren kennenzulernen und uns erst Mitte Dezember auf den Sprung nach drüben zu machen.

»Johanna und Klaus? Viel zu leise, kann sie nicht hören. Die sollen erst mal nach Las Palmas kommen, da kriegen sie eine vernünftige Antenne verpaßt!« polterte Fred in seiner kurzangebundenen Art über Amateurfunk, als wir noch einige hundert Meilen von Gran Canaria entfernt waren.

Nun steht er wie angekündigt am ersten Tag nach unserer Ankunft an der Pier, ein dickbäuchiger Mann mit graumeliertem Vollbart und Brille, im Arm einen grau-weißen Foxterrier: ganz und gar nicht der markige Typ, den wir uns nach seiner Stimme vorgestellt haben. Als er bei uns im Cockpit sitzt, ist von Antennen zunächst nicht die Rede. Wir sollen unbedingt seine Frau Barbara kennenlernen, deshalb lädt er uns zum gemeinsamen Essen in sein Stammrestaurant ein. Die Engländerin Barbara traf Fred, als er vor vielen Jahren mit seinem Schiff auf der Durchreise in Las Palmas festmachte und es dann nie mehr verließ.

Nach dem dritten Bier an der Hafenbar haben wir uns an den Gedanken gewöhnt, daß mit der Antenne ein größeres Projekt auf uns zukommt. Fred jedenfalls scheint es nicht eilig zu haben und fragt uns, ob wir denn zu Weihnachten schon etwas vorhätten – eine Zeit, zu der wir eigentlich schon auf dem Weg nach Barbados sein wollten.

Offensichtlich fehlt es uns an der spanischen Gelassenheit, denn schon am nächsten Morgen machen wir uns auf die Suche nach den Antennenbauteilen – in einer Großstadt wie Las Palmas nicht ganz einfach. Doch mit Freds Hilfe haben wir innerhalb einer Woche tatsächlich alles beisammen: eine siebeneinhalb Meter lange Teleskopangelrute, in die später der Antennendraht eingefädelt wird. Dazu ein anderthalb Meter langes dickes Nirorohr, das, am Heckkorb befestigt, die Halterung für die Angelrute abgibt. Schließlich noch einen wasserdichten Installationskasten, Kupferdraht für eine Spule, sieben Meter Koaxialkabel, ein Schaltrelais und einige Meter Elektrokabel. Nach einer weiteren Woche ragt die schwarze Angelrute, nun zur Vertikalantenne geworden, wie ein zweiter Mast sieben Meter hoch an unserem Heck auf.

Vertikalantennen sind an sich nichts Neues und werden in der Berufsschiffahrt schon lange verwendet. Mit Anpaßgeräten werden sie auf die jeweiligen Frequenzen abgestimmt. Der dadurch entstehende Leistungsverlust wird mit großen Endstufen von 1000 Watt und mehr problemlos ausgeglichen. Die begrenzte Bordnetzkapazität einer kleinen Yacht reicht jedoch bestenfalls für den Betrieb eines 100 bis 150 Watt starken Senders, der in den Spitzen auch schon an die 20 Ampere pro Stunde verbraucht. Das Ideal wäre eine Antenne mit guter Abstrahlcharakteristik, die ohne Verluste die volle Ausgangsleistung des Senders in den Äther schickt. Die von Fred ersonnene Angelrutenantenne kommt diesem Ideal sehr nahe. Durch die mit einer Spule vorgenommene direkte Anpassung an das 15- und 20-Meter-Amateurfunkband gibt es so gut wie keine Leistungsverluste, und die Abstrahleigenschaften sind im Vergleich zu einem Achterstag optimal. Tatsächlich gibt es keine schlechtere Kurzwellenantenne als das weit verbreitete isolierte Achterstag, das mit einem Automatiktuner betrieben wird, der bis zu 70 Prozent der Leistung schlucken kann.

Schlecht beraten und aus Mangel an Erfahrung, sind auch wir mit einer solchen Achterstagsantennne losgefahren. Spätestens in der Karibik wären wir damit hoffnungslos »versackt«, hätten wir nicht den segelnden Antennenprofi Fred getroffen. Schon die ersten Versuche mit der neuen Antenne zeigen, daß wir damit ein fast zehnmal stärkeres Signal erzielen. Es ist, als würden wir nun mit einer 500-Watt-Endstufe arbeiten. Die Angelrutenantenne bleibt natürlich nicht nur Amateurfunkern vorbehalten. Wer Kurzwellen-Seefunk aus Sicherheitsgründen für wichtig hält, sollte auch die Antenne nicht vernachlässigen. Denn der Unterschied zwischen einer guten und einer schlechten Antenne besteht im Zweifelsfall aus »gerade noch gehört« und »nicht mehr gehört«.

Abendlicher und manchmal auch schon mittäglicher Treffpunkt im Yachthafen ist die Bar der Marina. Sie besteht aus einem Kiosk mit Getränkeausschank, Tischen und Stühlen unter freiem Himmel. Hier treibt sich alles herum, was irgendwie zur Szene gehört, und beileibe nicht jeder ist ein Fahrtensegler. Da gibt es Jungs auf Jobsuche, und andere wollen einen »Lift« in die Karibik, möglichst nach dem Prinzip Hand gegen Koje. Doch die guten Zeiten dafür sind vorbei, man ist gegenüber fremden Bordgenossen vorsichtiger geworden. Entweder segeln Pärchen zusammen, die ihr Schiff leicht allein handhaben können, andernfalls wären sie gar nicht bis hierher gekommen. Oder es sind Einhandsegler, die es auch bleiben wollen, es sei denn, die zusätzliche Crew ist weiblich, jung und hübsch.

Auch Johanna und ich trinken hier gelegentlich unser Feierabendbier und lernen in den drei Wochen, die der Antennenbau uns festhält, die ganze Fahrtenseglerrunde kennen. Viele von ihnen sind echte Aussteiger, die ein Schiff und Geld genug haben, um den Rest ihres Lebens dort zu verbringen, wo es ihnen gefällt. Das ist oft auch ihr einziges Ziel, langfristige Pläne haben sie nicht und wollen sie auch nicht haben. Der Grund dafür ist oft ihr früherer Beruf, in dem sie eine beachtliche Kariere gemacht haben, die ihnen zwar Geld, doch keine Zeit zum Leben gelassen hat. Eben dies wollen sie jetzt nachholen. Auch die meisten Einhandsegler lassen sich in diese Kategorie einordnen. Überzeugter Single ist keiner von ihnen, vielmehr veranlaßten sie gescheiterte Beziehungen oder eine Frau, die kein Interesse am Segeln hat, allein zu reisen.

Unter den Aussteigern gibt es einige wenige, die keine gut gefüllte Bordkasse besitzen. Weil sie nicht in der Marina sondern draußen vor Anker liegen und sich auch den abendlichen Umtrunk an der Bar selten leisten, nehmen wir sie anfangs kaum wahr. Etwa den bärtigen Franzosen mit seinem abenteuerlichen Acht-Meter-Eigenbau, in dem wir uns nicht einmal bis nach Helgoland trauen würden. Oder das deutsche Paar, das riesige Sperrholzplatten auf seinen Katamaran schleppt, um daraus sogenannte Strandkatamarane zu bauen, die dann lukrativ verkauft werden sollen.

Im totalen Gegensatz dazu steht der erfolgreiche Jungunternehmer, dessen Firma Millionenumsätze auch in seiner Abwesenheit macht und der von Zeit zu Zeit nach Deutschland fliegt, um nach dem Rechten zu sehen. »Klassische« Weltumsegler wie die Kochs, die Erdmanns oder die Schenks, die wie wir mit begrenztem Budget und begrenzter Zeit vorübergehend aus dem Berufsleben ausgestiegen sind, treffen wir hier nicht. Fast gelten wir schon als Exoten, weil wir in »nur« drei Jahren die Erde umsegeln wollen, ein Zeitraum, den die meisten allein für die Karibik einplanen.

Nicht nur wir haben unser Bauprojekt, auch auf anderen Schiffen wird gebohrt, gesägt oder geschweißt. Es ist immer wieder er-

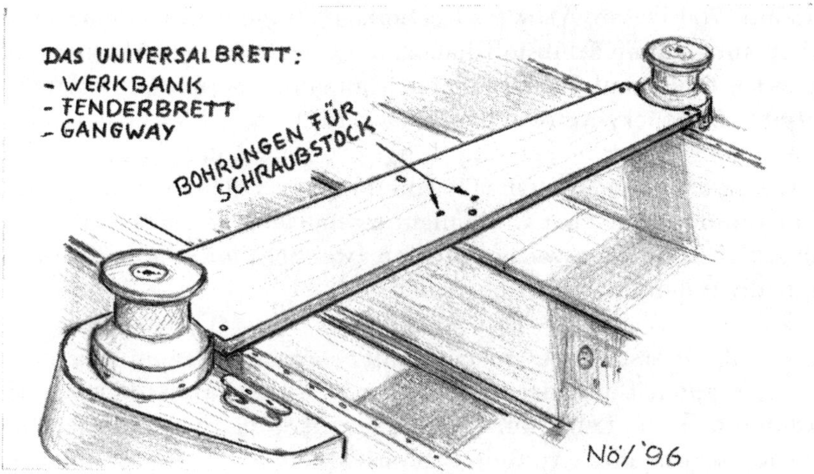

staunlich, was es auf einem Fahrtenschiff auch dann noch zu reparieren gibt, wenn es schon vor langem seeklar den Heimathafen verlassen hat. Viele Mängel wie undichte Luken oder Fenster und unpraktische Einrichtungen zeigen sich erst unterwegs, und auf fast jedem Schiff hat irgendein elektronisches Gerät, vom Log bis zur Windmeßanlage, seinen Geist aufgegeben. Selbst wenn alles funktioniert, gibt es noch eine Menge zu besorgen. Wem Seekarten fehlen, der kann sie sich hier von anderen ausleihen und in einem Copycenter gleich am Hafen auf einem Großkopierer vervielfältigen. Ein österreichischer Einhandsegler, der fast ohne Karten losgefahren war, blockiert tagelang den Kopierer, der dem Dauerbetrieb nicht gewachsen ist und zwischendurch auch noch repariert werden muß, bis der Kollege seine von überall zusammengeliehenen 600 Seekarten kopiert hat.

Wer von hier aus direkt in die Karibik starten will, den erkennt man daran, daß sich vor seinem Schiff irgendwann Berge von Lebensmittelkartons, Obst- und Gemüsetüten, Bier- und Colapaletten türmen. Auch die jeweiligen Eß- und Trinkgewohnheiten lassen sich dabei gut unterscheiden. Eine Drei-Mann-Crew, die zum erstenmal den Atlantik überquert, fällt durch ungewöhnliche Biermengen auf, die sie in ihrer zehn Meter langen Yacht verstaut, insgesamt 760 Dosen. Als wir sie scherzhaft fragen, ob sie denn noch Platz für anderen Treibstoff haben, machen die jungen Männer uns ihre Rechnung auf: Zehn Biere pro Mann und Tag, mal 21 Reisetage ergibt 630 Stück; der Rest ist Reserve. Im Unterschied zu den meisten anderen hier machen die Jungs eben normalen Urlaub – und wer will da schon auf seine Gewohnheiten verzichten? Wir können ihnen nur wünschen, daß sie nicht irgendwann versuchen, alkoholisiert zwischen den vermeintlichen zwei Schiffen hindurchzufahren, die ihnen unterwegs begegnen.

Obwohl wir erst einige Wochen später starten wollen, nutzen auch wir die guten Einkaufsmöglichkeiten, die Las Palmas bietet, und kaufen hier alle Lebensmittel, die langfristig haltbar sind: Getränke, Konserven aller Art, Reis, Nudeln, Milchpulver, Trockenhülsenfrüchte, Mehl, Zucker, Salz, Öl und Geräuchertes. Die Mengen kalkulieren wir grob so, daß wir im Extremfall sechs Monate davon leben können, auch wenn sich in den letzten Wochen vermutlich Nudeln mit Ketchup und Ketchup mit Reis abwechseln würden. Alles andere wie Obst, Gemüse und Eier können wir erst kurz vor der Abfahrt kaufen, denn außer Kartoffeln hält sich davon kaum etwas länger als vier Wochen. Übrigens dürfen Orangen und andere Zitrusfrüchte auf gar keinen Fall vorher in einem Kühlhaus gewesen sein, sie verderben dann in wenigen Tagen. Die Langzeitverpflegung birgt ansonsten keine Geheimnisse, und je nach Geldbeutel, persönlichem Geschmack und technischen Möglichkeiten wie Kühlschrank oder Tiefkühltruhe wird jeder zu einer individuellen Lösung kommen.

Weitaus schwieriger als das Erstellen einer Einkaufsliste ist auf einer kleinen Yacht das Stauen der Lebensmittel. Die Menge der Tüten und Kartons, die wir allein in Las Palmas an die Pier schleppen, scheint die Ladekapazität der OLE HOOP völlig zu sprengen. So bleibt uns, nachdem alle Schränke und Backskisten gefüllt sind, nichts anderes übrig, als einen großen, randvollen Karton unter dem Salontisch festzuzurren. Angesichts des nun etwas eingeengten Lebensraums unter Deck können wir uns nur damit trösten, daß im Lauf der Zeit alles weniger wird, wir uns sozusagen durch den Proviantberg hindurchfressen werden.

Nach drei Wochen Reisevorbereitungen, Antennenbau und intensivem Gemeinschaftsleben an der mittlerweile voll gewordenen Pier können wir die lärmende Großstadt Las Palmas endlich verlassen und freuen uns darauf, die vom Tourismus noch weniger geprägten, uns bisher unbekannten kleinen Inseln Gomera, Hierro und La Palma im Westen kennenzulernen.

Bunt bemalte kleine Fischerboote an langen Muringleinen und nur wenige Yachten liegen vor der malerischen Kulisse der steil aufragenden Lavafelsen von Gran Rey, dem idyllischen kleinen Hafen von Gomera – ein starker Kontrast zu Las Palmas. Schon in Hamburg hatten wir mit meiner Mutter und meiner Tante, die auf Gomera drei Wochen Urlaub machen wollten, vereinbart, uns hier zu treffen. Tatsächlich stehen die beiden bereits heftig winkend und rufend an der Pier, als wir noch damit beschäftigt sind, uns mit Buganker und zwei langen Heckleinen zwischen zwei andere Yachten zu legen. Das Hafenbecken wird am Rand so flach, daß wir gut zehn Meter Abstand halten müssen und nur mit dem Dingi an Land kommen. Aber die drei Meter hohe, steile Eisenleiter an der Pier und das wackelige Schlauchboot stellen für Mutter und Tante ein unüberwindliches Hindernis dar. Deshalb können wir sie leider nicht zu uns an Bord einladen.

Gomera enttäuscht uns nicht. Drei Wochen lang erforschen wir die tropisch grüne Vulkaninsel, wandern durch den dschungelartigen Wald, in dem Bäche und Wasserfälle zwischen steilen Felsen hervorschießen, und ersteigen hohe Klippen, von denen aus sich traumhaft schöne Ausblicke auf die wild zerklüftete Küste bieten. Mit einem Leihwagen machen wir Rundfahrten, auf denen wir fernab des Tourismus', der sich seit der »Entdeckung« Gomeras durch Hippies in den siebziger Jahren auch hier schon entwickelt hat, malerische kleine Dörfer besuchen. Der sanfte Tourismus der Insel ist noch immer vom Flair des Alternativen geprägt. Dafür sorgen die von Aussteigern betriebenen urigen Kneipen und Restaurants ebenso wie die am Nacktbadestrand lebenden Wohngemeinschaften und die vielen Rucksacktouristen.

Besonders die Deutschen wurden und werden von dieser Insel angezogen, und viele haben sie zu ihrer zweiten Heimat gemacht. Manche sind einfach hängengeblieben wie Claudio, früher Klaus, der auf dem Weg in die Karibik vor etlichen Jahren mit seiner Stahlketsch im Hafen festmachte. Mit einer Einheimischen glücklich verheiratet, betreibt er nun ein Angel- und Andenkengeschäft; sein Schiff, mit dem er einst Ozeane überqueren wollte, bindet er nur noch los, um Touristen spazierenzufahren. Er scheint gefunden zu haben, was so manchen Einhandsegler um den ganzen Globus treibt.

Die Tage auf Gomera sind für uns eine Zeit des Abschieds, und zwar in zweierlei Hinsicht: Abschied von der Familie, die durch die Gegenwart von Mutter und Tante das vor Monaten verlassene Hamburg plötzlich wieder präsent macht, was auch etwas Absurdes hat, als seien wir monatelang im Kreis gefahren und fänden uns wie nach einem abenteuerlichen Traum in unserer alten, vertrauten Umgebung wieder. Abschied auch vom letzten Stück Europa und Aufbruch zu neuen, fremden Kontinenten und der damit verbundenen Erfahrung einer neuen Dimension des Segelns.

Orkan im Hafen

2. Dezember, La Palma

Unsere Zeit auf den Kanaren geht langsam zu Ende. Doch bevor wir in die Karibik starten, wollen wir von Gomera aus die nordwestlichste Insel besuchen, das grüne La Palma, dessen landschaftliche Schönheit, üppige Vegetation und klares Quellwasser gerühmt werden.

Der Wetterbericht spricht eigentlich dagegen. Denn obwohl das Tief über den Kanaren sich auffüllt, steckt da noch eine Menge Wind drin, warnt uns Christoph, unser Wetterfrosch aus Münster, über Amateurfunk. Doch nach dem Motto: »So schlimm wird's schon nicht werden«, schlagen wir die Warnung in den Wind und segeln bei zunehmendem Südwest in Richtung La Palma.

Als das Wetter sich nachts verschlechtert und Regenböen durch das Rigg pfeifen, kommen uns leichte Zweifel. Wir überlegen, ob wir nicht doch lieber umkehren sollen, statt bei Südwest in einen nach Süden völlig offenen und damit ungeschützten Hafen zu gehen. Da es dort jedoch eine kleine Innenmole gibt, wie der Hafenplan zeigt, hoffen wir, in Santa Cruz de la Palma Schutz zu finden, und behalten unseren Kurs bei.

Die grüne Insel ist grau verhangen, und ein heftiger Regenschauer empfängt uns, als wir am Nachmittag einlaufen. Der Hafen ist rappelvoll, an der Innenmole drängen sich die Fischkutter in Dreierreihen über den Molenkopf hinaus – hier gibt es absolut keinen Platz mehr. Wir können uns nur noch vor die mit Bug- und Heckanker in einer Reihe liegenden vier Yachten legen und bringen an Ankern aus, was wir haben: den Bügelanker sowie den 35 Kilo schweren Stockanker vorn und einen 14-Kilo-CQR achtern. So vermurt, fühlen wir uns trotz der starken Fallböen, die von den Bergen herunterheulen, für die Nacht einigermaßen sicher.

Während Johanna diesmal Frühstück macht, liege ich noch in der Koje. »Klaus, schnell, es wird mehr!« ruft sie. Ich höre das plötzlich lauter werdende Heulen und stürze hinaus. Eine schwere Sturmbö legt die Ole Hoop auf die Seite. Noch bevor wir überprüfen können, ob die Anker gehalten haben, heult schon die nächste Bö, eine meterhohe weiße Wand vor sich herschiebend, durch den Hafen. Dann sehen wir nichts mehr in der peitschenden, wie mit Nadeln stechenden Gischt. Das Schiff legt sich hart über, Wasser überspült Deck und Aufbauten. Zum erstenmal in meinem Seglerleben spüre ich panische Angst in mir aufsteigen. Das ist etwas anderes als ein Sturm auf See, wo man noch handeln kann. Hier in diesem kochenden Hafenbecken sind wir hilflos gefangen. Wenn unsere Anker nicht halten, wird die Ole Hoop an der Betonpier zerschellen.

Auch Johanna steht die Angst im Gesicht. Doch wir wissen beide, daß wir jetzt nicht in Panik geraten dürfen. Vielleicht können wir doch noch etwas tun. Ich starte den Motor und versuche, in den immer stärker werdenden Orkanböen gegenanzufahren, um die Buganker zu entlasten. Aber es ist hoffnungslos. Selbst mit höchster Drehzahl kommen wir nicht einen Millimeter gegen diese ungeheure Windkraft voran.

Als wir uns im Hafen umblicken, sehen wir die ersten Yachten auf Drift gehen: Hektik überall. Leinen und weitere Anker werden

in den Böenpausen ausgebracht, ein Katamaran liegt schon halb zerbrochen auf der Hafentreppe. Wieder und wieder heult es heran und legt uns so flach, daß wir uns anklammern müssen, um nicht über Bord zu gehen.

Plötzlich sind wir der hinter uns liegenden Yacht gefährlich nahe gekommen. Verdammt, jetzt slipt auch unser Anker! Bevor es Kleinholz gibt, müssen wir uns von unserem Heckanker trennen. Doch ihn zu bergen, ist nicht möglich. So stecken wir einen Fender an das Ende der Trosse und werfen alles zusammen über Bord.

Von den anderen Yachten sind wir jetzt frei, aber dafür ist die Hafenmauer mit ihren ungastlichen großen Reifenfendern bedrohlich nahe gekommen. Unaufhaltsam, wie es scheint, driften wir darauf zu. Ich sehe albtraumhafte Bilder von zerschlagenen Schiffen vor mir. Ist dies das Ende unserer Weltumsegelung, nur vier Monate, nachdem sie begonnen hat? Die OLE HOOP in Stücke gerissen und gesunken im Hafen von La Palma? Wortlos sehen wir uns an, dann nehme ich Johannas Hand. »Such' unsere Papiere zusammen.« Sie nickt nur, steigt den Niedergang hinunter und beginnt mechanisch, alles Wichtige einzusammeln und in einer Tupperdose zu verstauen.

In den sich noch immer steigernden, brüllenden Orkanböen bricht unsere neue Antenne ab, in die wir soviel Arbeit gesteckt haben. Kurz darauf gehen die Flügel unseres Windgenerators in Fetzen. Doch all das kümmert uns im Moment nicht – entsetzt starren wir immer nur auf diese furchtbare Hafenmauer, über die hohe Brecher peitschen und von der wir nur noch zehn Meter entfernt sind. Eine Steigerung dieses Infernos scheint kaum noch möglich. Doch dann ein furchtbarer Anblick: Mit dem ohrenbetäubenden Lärm eines Düsenjets rast eine bis in den Himmel reichende weiße Gischtwand auf uns zu. Das Schiff legt sich flach, Wassermassen stürzen über den Süllrand und füllen das Cockpit. Das Rigg vibriert ungeheuerlich – wir sehen nichts mehr. Das muß das Ende sein!

Doch zitternd richtet die OLE HOOP sich wieder auf, und es ist wie ein Wunder – der Abstand zur Pier hat sich nicht verringert. Irgend etwas hat unsere Anker da unten festgehalten. Wir fassen wieder Mut, und ich berge die noch an einem dünnen Kabel hängende Antenne.

Auch in den folgenden Böen driften wir nicht mehr. Dann plötzlich, nach zwölf Stunden Kampf, herrscht schlagartig Ruhe. Wir können es kaum glauben, trauen dem Frieden noch nicht. Da wir nicht wissen, wie lange unsere Anker halten, beschließen wir, neu zu ankern: mitten im Hafenbecken, mit viel Abstand zur Pier. Französische Segler, deren Aluminiumyacht, an dicken Muringblöcken unter Wasser befestigt, alles gut überstanden hat, kommen mit ihrem Dingi und helfen uns, die Anker zu bergen. Beide haben sich miteinander vertörnt, und an der ganzen Wuhling hängen Berge von alten Leinen und armdicke Muringtrossen. Sie waren unsere Rettung! Doch um schnell frei zu kommen, müssen wir sie kappen, denn die Zeit drängt. Auch die hilfsbereiten Franzosen glauben, daß es jeden Moment wieder losgehen kann; sie versprechen, auf Kanal 16 stand-by zu bleiben, falls wir nachts Hilfe brauchen.

Kaum haben wir neu geankert, heult es auch schon heran. Doch das Schlimmste scheint vorbei zu sein, auch wenn Sturmböen, Wolkenbrüche und ein heftiges Gewitter mit laut krachenden Blitzen uns eine schlaflose Nacht bescheren. Ohne das Ölzeug auszuziehen, schlafen wir, uns stundenweise abwechselnd, erschöpft auf der Salonkoje.

Im Morgengrauen werden wir unruhig, denn der Wind hat etwas nachgelassen, und es besteht eine Chance, aus dem Hafen heil herauszukommen. In hektischer Eile, als säße uns der Teufel im Nakken, verstauen wir Schlauchboot, Außenborder und Ankergeschirr. Meine zierliche Johanna entwickelt dabei unglaubliche Kräfte und wuchtet den schweren Stockanker über die Reling. Auf den Heckanker, der samt Kettenvorlauf und 40 Meter Trosse noch im Hafen liegt, verzichten wir. Fliehen, nur noch fliehen, bevor es abermals losgeht!

Obwohl wir wissen, daß wir in stürmisches Wetter hineinsegeln, fühlen wir uns unendlich befreit und glücklich, als wir bei »nur« acht bis neun Windstärken unter der leuchtend roten Sturmfock den Hafen verlassen und damit der beinahe tödlichen Falle entronnen sind. Draußen können es am Vortag höchstens zehn Windstärken, vielleicht 50 Knoten, gewesen sein, während es in den Hafen mit über 85 Knoten hineinheulte, verursacht durch eine Düsenwirkung, wie sie überall an den hohen Kaps dieser Inseln entsteht.

Plötzlich werden wir von einem Heißhunger geradezu überfallen und stellen fest, daß wir 24 Stunden lang völlig vergessen haben, etwas zu essen. Ich werfe den Petroleumherd an, und schon bald brutzeln Bratkartoffeln mit viel Speck und Eiern in der Pfanne. Weil man besonders bei Sturm gut essen soll und wir einiges nachzuholen haben, bereite ich gleich noch einen leckeren Nudelauflauf mit Schinken und Gemüse vor, der am Abend in den Backofen kommt.

Unsere Funkverbindung mit Günther klappt nach dem Bruch unserer Angelrute zum Glück noch mit der Achterstagsantenne. Er ist anfangs erschrocken, als er hört, daß wir ausgelaufen sind, doch als wir ihm die Situation im Hafen schildern, versteht er unsere Entscheidung. »Ihr habt ein schönes und starkes Schiff und seid eine erfahrene Crew«, versucht er uns moralisch zu stärken, doch Hoffnung auf besseres Wetter kann er uns dennoch nicht machen. Das inzwischen stationäre Sturmtief ist unvermindert kräftig, weshalb in den Düsen an den Kaps und zwischen den Inseln ohne weiteres zehn Windstärken drin sind. Und so eine Düse, zwischen Gomera und Teneriffa, müssen wir auf dem Weg zu dem 65 Seemeilen entfernten Puerto Colon auf Teneriffa noch durchsegeln.

Es kommt, wie wir's befürchtet haben: Kaum lassen wir die Abdeckung Gomeras hinter uns, weht der Wind mit neun bis zehn Beaufort aus Süd, und die See wird hoch und steil. Weil wir nicht nach Norden ablaufen wollen, nehmen wir den Motor zu Hilfe und bolzen mühsam mit ein bis zwei Knoten nach Südost gegenan.

Schon die zweite Nacht finden wir kaum Schlaf, denn die heftigen Bewegungen des im hohen Seegang wild tanzenden Schiffs, die lärmenden Brecher an der Bordwand und das immer noch bedrohliche Heulen des Sturms lassen uns keine Ruhe finden. Der Morgen graut, und irgendwo da vorn müßte das Molenfeuer von Colon auftauchen. Schemenhaft zeichnen sich über der aufgewühlten See die Schatten der zerklüfteten Felsenküste ab, doch nirgendwo entdekken wir ein Licht oder einen anderen Hinweis auf die Hafeneinfahrt. Es hilft alles nichts, wir müssen das Tageslicht abwarten und eine Weile auf Westkurs gehen.

Stunden später entdecken wir das weiße Türmchen an der Einfahrt und runden, auf hoher Dünung gefährlich geigend, den Molenkopf von Puerto Colon. Die Marina ist voll bis zur letzten Box, nur in der hintersten Ecke können wir noch an einer anderen Yacht längsseits gehen. Doch einfach nur festzumachen genügt uns nicht: Mit quer über das Hafenbecken gespannten Leinen sichern wir unsere Ole Hoop – völlig überflüssig in diesem geschützten Hafen. Noch immer im Ölzeug, stehen wir erschöpft und todmüde unter Deck und sehen uns an. Dann bricht es heraus: Heulend liegen wir uns in den Armen – unsere Reise wird weitergehen.

10. Dezember, Teneriffa

Es ist friedlich geworden über den Kanaren. Der leichte Südost läßt bestenfalls ein nicht ordentlich weggebundenes Fall an den Masten der Yachten klingeln, die, von milder Dezembersonne beschienen, leise im Hafen von Puerto de la Cruz auf Teneriffa dümpeln.

Unser Sturmerlebnis liegt schon vier Tage zurück, und angesichts dieses nun so friedlichen Meeres, dessen sanfte Dünung sich plätschernd an den Steinen der Außenmole bricht, erscheint es uns wie ein böser Traum. Doch daß es kein Traum war, erkennen wir nicht nur an unseren Schäden, sondern auch an den Zerstörungen, die der schwere Sturm überall auf den Inseln angerichtet hat. Ein besonders makabres Beispiel: Nachdem wir Colon verlassen mußten, weil im Hafen angeblich kein Platz mehr war, steuerten wir die neue, »sturmsicher« gebaute Marina Amarillos in der Nähe von Los Christianos an. Wir trauten unseren Augen nicht: Von den mächtigen Schutzmolen waren nur noch vom Wasser überspülte Trümmer übrig, die Schwimmstege waren verschwunden, und im Inneren, von den Molenresten gefangen, lag eine noch schwimmende Segelyacht. Von einer zweiten ragte nur der Mast mit einem zerfetzten Vorsegel aus dem Wasser.

Vor zwei Wochen hatten wir selbst hier gelegen und uns so sicher gefühlt wie in Abrahams Schoß. Schnell verließen wir diese Stätte des Grauens und segelten weiter nach Puerto de la Cruz, das den Sturm ohne Schaden überstanden hatte.

Das Erlebnis der drohenden Strandung hat uns einen tiefen Schock versetzt, von dem wir uns nicht so schnell erholen können. Wir verarbeiten ihn unterschiedlich. Während Johanna tagelang hohes Fieber hat, das wir mit Wadenwickeln bekämpfen, habe ich Alpträume, aus denen ich nachts schreiend erwache. Tagsüber beseitige ich unsere Sturmschäden, repariere die Antenne, kaufe Ersatz für das verlorene Ankergeschirr und bestelle per Fax neue Flügel für den Windgenerator.

Einige Yachten haben sich offensichtlich zu früh auf den Weg in die Karibik gemacht und sind vom Südwest wieder zurückgeblasen worden. So auch Christa und Holger mit der GOLEM, denen im Sturm die Abdeckung ihrer Radarantenne weggeflogen ist und die wir nun überraschenderweise hier wiedertreffen. Den anscheinend schwersten Schaden aber hat ein französischer Skipper erlitten, der nach dieser Erfahrung wohl nie wieder segeln wird. Auf seiner seetüchtigen JOSHUA hängt ein großes Pappschild mit der handgemalten Aufschrift *En Venta* (zu verkaufen).

Der Atlantik

25. Dezember

Auch wenn wir uns schon wie alte Hasen fühlen, ein wenig aufgeregt sind wir doch. Zum erstenmal geht es jetzt über einen großen Ozean: 2700 Seemeilen bis Barbados und mehr als drei Wochen nichts als Wasser.

Die Wetterbedingungen scheinen ideal zu sein. Der leichte Nordost legt noch etwas zu, als wir gegen Abend Hierro, die westlichste der Kanareninseln, achteraus lassen. Unter ausgebaumten Vorsegeln gleitet die OLE HOOP mit plätschernder Bugwelle in der Abendsonne dahin. Im Moment wünschen wir uns gar keinen stärkeren Wind und sind mehr als zufrieden, daß die Reise so ruhig beginnt, denn noch immer steckt uns der Schreck in den Knochen, und Urängste werden wach, sobald der Wind nur ein wenig im Rigg pfeift. Wir hören dann schon förmlich, wie aus dem Pfeifen ein Heulen und aus dem Heulen ein Brüllen und Kreischen wird.

Wir steuern 225 Grad nach der Faustregel, wie sie vor 500 Jahren auch schon Kolumbus angewandt hat: So lange nach Südwesten segeln, bis man auf beständigen Passat stößt, und erst dann auf Westkurs gehen. Auf dem direkten Weg würde man zwar 100 Meilen sparen, läuft aber Gefahr, in Flauten hängenzubleiben oder auf westliche Winde zu stoßen. Neben diesen beiden Varianten gibt es natürlich noch eine Menge anderer Theorien und Strategien, wie man am besten über den Atlantik kommt, doch alle haben eines gemeinsam: Sie gelten immer nur für eine konkrete Reise, denn die nördliche Grenze der Passatzone ändert sich täglich. So halten wir uns zunächst an die Faustregel, denn damit kann man zumindest nichts falsch machen.

Vor und nach uns sind auch andere Yachten in die Karibik gestartet, und mit einigen von ihnen haben wir über Amateurfunk Kontakt. Natürlich tauschen wir vor allem Wetterinformationen aus, wobei die Windangaben der vor uns liegenden Schiffe besonders nützlich sind. Als nach einigen Tagen eine schon sehr weit südlich stehende Yacht Flaute meldet, ändern wir unsere Strategie und gehen auf direkten Kurs Richtung Barbados: eine gute Entscheidung, wie sich im nachhinein herausstellen soll.

Seit es kleine Crews und vor allem Einhandsegler gibt, die die Weltmeere befahren, taucht immer wieder die Diskussion darüber auf, ob es mit guter Seemannschaft zu vereinbaren ist, auf See nicht ständig Wache zu gehen. Genaugenommen muß man das natürlich verneinen, außerdem verstößt es gegen die international vereinbarten Regeln zur Kollisionsverhütung. In der Praxis jedoch ist die Wahrscheinlichkeit eines Zusammenstoßes außerhalb der dicht befahrenen Schiffsrouten so gering, daß man nahezu gefahrlos auf ständige Wachen verzichten kann. Noch nie ist meines Wissens ein Einhandsegler auf hoher See Opfer einer Kollision mit einem dikken Pott geworden, und treibende Container, Baumstämme oder schlafende Wale sind nachts ohnehin nicht zu erkennen. Letztlich wird jeder individuell entscheiden müssen, ob er Wache geht oder überhaupt in der Lage ist zu schlafen, wenn sein Schiff mit sechs Knoten Fahrt durch die Nacht rauscht.

Obwohl wir uns von Anfang an dafür entschieden haben, keine Wache zu gehen, wann immer Schiffahrt und Wetter es zulassen, müssen wir uns doch sehr daran gewöhnen, als wir dies zum erstenmal in die Praxis umsetzen. Jede halbe Stunde wird einer von uns wach, klettert unter dem Vorwand, den Kurs oder die Segelstellung kontrollieren zu müssen, aus der Koje und wirft schnell einen Blick in die Runde. Natürlich ist alles so ruhig wie vor Stunden auch. Später werden die Kontrollabstände länger, doch mehr als zwei Stunden vergehen nie, ohne daß wir wach werden. Dann sehen wir uns einige Minuten um, manchmal nur aus der Vorschiffsluke, und horchen auf die Geräusche des in Wind und Welle arbeitenden Riggs.

Aus Johannas Logtagebuch vom 31. Dezember
7. Tag auf See

Position 21°16′ Nord, 28°08′ West, Wind Stärke 6–7 aus Ost. Die OLE HOOP *rollt und geigt auf der Welle, alles, selbst das Schlafen ist anstrengend. Manchmal lärmende Brecher an der Bordwand. Nächtlicher Segelwechsel, mit Fock und Klüver noch immer 7 Knoten Fahrt. Sitze todmüde im Cockpit, kuschele mich unter die Sprayhood, alles ist naß. Fluchen aus der Pantry, Klaus kämpft mit Schüsseln und Töpfen, ständig fliegt irgend etwas durch die Gegend – der Bordkoch muß noch üben. Feiern Silvester nach Weltzeit (02.00 Uhr Ortszeit) mit einer Flasche Cidre, wünschen uns fürs neue Jahr ruhigeren Passat und daß all unsere Träume und Wünsche in Erfüllung gehen. Wo und wie werden wir wohl in einem Jahr Silvester feiern?*

Eigentlich haben wir uns Passatsegeln anders vorgestellt. »Wie auf Schienen« und »Straßenbahn fahren« waren Schlagwörter, an die wir uns aus den Berichten von Atlantikseglern erinnern. Doch davon kann jetzt keine Rede sein. Die von verschiedenen Seiten heranrollenden, sich überlagernden, drei bis vier Meter hohen Wellen lassen das Schiff wild hin und her tanzen. Von der berühmten langen Atlantikdünung merken wir nichts, die steile, sich brechende Windsee ist kaum anders, als wir sie von der Nordsee kennen. Doch trotz aller Unbequemlichkeit haben wir wenig Grund, unzufrieden zu sein. Noch haben wir keinen einzigen Tag Flaute oder eine der wegen der starken Westwinde gefürchteten *tropical waves* erlebt. Im Gegenteil, der kräftige Wind bringt uns gut voran, das Wetter ist gleichbleibend schön, und jeden Tag wird es wärmer. Daß wir nun wirklich mitten auf dem riesigen Atlantik sind, empfinden wir als großartiges Abenteuer, auch wenn alte Salzbuckel darüber lächeln mögen.

Das tägliche Kochen allerdings verlangt artistische Fähigkeiten. Doch nach einer Weile haben wir gelernt, nichts, aber auch gar nichts, ungesichert abzustellen, und die Unfälle mit durch die Gegend fliegendem Küchengerät nehmen drastisch ab. Jeder Arbeitsschritt muß gut überlegt und geplant werden, wie zum Beispiel die Zubereitung von Pellkartoffeln mit Gulasch und Tomatensalat zeigt: Während die Kartoffeln im Dampfdrucktopf garen, transportiere ich die grün gekauften und nun roten, fast schon überreifen Tomaten, mich an Handlauf und Salontisch festhaltend, von der Gemüsekiste zur Pantry und lege sie mit einigen Zwiebeln zusammen in die Spüle, wo ich auch alles schneide, denn sonst würde jede Scheibe unweigerlich vom Brett auf den Boden fallen. Am Kartentisch rühre ich, mit einem Fuß am Niedergang abgestützt, in einem Becher die Salatsauce an, die mit den geschnittenen Tomaten und Zwiebeln in eine vorher zwischen Schott und Schrank gut verkeilte Schüssel kommt. Das Abgießen von Pellkartoffeln erfordert einen absolut sicheren Stand, der durch spagatartiges Stehen zwischen Pantry und Navigationsecke erreicht wird. Außerdem darf es nur in dem Moment geschehen, wenn das Schiff sich in aufgerichteter Position befindet, sonst würde das kochend heiße Wasser aus der Spüle schwappen und gefährliche Verbrennungen verursachen.

Beim anschließenden Pellen der Kartoffeln mit Gabel und Küchenmesser nehme ich die gleiche sichere Stellung ein, wobei das Stehen mit gespreizten Beinen die Körpergröße erheblich veringert und ich gerade noch in den nun auf der Platte des kardanisch aufgehängten Herdes festgeklemmten Topf hineinsehen kann. Die über der Spüle gepellten Kartoffeln kommen in einen zweiten, ebenfalls festgeklemmten Topf, die Schalen entsorge ich anschließend über die Reling, und der nun nicht mehr gebrauchte Dampfdrucktopf wird abgespült und im Schrank verstaut. Auf dem Bauch liegend, fische ich eine Gulasch- und eine Champignondose aus der Salonbackskiste und entleere sie in einen zweiten, ebenfalls vorher auf dem Herd festgeklemmten Topf.

Beim Herstellen der Gulaschsauce stehe ich direkt am Herd, halte mich am Handlauf über der Pantry fest und arbeite einhändig. Wieder in Spagatstellung, fülle ich nacheinander die Teller und reiche sie Johanna nach oben, die beide so lange festhält, bis auch ich mich ihr gegenüber im Cockpit sicher verkeilt habe. Das Mittagessen kann beginnen. Trotz aller gymnastischen Übungen, die damit verbunden sind, verzichten wir bei keinem Wetter auf warmes Essen, das oft das wichtigste Tagesereignis ist.

Schon am vierten Tag werfen wir den letzten Kanten verschimmelten Brots über die Reling. Mit reichlich Mehl, Hefe und Büchern übers Brotbacken sind wir versorgt, nur Erfahrung haben wir noch nicht. Johanna nimmt sich dieses Problems an, und wenig später sieht das Schiff wie eine Backstube aus. Ihr Arbeitsplatz ist die Niedergangstreppe, auf der sie, sich gut abstützend, in einer großen Schüssel den Teig mit Wasser, Weizenmehl, Trockenmilch und Hefe anrührt. Danach ist erst mal Pause, der Teig muß gehen.

In der zweiten Runde beginnt die eigentliche Knochenarbeit, denn nach dem Hinzufügen weiterer Zutaten wie Öl, Salz, Gewürze und Körner muß der zähe Teig kräftig geknetet werden. Während ich das Ganze interessiert beobachte, darf ich meinen Platz am Kartentisch nicht verlassen, sonst würde ich das überall herumliegende Mehl im ganzen Schiff verteilen. Auch Johanna selbst ist mehlbestäubt und muß danach erst einmal mit einigen Pützen Seewasser von mir abgespült werden.

Doch ihre Mühe wird belohnt: Eine Stunde später ziehen wir ein braungebackenes, lecker riechendes Brot aus dem Ofen. Gespannt schneiden wir von dem noch dampfenden Werk die erste Scheibe ab. Hm, schmeckt nicht schlecht. Aber irgend etwas stimmt noch nicht. Vielleicht fehlt doch etwas Hefe? Oder stand der Teig beim Gehen nicht warm genug? Aber immerhin, es ist ein Brot geworden, und wir haben ja noch viel Zeit zum Üben.

Schon drei Tage später ist das Ergebnis um Klassen besser, und auch Backstube und Bäckerin sind nicht mehr ganz so voller Mehl. Von nun an entstehen immer zwei kleinere Brote in unterschiedlichen Varianten, beispielsweise Rosinen- und Kümmelbrot oder Mehrkorn- und Haselnußbrot. Einen Nachteil aber hat es, daß Johannas Brote immer leckerer werden: Sie sind teuflisch schnell aufgegessen, und die Bäckerin muß sich aufs neue an die Arbeit machen.

Aus Johannas Logtagebuch vom 13. Januar
20. Tag auf See

Position 14°08′ Nord, 54°36′ West. Wind Nordost 4–5, herrliches Segeln. Wind seit gestern abend beständig, Welle wird sanfter, strahlend blauer Himmel mit kleinen Wattewölkchen. Nur noch 300 Meilen bis Barbados. Wir bereiten uns auf den Landfall vor. Wäsche gewaschen und zum Aufhängen Leinen übers Deck gespannt. Wir sehen jetzt aus wie ein Binnenschiff, es fehlen nur noch die Geranien an der Reling. Großer Schiffsputz, danach überschütten wir uns zum Abkühlen gegenseitig eimerweise mit Seewasser. Zwei Sonnenstandlinien ermittelt – wird immer besser. Klaus macht 23 handgeriebene Kartoffelpuffer mit Apfelmus, wunderbares Essen. Anschließend eine Flasche Wein mit karibischer Musik. Der »Barbados-Express« eilt seinem Ziel entgegen. Ein schöner Tag – schade eigentlich, daß unsere Reise schon so bald zu Ende geht.

Bis jetzt haben wir unverschämtes Glück gehabt, denn der Passat hat uns nicht ein einziges Mal verlassen – eine richtige Bilderbuchreise. Begeistert wie wir sind, bedauern wir tatsächlich, daß uns schon in zwei Tagen der Landfall bevorsteht. Natürlich sind wir auch gespannt auf die Karibik, doch die Harmonie unseres Bordlebens werden wir vermissen. Auch fürchten wir all die »unnatürlichen« Zwänge wie Einklarieren, Einkaufen und das wieder notwendige Tragen von Kleidung und Schuhen. Nach fast drei Wochen auf See wissen wir, daß das eigentliche Abenteuer unserer Reise im Segeln selbst besteht, nicht im irgendwo Ankommen: eine Erkenntnis, die uns zuversichtlich macht, auch noch die übrigen Ozeane »bezwingen« zu können.

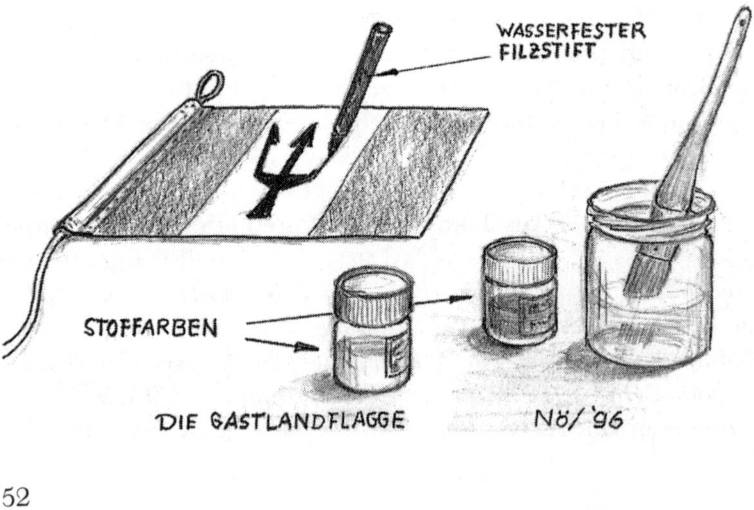

Wie schnell sind die Tage vergangen, vollgepackt mit unzähligen großen und kleinen Erlebnissen: fliegende Fische, die das Pech hatten, auf der OLE HOOP abzustürzen; Delphine, die uns immer wieder eine Weile begleiteten; unsere noch sehr anfängerhaften Angelversuche, deren »Erfolg« leider nur in einer Reihe abgebissener Köder bestand, aber für häufige Aufregung sorgte. Und wenn sonst nichts passierte, wenn weder Segelwechsel, Navigation noch Kochen oder Funkgespräche uns beschäftigten, beobachteten wir die sich ständig ändernden Wolken- und Wellenlandschaften oder den nächtlichen Sternenhimmel. Die Tag und Nacht durch die See dahinstiebende OLE HOOP wurde uns zur Insel, die fernab der übrigen Welt Begrenzung und zugleich unendliche Freiheit bedeutete.

15. Januar, 22. Tag auf See

Im Leeschutz von Barbados segeln wir bei leichter Brise an den mit üppigem Grün bewachsenen Bergen und palmengesäumten weißen Stränden der Westküste entlang. In der Carlisle Bay, dem Ankerplatz vor der Hauptstadt Bridgetown, werden wir schon von den Crews dreier Yachten erwartet, die vor uns von den Kanaren gestartet waren. Über UKW nehmen wir Kontakt auf, und Holger von der GOLEM will uns per Handscheinwerfer einweisen, falls wir erst im Dunkeln ankommen.

Der Wind läßt immer mehr nach. Nun werden wir plötzlich doch ungeduldig und starten den Motor. Erst Stunden später, fast schon um Mitternacht, fällt unser Anker neben den anderen Yachten platschend ins dunkle Wasser. Bald darauf sitzen wir, nach 21 Tagen Einsamkeit noch etwas verwirrt, mit den anderen zusammen auf der RÜM HART aus Hamburg-Finkenwerder und feiern mit viel Rumpunsch unsere gelungene Atlantiküberquerung.

Auch wenn wir viel Glück dabei hatten, so sind wir doch ein wenig stolz darauf, als kleinstes Schiff von allen die schnellste Reise gemacht zu haben.

II. Unser karibisches Jahr

Ein Paradies im Vorbeigehen

Nach umständlicher Einklarierung fahren wir am nächsten Nachmittag mit unserem Dingi erwartungsvoll durch die Careenage, eine Art Kanal, in die Stadt. Vom »Zauber der Karibik« ist in der 10000-Einwohner-Stadt Bridgetown wenig zu spüren. Wären die Straßen nicht fast ausschließlich von oft farbenprächtig gekleideten Schwarzen bevölkert, man wähnte sich in einer britischen Kleinstadt. Das pulsierende Leben an den bunten Marktständen am Hafen, die ärmlicheren Hütten am Stadtrand und die überall üppig wuchernde tropische Vegetation jedoch entsprechen schon eher unseren Vorstellungen von der Karibik.

Richtig britisch wird es noch einmal am nächsten Tag, als wir beschließen, ein Galakonzert mit internationalen Solisten in der Stadthalle zu besuchen. Mit dem üblichen Outfit eines Fahrtenseglers – bunten Shorts, T-Shirt und Sandalen – ließe man uns sicherlich nicht den Eingang passieren. So forschen wir in unseren Schränken nach etwas geeigneterer Garderobe und fördern tatsächlich halbwegs Brauchbares zutage: das edle, etwas zerknitterte Seidenkleid für Johanna und dunkelblauen Blazer, weiße Hose und Hemd für mich. Die passende Krawatte leihe ich mir vom Nachbarschiff aus. Nur gut, daß wir ein Bügeleisen dabeihaben. Ich schleppe den Generator an Deck, und Johanna bringt alles in Form. Die ungewohnten Schuhe drücken, das Hemd kneift, doch abgesehen von den kleinen Salzflecken auf dem Blazer sehen wir nach drei Stunden Vorbereitung richtig proper aus.

Die Sache hat nur einen Haken: Es regnet schon den ganzen Tag fast ununterbrochen. Der Weg mit dem Dingi in die Stadt gegen den kräftigen Wind, bei dem jede Menge Spritzwasser überkommen wird, verspricht, ein recht feuchtes Vegnügen zu werden. Aber schließlich können wir unsere 30-Dollar-Eintrittskarten nicht verfallen lassen. Eine Regenpause ausnutzend, Strümpfe und Schuhe in einer Plastiktüte und mit einem Schirm für den Fußweg, motoren wir, zur Sicherheit stehend, mit dem Dingi zur eineinhalb Kilometer entfernten Stadt. Wir haben Glück und kommen tatsächlich trocken an. Im großen Foyer der Konzerthalle müssen wir erst einmal kräftig durchatmen, um uns auf die festliche Atmosphäre eines Galakonzerts einzustellen, gibt es doch zu unserem Bordleben kaum einen größeren Kontrast. Aber vielleicht gerade deshalb wird das Konzert zu einem großen Erlebnis, auch wenn es gar nichts Karibisches hat, denn statt Steelbandklängen lauschen wir der Musik des alten Europa: Beethoven, Haydn und Mussorgsky.

Wenn von der Karibik gesprochen wird, sind oft nur die Kleinen Antillen von Puerto Rico bis Grenada gemeint, obwohl das Karibische Meer sich 1500 Seemeilen weiter bis nach Südmexiko erstreckt und etwa die Größe des gesamten Mittelmeers hat. Warum also, so haben wir uns schon bei der Reiseplanung gefragt, sollten wir auf den vom Massentourismus überschwemmten Kleinen Antillen nach einsamen und unberührten Plätzen suchen, die es dort angeblich immer noch gibt, wenn wir sie woanders einfacher finden können?

Durch unsere späte Alantiküberquerung ist die Zeit für die Karibik ohnehin knapp geworden, da wir möglichst noch im April in den Pazifik gehen und vorher ein paar Wochen bei den Kuna-Indianern auf den San-Blas-Inseln vor Panama verbringen wollen. Der Besuch dieses von westlicher Zivilisation noch weitgehend unberührten Volks scheint uns lohnender, als eine Traumbucht nach der anderen abzuhaken. Deshalb stehen, bevor wir an der Küste Venezuelas entlang weiter gen Westen segeln, außer Barbados nur noch St. Lucia und Grenada auf unserem Programm. Vier Wochen lassen wir uns Zeit für diese Inseln, die natürlich nicht nur volle Ankerplätze und aufdringliche Bananenverkäufer zu bieten haben, sondern auch einmalige landschaftliche Schönheiten.

Dennoch bedauern wir es auch später nicht, die Kleinen Antillen nur gestreift zu haben, obwohl unsere Reiseplanung sich noch einmal völlig verändern soll. Denn wir haben die Rechnung ohne den Wirt – sprich ohne unseren Motor – gemacht, der sich wieder zu Wort meldet, nachdem wir allmählich Vertrauen zu ihm entwickelt haben.

In der Rodney Bay von St. Lucia erreichen wir gerade noch unseren Ankerplatz, dann stirbt der Motor ab und ist trotz aller Startversuche nicht mehr in Gang zu kriegen. Besorgt öffnen wir den Motorraum. Was kann es sein? Das alte Problem der Einspritzpumpen, die Sprit-Zufuhr? Wir versuchen es zunächst wie damals in Portugal mit Entlüften. Doch das Problem liegt tiefer. Holger, der viel von Motoren versteht, kommt zu uns an Bord, und wir prüfen die Einspritzdüsen. Fehlanzeige. Jetzt bleiben nur noch die Einspritzpumpen übrig, mit denen sich damals die Mechaniker in Lissabon drei Wochen lang beschäftigt haben. Fluchend baue ich sie aus. Tatsächlich, genau wie vor vier Monaten, ist bei einer der drei Hochdruck-

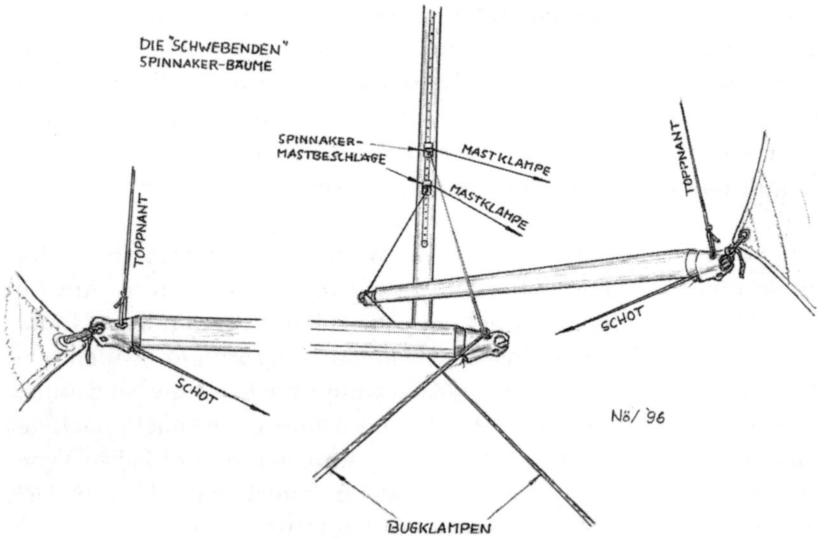

pumpen die Feder gebrochen. Das Austauschen ist mühsam, doch der Einbau der Pumpen stellt dann dank unseres in Portugal erworbenen Spezialwissens kein Problem mehr dar. Als der Motor wieder läuft, wissen wir zwar, wie wir ihn in Zukunft reparieren können, aber die Ursache für den Defekt bleibt nach wie vor ein Rätsel. Vor allem: Dieser Ausfall kündigt sich durch nichts an. Was wird, wenn er uns bei einer schwierigen Passage mit starken Strömungen inmitten gefährlicher Riffe überrascht? Wir wären wahrhaftig nicht die erste Yacht, die aufgrund einer defekten Maschine strandet und nicht mehr zu retten ist. Von nun an reist die Sorge mit und bei jeder kniffligen Ansteuerung die Angst, daß der Motor ausfallen könnte.

Venezuela und der neue Kontinent

19. Februar

Bei kräftigem Ostwind verlassen wir gegen 18.00 Uhr die Prickly Bay von Grenada, der südlichsten Antilleninsel, in Richtung Isla de Margarita. Auf dem Weg liegt die 60 Meilen entfernte kleine Inselgruppe der Testigos, bewohnt nur von einigen venezolanischen Fischern und einer Militärstation. Hier hoffen wir, für einige Tage einen ruhigen Ankerplatz zu finden, bevor wir uns erneut in die Zivilisation begeben. Es wird ein schneller und schöner Nachttörn bei Vollmond und gleichmäßigem Passat.

Noch in der Dunkelheit nähern wir uns den Testigos, und da es auf ihnen keine Leuchtfeuer gibt, »parken« wir noch ein bißchen und laufen bei Sonnenaufgang zwischen den hohen, karg bewachsenen Vulkaninseln hindurch zu einer kleinen Ankerbucht in der Nähe der Militärstation. Dort, so haben wir uns sagen lassen, müssen wir uns melden, um eine Aufenthaltserlaubnis zu bekommen.

Neben uns liegt ein bunt bemaltes Fischerboot, dessen Besatzung uns freundlich zuwinkt – die ersten Venezolaner. Uns wird bewußt, daß wir uns in den nächsten Monaten wieder auf spanisch verständigen müssen. Leider ist der Platz nicht ganz so idyllisch wie erwartet. Die felsigen Ufer sind kaum zu erklimmen und die Hänge dicht mit Kakteen bewachsen. Zudem sind Regenwolken aufgezogen, und der Wind pfeift ungemütlich über die kleine Huk, hinter der wir liegen. Doch bevor wir uns einen schöneren Platz suchen können, müssen wir erst die Formalitäten erledigen.

Die Militärstation liegt auf der Insel gegenüber, an deren Strand einige Häuser und Holzhütten stehen – die einzige Ansiedlung der Testigos. Während Johanna als Ankerwache an Bord bleibt, fahre ich mit dem Dingi zum Strand. Meine Landung fällt trotz Brandung einigermaßen trocken aus, und auch die mitgenommenen Pässe und Schiffspapiere leiden zum Glück keinen Schaden. Am Strand ist kein Mensch zu sehen, doch die Militärstation auf der Anhöhe erkennt man an ihren hohen Funkantennen schon von weitem. Barfuß, mit nassen Hosenbeinen, mache ich mich auf den Weg.

Die jungen Soldaten, die hier vermutlich wenig Abwechslung haben, sind ungeheuer freundlich, laden mich zum Tee ein und übertragen nebenbei die Schiffsdaten aus dem Zertifikat in ein schmuddeliges kleines Schulheft – und das war's. Drei Tage dürfen wir offiziell bleiben, doch mir ist klar, daß es auch danach keine Probleme geben würde.

Unsere Nachbarn, die Fischer, haben Besuch bekommen, ein kleines Boot, das seinen Fang abliefert. Danach haben die Männer zu tun, sie entschuppen die Fische, nehmen sie aus und pökeln sie ein. Beide haben wir im selben Moment die gleiche Idee: Heute gibt es Fisch! Mit ein paar Dollarnoten in der Tasche und einer Flasche selbstgemischtem Rumpunsch pullen wir zu ihnen hinüber und klopfen, da sich niemand sehen läßt, beherzt an die hölzerne Bordwand. Ein bärtiges Gesicht erscheint über der Reling und verschwindet wieder.

Unsicher geworden, überlegen wir schon, ob wir irgend etwas falsch gemacht haben, als wir von dem ältesten Fischer, vermutlich dem Kapitän, freundlich an Bord gebeten werden. Die Verständigung ist schwierig, doch während wir aus schmutzigen Bechern schwarzen, gesüßten Kaffee schlürfen, wird uns klar, daß ihnen Alkoholisches lieber ist als Geld. Als wir uns mit einigen »handverlesenen« Fischen von ihnen verabschieden, habe ich das Gefühl, daß es eigentlich kein richtiger Handel war – vermutlich hätten sie uns die Fische auch geschenkt.

Das Wetter wird besser, und unser Bügelanker hat sich inzwischen gut eingegraben. So wagen wir am Nachmittag doch noch einen gemeinsamen Ausflug ins Dorf. Die Menschen grüßen uns freundlich, aber zurückhaltend, fast schüchtern. Der Fischfang scheint hier die Hauptrolle zu spielen – überall werden Fische ausgenommen, filetiert oder eingesalzen. Vor allen Häusern liegen kleine hölzerne Fischerboote am Strand. Am Ende des Dorfs stehen wir überrascht vor einem riesigen Berg von Flügelschnecken. In jedes der 20 bis 30 Zentimeter großen Gehäuse ist nach der dritten Windung ein Loch geschlagen, vemutlich die beste Methode, um die eßbare Schnecke noch lebend herauszuziehen. Bisher haben wir diese großen schönen Schnecken nur in Andenkenläden gesehen, aber hier liegen sie zu Tausenden herum.

Nach drei friedlichen Tagen auf unbewohnten Inseln und an einsamen Stränden der Testigos nähern wir uns der Touristeninsel Margarita. Gut ein Dutzend Fahrtenyachten und unzählige Fischerboote liegen vor dem Strand von Pampartar vor Anker. Schon weit draußen beginnt es flach zu werden, deshalb lassen wir einige hundert Meter vom Strand entfernt unseren Anker in den hellen Sandgrund fallen. Es ist der 23. Februar, Johannas Geburtstag und ein Sonntag: zwei Gründe, sich nicht gleich mit Einklarierungsbehörden herumzuschlagen, die vermutlich ohnehin geschlossen haben. Kontrollen scheint es hier an diesem belebten Badestrand nicht zu geben. So machen wir das Dingi klar, um in einer der Strandbars zur Feier des Tages ein kühles Bier zu trinken.

Die Brandung, die wir durchsteuern, ist tückischer als gedacht. Das Dingi kentert in der Welle, und wir liegen im Wasser – gerade noch können wir unseren Außenborder vor einem Salzwasserbad bewahren. Verdattert stehen wir zur Freude der Badegäste triefnaß am Strand. Was nun? So können wir doch nicht ausgehen! Also wieder zurück. Naß sind wir ohnehin, deshalb schieben wir, bis zur Schulter im Wasser stehend, das Dingi durch die Brandung, entern es schnell und fahren zurück zur Ole Hoop.

Wieder in trockener Kleidung, stellen wir uns beim zweiten Mal etwas geschickter an: eine niedrige Welle abpassen, mit Vollgas darüber hinweg, vor dem Herausspringen schnell den Außenborder stoppen – schon stehen wir diesmal nur knietief im Wasser und ziehen das Dingi mit Schwung den Strand hinauf. Na also, es geht doch!

Gutgelaunt schlendern wir Arm in Arm den Strand entlang. Nun sind wir wirklich und wahrhaftig in Südamerika. Dort drüben schwimmt unsere OLE HOOP, die uns so brav den weiten Weg von Finkenwerder bis hierher gebracht hat. Wenn das und Johannas Geburtstag kein Grund zum Feiern sind! Zwar haben wir noch keinen einzigen Bolivar in der Tasche, doch der Kellner der Strandbar akzeptiert anstandslos unsere Dollarnoten und bringt uns die lange entbehrten kühlen Cervezas.

Es ist schon dunkel, als wir beschwingt das Dingi in die Brandung schieben und ohne nochmaliges Kentern halbwegs trocken »zu Hause« ankommen.

Ohne Kenntnisse über die Besonderheiten dieses südamerikanischen Landes, waren wir für jeden Tip dankbar, den wir unterwegs erhielten – von den Bierpreisen bis zu den Einklarierungsmodalitäten. Doch gerade bei letzteren wird leider auch viel Unsinn verbreitet. Zum einen liegt das daran, daß in jedem venezolanischen Hafen andere und unterschiedlich ausgelegte Vorschriften gelten, die sich zudem ständig ändern. Zum anderen bleibt aufgrund geringer Sprachkenntnisse vieles undurchschaubar. So war uns erzählt worden, daß man in Pampartar nur mit einem bezahlten Agenten einklarieren könne.

Brav liefern wir deshalb am nächsten Morgen unsere Papiere bei Manuel, einem der »Agenten«, in dessen Hütte am Strand ab. Eine amtliche Miene aufsetzend, studiert er Schiffspapiere, Pässe und Visa, die wir uns bereits beim venezolanischen Konsulat auf Grenada besorgt hatten. Dann läßt er sie in seiner Aktentasche verschwinden. Schon morgen soll alles geregelt sein. Einziger Haken: Nach neuesten Bestimmungen über das Einschleppen der in Südamerika aufgetretenen Cholera müssen Schiff und Crew von einem Amtsarzt kontrolliert werden. Uns scheint das eine widersinnige Maßnahme, kommen wir doch nicht aus einem Choleragebiet, sondern reisen in ein solches ein.

Hilflos steht zwei Tage später eine modisch gekleidete junge Señora am Strand. Es ist die Ärztin, die uns kontrollieren will und nicht weiß, wie sie auf die OLE HOOP gelangen soll, ist ihr doch unser kleines Schlauchboot entschieden zu gefährlich. Ein anderer Segler kommt mit einem größeren Dingi zu Hilfe, und so kann sie ihren Auftrag, der darin besteht, einmal in unseren Kühlschrank zu blicken, doch noch erfüllen. Nun erst sind wir ordnungsgemäß einklariert. Die Bestimmung über die »amtsärztliche Untersuchung« wird übrigens schon bald wieder aufgehoben, vermutlich weil ein eigenes Boot fehlt.

Margarita gilt als zollfreies Einkaufsparadies. Deshalb nehmen wir am nächsten Tag den Bus nach Porlamar, der Hauptstadt der Insel. Die Beschäftigung der Touristen scheint hier tatsächlich vor allem im Einkaufen zu bestehen. Die vielen Ladenstraßen sind überfüllt, und die Geschäfte locken mit Sonderangeboten für Kleidung, Schuhe, Alkohol und Zigaretten. Auch wir decken uns reichlich ein, vor allem auch mit Tauschartikeln für die Südsee, wie Bermudashorts, T-Shirts und Feuerzeugen. Später in Polynesien stellen wir fest, daß der begehrteste Artikel Alkohol ist, kostet dort doch eine Flasche Rum 50 bis 70 US-Dollar, hier aber umgerechnet nur 1,50 Mark.

Unsere Einkäufe ziehen sich über einige Tage hin. Danach hat uns Margarita wenig Attraktives zu bieten, auch wird es Zeit, in Richtung Panama weiterzusegeln. Bis dahin sind es über 1000 Meilen, und wir wollen nur noch Puerto la Cruz in Venezuela anlaufen und Curaçao, die holländische Antilleninsel, um uns für den Pazifik auszurüsten. Unter anderem brauchen wir ein größeres Schlauchboot, denn unser Zwei-Mann-Dingi hat sich als zu klein erwiesen – hier haben wir an der falschen Stelle gespart.

Jeden Morgen ab 10.00 Uhr trifft sich die sogenannte Karibikrunde, ein Schwarzfunknetz deutschsprachiger Fahrtensegler, auf dem vom Wetter bis zu günstigen Einkaufsquellen wichtige oder weniger wichtige Informationen ausgetauscht werden. Da der Betrieb dieses Netzes illegal ist, halten wir uns als Amateurfunker zwar zurück, doch die verbreiteten Auskünfte sind ausgesprochen nützlich. Wie sonst ließe sich so leicht erfahren, wo man gutes Antifouling bekommt, welche Werft preisgünstig ist oder was ein bestimmter Außenborder auf Curaçao kostet? Einkaufen, Organisieren und Reparieren sind anscheinend die Hauptbeschäftigungen eines Fahrtenseglers – zumindest dem Raum nach, den sie in der Funkrunde einnehmen. Auch wir staunen immer wieder, wieviel Zeit wir damit verbringen, Schiff und Ausrüstung in Ordnung zu halten und die notwendigen Einkäufe zu tätigen. Vieles, was in Deutschland schnell erledigt ist, kann im Ausland zu einem »Projekt« werden. So brauchen wir zum Vorheizen unseres Petroleumherds Spiritus, der bei uns in jeder Drogerie zu bekommen ist, in Venezuela aber unbekannt zu sein scheint. Erst nach drei Tagen werden wir in einem Großhandel für Lacke und Farben fündig, wo Spiritus als »blue Alcohol« teuer verkauft wird.

Aber bevor wir uns in Puerto la Cruz erneut in Besorgungen stürzen, verbringen wir noch ein paar erholsame Tage auf den Chimanas, einer kleinen Inselgruppe, die hauptsächlich von Pelikanen und anderen Seevögeln bewohnt wird.

Eine zweite Saison in der Karibik

Curaçao, den 21. März

Die flache Südküste der Insel bietet wenig Abwechslung: Mangroven, Sandstrände und hin und wieder ein paar Häuser. Gegen Abend werden wir Willemstad, die Hauptstadt der holländischen Antillen, erreichen. Wenn nichts dazwischenkommt, soll es schon übermorgen weiter nach Panama gehen. Allzu lange haben uns die Besorgungen in Puerto la Cruz aufgehalten, doch nun sind wir für den Pazifik gerüstet. An Deck liegt festgezurrt unser neues Schlauchboot, wir haben zusätzliche Dieselkanister für lange Flautenstrekken, Lebensmittel für einige Monate und vieles mehr an Bord, was in der Südsee entweder gar nicht oder nur zu horrenden Preisen zu bekommen ist.

Johanna steht am Ruder und hält die Ole Hoop auf Position, während wir auf das Öffnen der 150 Meter breiten schwimmenden Brücke warten, die uns die Zufahrt in den Hafen von Willemstad verwehrt. Die Giebel und Fassaden der Häuser am Hafen scheinen uns in eine holländische Grachtenstadt zu versetzen, ebenso die

Bauweise der über hundert Jahre alten Brücke, die, von großen Außenbordern betrieben, nun langsam zur Seite geschwenkt wird.

Plötzlich stimmt irgend etwas nicht mit dem Motor. Sobald Johanna über den Leerlauf in den Rückwärtsgang schaltet, bleibt er fast stehen. Jetzt haben wir keinen Blick mehr für das idyllische Hafenpanorama, sondern konzentrieren uns ganz auf das Anlegen ohne »Bremse«, den Rückwärtsgang. Gleichzeitig ist uns der Schreck in die Glieder gefahren: schon wieder der Motor! Ist dies das vorläufige Aus für Panama und den Pazifik?

Einige Tage später ist die Entscheidung gefallen. Nachdem nun zum drittenmal die Federn der Einspritzpumpen gebrochen sind, entschließen wir uns, einen neuen Motor einzubauen. Das Risiko, in einer kritischen Situation plötzlich manövrierunfähig zu sein, ist uns einfach zu hoch.

Das bedeutet nun tatsächlich eine weitere Saison in der Karibik und entsprechend weniger Zeit für Pazifik und Indischen Ozean. Es dauert eine Weile, bis wir unsere Enttäuschung überwunden haben, das Ganze nicht nur als Rückschlag empfinden und alternative Pläne für die uns geschenkte Zeit entwickeln. An vielem sind wir vorbeigesegelt, und nur wenig haben wir bisher von Venezuela kennengelernt. Besonders der Korallenarchipel der Islas los Roques, der zu den schönsten Plätzen der Karibik zählt, kann uns vielleicht für die entgangene Südseesaison entschädigen. Auch für den Besuch der Kuna-Indianer auf den St.-Blas-Inseln haben wir jetzt wesentlich mehr Zeit. Voraussetzung für die Verwirklichung unsere Karibikpläne ist allerdings ein funktionierender Motor. Doch als inzwischen versierte Mechaniker und mit einer Handvoll Ersatzfedern für die Einspritzpumpen müßte das bis zum Einbau des neuen Motors hinzukriegen sein. Während der drei Wochen, die wir auf neue Federn warten müssen, werden wir zu Dauerkunden der Telefonzentrale von Willemstad. Per Fax und Telefon holen wir Angebote über diverse Bootsmotoren aus den USA und Venezuela ein, dann steht die Entscheidung fest: Statt Yanmar oder Perkins setzen wir an die Stelle des alten einen identischen neuen Volvo, denn das erspart uns nicht nur größere Umbauten, sondern ist auch die billigste Lösung. Obwohl unser Mißtrauen gegenüber diesem Fabrikat äußerst groß geworden ist, hoffen wir, daß der neue Motor wenigstens zwei Jahre durchhält, um uns nach Hamburg zurückzubringen. Mehr trauen wir ihm kaum zu, denn auch der alte Motor hatte gerade 1000 Betriebsstunden, als er in Portugal zum erstenmal aussetzte, ein Alter, in dem ein Dieselmotor normalerweise erst gut eingelaufen ist.

Das günstigste Angebot bekommen wir aus Caracas, der Hauptstadt Venezuelas; Lieferzeit allerdings bis zu drei Monate. Doch was soll's, der Pazifik ist für dieses Jahr ohnehin gestorben.

Als wir nach drei Wochen mit dem reparierten alten Motor Curaçao in Richtung Venezuela verlassen, tut sich ein neues Problem auf. Das bis dahin glatte Unterwasserschiff ist übersät mit Seepokken, eine hervorragende Basis für weitere Wasserpflanzen. Der Grund dafür: An der Pier von Willemstad sind diese Krebstierchen von der Spundwand auf unseren Rumpf herübergewandert – das Antifouling scheint sie geradezu angezogen zu haben; zumindest hatte es keinerlei abschreckende Wirkung. So haben wir zusätzlich zum Motor nun auch noch ein Werftprojekt am Hals – ärgerlich, doch irgendwann während unsere Reise hätten wir ohnehin das Antifouling erneuern müssen.

Wenn es eine Regel für das ansonsten einfache Segelrevier Karibik gibt, dann ist es die, seine Route so zu planen, daß das nächste Ziel immer im Westen liegt. Das gilt vor allem für die Wintermonate, in denen der Passat meist kräftig weht und sogar Sturmstärke erreichen kann. Hinzu kommt ein besonders in Küsten- und Inselnähe starker Weststrom, der den Versuch, auf Kreuzkursen nach Osten zu segeln, zu einem hoffnungslosen Unterfangen machen kann.

Die sieben bis acht Beaufort aus Ost machen dann auch die 90 Seemeilen von Curaçao nach Puerto Cabello, dem ältesten und größten Hafen Venezuelas, für uns zu einem anstrengenden Törn. Über Puerto Cabello kursieren in Seglerkreisen eine Menge abschreckender Berichte. Von Diebstahl, Raubüberfällen, Drogenhandel und Prostitution ist die Rede. Nicht ungewöhnlich für eine Hafenstadt, all das könnte man auch über Hamburgs St.Pauli berichten, denken wir und lassen uns nicht abschrecken. Eine Nachricht allerdings nehmen wir ernst: Seit Monaten schon wird auf dem Karibiknetz nach einem deutschen Segler gefahndet, der auf seinem Weg nach

1

2

3

1 Vor dem Start: Erstaunlich, was alles in die OLE HOOP hineinpaßt!

2 In der schönen Algarve (Portimâo) nehmen wir Abschied von Europa.

3 Unser drittes Auge, das Radar, eine wertvolle Ansteuerungshilfe auch bei schönem Wetter.

4 und 5 Der Grund für den ungewöhnlichen Landgang auf Barbados ist eine Einladung ins Galakonzert.

6 Endlich geht es weiter Richtung Panama.

7 Zweimal müssen wir unterwegs das Antifouling erneuern.

8 Gemeinsam mit den Pelikanen gehen wir auf den Islas Los Roques (Venezuela) auf Fischfang.

9 In den geschützten Lagunen der San-Blas-Inseln.

4

5

6

7

8

9

10

11

10 Mit einfachen Werkzeugen bauen die Kuna-Indianer noch immer ihre traditionellen Einbäume.

11 Der Einbaum ist das einzige Verkehrsmittel der Kuna-Indianer.

12 Eine junge Kuna-Indianerin in traditioneller Kleidung, der Mola-Bluse.

13 Drei Generationen leben gemeinsam unter dem Dach ihrer kleinen Palmenhütte.

14 Gesegelt wird mit allem, was Wind fängt.

15 Auf den San-Blas-Inseln fühlen wir uns fast wie im Paradies.

12

13

14

15

17

16

18

19

20

16 Gerda und Dieter, Aussteiger aus Hamburg, in ihrem „El Paradiso“ auf den Las Perlas.

17 Nach 39 Seetagen ein kurzer Besuch bei den Moais der Osterinsel.

18 Endlose Flauten machen uns im Pazifik schwer zu schaffen.

19 In den Tuamotus - ein Südseetraum

20 Über Amateurfunk sind wir mit der ganzen Welt verbunden.

21

22

23

21 Von den Polynesiern reich beschenkt, verlassen wir die Gambier-Inseln.

22 Ist er nicht süß? Eigentlich viel zu schade für den Kochtopf!

23 Känguruhs, die Haustiere der Australier

Panama verschollen ist und dessen letzte Station angeblich Puerto Cabello war.

Gleich nach der etwas mühsamen Einklarierung machen wir uns auf die Suche. Am letzten Steg des kleinen Yachthafens stehen wir schließlich vor einem verlassen wirkenden kleinen Boot, an dessen Flaggenstock eine winzige, verblichene deutsche Nationale hängt. Die Beschreibung paßt, doch können wir nirgendwo den Schiffsnamen entdecken. Niemand reagiert auf unser Klopfen. Gerade wollen wir uns abwenden, als das hagere Gesicht eines etwas verstört wirkenden älteren Mannes unter der Persenning auftaucht. »Hallo, bist du Günther?« rufe ich freudig überrascht. »Die halbe Karibik sucht dich!« Er nickt, scheint über unseren Besuch jedoch nicht gerade begeistert zu sein, sondern wirkt zurückhaltend, fast scheu. Dennoch spüren wir, daß er unsere Einladung für den Abend gerne annimmt.

Als er abends zu uns an Bord kommt, scheint er wie ausgewechselt zu sein. Gespannt lauschen wir seiner Geschichte: Vor vier Monaten, kurz vor Weihnachten, lief er auf seinem Weg nach Panama Puerto Cabello an, um hier seinen letzten großen Einkauf für die Reise in den Pazifik zu machen. Mit Kreditkarten, Paß und Schiffspapieren im Rucksack ging er vor dem Ausklarieren zur Bank, um sich das nötige Geld für den Großeinkauf zu besorgen. Als er kurz darauf mit umgerechnet 700 US-Dollar die Bank verließ, setzte er sich auf der gegenüberliegenden Straßenseite auf eine Mauer und sortierte in aller Ruhe seine Schiffspapiere. Plötzlich wurde er von vier Jugendlichen umringt, die ihn mit Messern bedrohten und zwangen, Rucksack und Geld herauszugeben. Der über 60jährige, schmächtige Günther war kein Held und hätte wahrscheinlich auch keine Chance gehabt, sich gegen die vier kräftigen Burschen zur Wehr zu setzen. Ausgeraubt und verletzt – denn in dem Handgemenge hatte er sich den Fuß verstaucht – saß er nun hilflos da. Auch wenn die Straße nicht sehr belebt war, hatten doch viele den dreisten Überfall beobachtet. Aber niemand dachte daran, ihm zu Hilfe zu kommen, weder die Kellner eines gegenüberliegenden Restaurants, in dem Günther gut bekannt war, noch der mit einer Maschinenpistole bewaffnete Posten vor der Bank, dessen Aufgabe es offensichtlich war, die Bank, aber nicht deren Kunden zu schützen.

Mühsam humpelte Günther mit seinem schmerzenden Knöchel zurück auf sein Schiff. Verletzt, ohne Geld und ohne Papiere, konnte er nun an ein Auslaufen nicht mehr denken. Vor allem aber: Das Erlebnis hatte ihn so deprimiert, daß er resignierte und nicht mehr die Kraft fand, seine Reise fortzusetzen. Jetzt möchte er nur noch nach Hause. Sein Traum, noch einmal im Leben die Welt zu umsegeln, fand damit in Puerto Cabello ein plötzliches Ende.

Das größte Problem eines Einhandseglers scheint doch seine Einsamkeit zu sein, vor allem dann, wenn er sich in etwas abgelegenere Reviere begibt. Sicherlich hätte auch uns ein solcher Überfall zu schaffen gemacht, aber er hätte kaum verhindert, daß wir unsere Reise fortsetzten. Enttäuschungen oder Rückschläge lassen sich eben zu zweit besser bewältigen. Das gilt natürlich besonders auf See, wo man nicht schnell mal Freunde anrufen oder in die nächste Kneipe flüchten kann.

Puerto Cabello ist übrigens wirklich ein heißes Pflaster: In der einen Woche, in der wir uns dort aufhalten, passiert ein Raubmord vor derselben Bank, wo auch Günther überfallen wurde, mehrere Einbrüche in Schiffe in der Marina und in parkende Autos, alles sozusagen in unserer Sichtweite. Die über diese Stadt verbreiteten Gerüchte sind also nicht unbegründet. Doch wir entdecken auch ihre liebenswerten Seiten, das lebendige pulsierende Leben einer Hafenstadt mit freundlichen und normalerweise hilfsbereiten Menschen.

90 Meilen nach Osten sind es bis zu unserem Ziel La Guaira, beziehungsweise zum kleinen Yachthafen Carabelleda ganz in seiner Nähe. Hier unterhalb der Küste müssen wir eher mit Flauten als mit starkem Passat rechnen. Bei Windstille und Regen gehen wir am 28. April vor der Marina von Carabelleda vor Anker. Für vier Monate soll sie nun unsere Heimat werden. Sie liegt Caracas, wo wir den neuen Motor bestellt haben, am nächsten und ist zugleich ein idealer Ausgangshafen für den Besuch der Islas los Roques und Las Avis, die etwa 80 Meilen vor der Küste liegen. Auch unser Bewuchsproblem können wir hier lösen, denn die Marina besitzt einen Travellift.

Der kleine, ansonsten wenig attraktive Ort hat Banken, kleine Supermärkte, eine Wäscherei und sogar eine Ferreteria. Die ist für uns fast noch wichtiger als ein Supermarkt und besonders in Venezuela oft eine wahre Fundgrube, in der es vom Angelhaken bis zum Kugelventil so ziemlich alles gibt, was das Herz des Fahrtenseglers begehrt. Die sehr preiswerten einheimischen Produkte sind allerdings häufig von schlechter Qualität. Besonders bei Werkzeugen oder Farben sollte man besser die teurere Importware nehmen, sofern man sie bekommt. Uns jedenfalls sollte das Antifouling aus Venezuela eine bittere und kostspielige Lehre erteilen.

Noch einen Vorteil bietet der Standort Carabelleda, denn die Marina ist dem Sheraton Hotel angeschlossen, in dem man nicht nur günstig faxen, sondern über das dort untergebrachte Lufthansapersonal auch schnell und sicher seine Post nach Deutschland befördern kann.

Als Robinson auf den Roques

12. Mai

Langsam versinken die Lichter der Küste am Horizont. Der Passat frischt auf, mit kleiner Besegelung laufen wir Nordkurs. Nachdem nun alles für unsere geplanten Werftarbeiten und die Motorlieferung geregelt ist, liegen sorglose Urlaubswochen auf den Islas los Roques vor uns. Unsere einzige Sorge bleibt natürlich der Motor. Aber seit wir ihm gesagt haben, daß wir nichts mehr von ihm halten, scheint er sich zusammenzunehmen und läuft ohne Störungen, so daß wir schon an unserer Entscheidung für einen Ersatz zu zweifeln beginnen. Doch so ist es natürlich besser, als monatelang irgendwo festzuliegen und auf eine häßliche Pier zu starren.

Die Los Roques sind das erste Korallenatoll, das wir durchsegeln werden, und entsprechend spannend für uns. Immer wieder haben wir die Detailkarte dieses 22 mal 12 Seemeilen großen Archipels mit seinen unzähligen kleinen Inseln, Riffen und Untiefen studiert. Wie in einem Südseeatoll auch, ist das Segeln zwischen dem Gewirr von Korallenköpfen nur bei günstigem Sonnenstand möglich, und so manche schmale Passagen zu geschützten Ankerplätzen machen uns ein wenig Angst.

Bei Sonnenaufgang bläst es mit sieben Beaufort aus Ost. Übermüdet steige ich aus dem Cockpit und binde ein zweites Reff ins Großsegel. Deck und Aufbauten sind tropfnaß, und die über das Schiff sprühende Gischt funkelt im Morgenlicht. In der Nordsee wären jetzt Ölzeug und Gummistiefel angesagt, doch hier hat die Sonne schon soviel Kraft, daß Shorts und T-Shirt völlig ausreichen. Mit dem Lifebelt gesichert, turne ich über das versalzene, rutschige Kajütdach und setze die Reffleinen durch, während Johanna vom Cockpit aus Dirk und Großschot bedient. Mit dem Reff haben wir etwas Fahrt verloren, doch die Schiffsbewegungen sind angenehmer geworden. Nur noch zehn Meilen sind es bis zur Südosteinfahrt, aber nichts ist zu sehen von den flachen Inseln. Schemenhaft erkennen wir voraus nur die im Norden liegende Hauptinsel El Gran Roque, die mit ihrem 100 Meter hohen Vulkankegel die einzige Erhöhung darstellt. Alle anderen Inseln liegen nur knapp über dem Meeresspiegel.

Noch unerfahren in der Sichtnavigation, wagen wir uns bei diesem ersten Besuch nicht durch die südliche Passage, die in das von

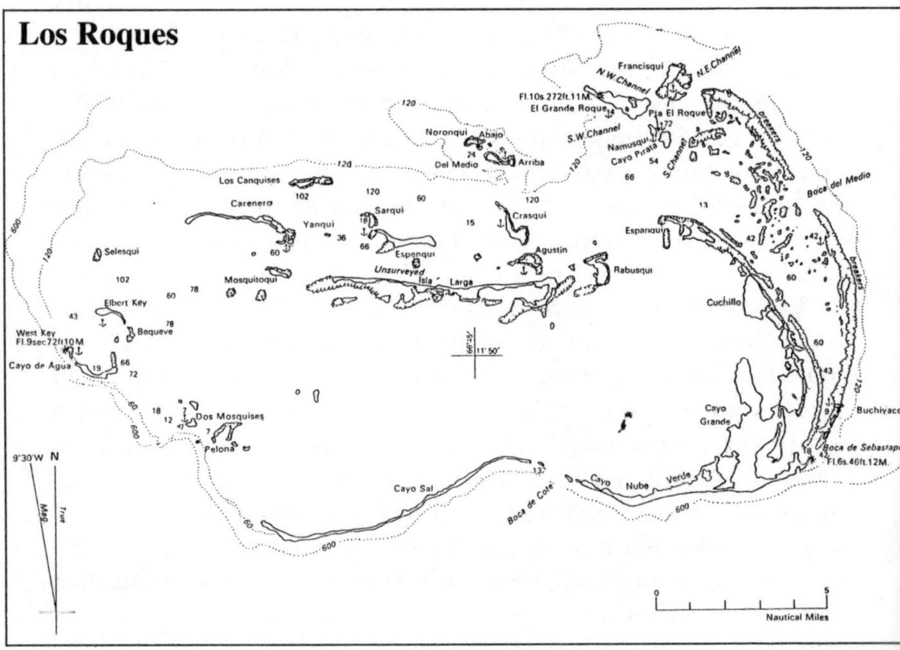

Untiefen durchsetzte Fahrwasser zwischen dem inneren und äußeren Riff im Osten des Atolls führt. Statt dessen entscheiden wir uns für die breite und sichere Passage im Nordosten, südlich von Gran Roque. Im Radarbild erscheinen jetzt fünf Meilen voraus die ersten schwachen Echos. Der Weststrom hat uns mehr versetzt als erwartet, deshalb müssen wir hoch an den Wind gehen, um das Atoll noch östlich passieren zu können. Da, endlich! Natürlich hat Johanna mit ihren guten Augen wieder als erste die dunklen Buckel an der Kimm entdeckt. Wir müssen noch mehr kneifen, um das Atoll ohne Kreuzschlag passieren zu können; dabei hatten wir schon 15 Grad vorgehalten. Doch hier unterhalb der Inseln läuft der Strom, je nach Passatstärke, mit bis zu zwei Knoten.

Gerade noch geschafft! Eine hohe, furchteinflößende Brandung steht auf der Luvseite des Außenriffs, dessen dunkelbraune Korallen nur hin und wieder aus dem Wasser ragen. Etliche verrostete Wracks auf dem Riff zeugen von den navigatorischen Tücken dieses Reviers, die auch schon so mancher Segelyacht zum Verhängnis wurden. Hinter den Riffen, die wir mit respektvollem Abstand passieren, erkennen wir die flache, grün leuchtende innere Lagune, davor weiße Strände und dicht mit Mangroven bewachsene kleine Inseln.

Zwei Stunden später liegt die breite Nordostpassage vor uns. Obwohl wir überall dunkles, tiefes Wasser sehen, sind wir beim Einlaufen verunsichert, denn die vielen flachen Inseln lassen sich kaum voneinander unterscheiden. Wäre da nicht das hohe Gran Roque, hätten wir ernste Navigationsprobleme. Im Leeschutz einer winzigen, kaum bewachsenen Insel lassen wir gegen Mittag den Anker fallen, der sich schnell in den weichen Sandgrund gräbt. Windschutz gibt es hier nicht, der starke Passat pfeift unangenehm im Rigg. Doch das Wasser ist ruhig, und bei dem guten Ankergrund sind wir sicher, daß wir uns nicht in ein paar Stunden auf irgendeinem Riff wiederfinden. So fallen wir todmüde in unsere Koje, um etwas Schlaf nachzuholen.

Danach klatscht das Dingi ins Wasser, und ich belege seine Vorleine am Nagelbrett zwischen den Wanten. Jetzt noch der Außenborder, ohne den wir bei dem starken Wind kaum eine Chance hätten. Mit seinen 17 Kilo ist er noch gut handhabbar, dennoch fürchte ich jedesmal, daß er beim Ausbooten ins Wasser fallen könnte. Aber wie immer geht es gut, und nachdem ich ihn am Spiegel festgeschraubt und mit einer Sorgleine gesichert habe, reicht mir Johanna die übrige Ausrüstung herunter: Dollen und Riemen, Benzinkanister, Draggenanker, Leine, eine Pütz mit Angelzeug und einem scharfen Messer, Schwimmflossen und Taucherbrillen. Wir sind gerüstet für unseren ersten Unterwasserausflug.

50 Meter von unserem Ankerplatz entfernt liegt eine vom Wasser überspülte Korallenbank. Sie ist unser erstes Ziel. Ich werfe den Anker weit nach Luv zwischen die braunen Korallenköpfe, wo er sich sofort festhakt. Dann lassen wir uns in das klare und angenehm warme Wasser fallen. Der erste Blick zeigt noch wenig Aufregendes, nur ein paar kleinere Fische huschen über den hellen Grund. Doch dort, wo der Boden langsam zum Riff ansteigt, ändert sich das Bild. Zwischen den Korallen wimmelt es von Fischen aller Größen, Formen und Farben. Besonders auffallend sind die riesigen Papageienfische in leuchtendem Blau, Grün und Orange. In dem anfangs undurchdringlich wirkenden Korallenwald öffnen sich Schneisen und Gassen, die wir durchschwimmen können. Immer wieder packt einer den anderen am Arm und zeigt begeistert auf einen besonders bizarren oder bunten Fisch oder eine dunkle Höhle, in der sich etwas bewegt, auf Seeanemonen, Schnecken und Muscheln oder eine besonders schöne Unterwasserlandschaft. Alles ist neu und fremd für uns. Wir sind fasziniert von dieser ungeheuren Vielfalt und Lebendigkeit eines Korallenriffs.

Dicht an der Riffkante lassen wir später unsere Angelschnur mit einem Stück Salami als Köder hinab und beobachten unseren Haken, über den Schlauchbootwulst gebeugt, durch die Taucherbrillen. Kleine bunte Fische knabbern die Wurst ab, doch die erwarteten Raubfische halten sich zurück. Ein Stück Fisch wäre für sie gewiß der bessere Köder, doch woher nehmen? Nachdem wir unsere Salami schon fast verfüttert haben, taucht er plötzlich auf, dunkelbraun, mit leuchtend blauen Tupfen: ein Grouper. Die kleinen Fische suchen das Weite. Fast bewegungslos, sich nur mit seinen Brustflossen auf Position haltend, verharrt er eine Handbreit vor der Beute. Plötzlich eine schnelle Bewegung, ein Ruck, und er zappelt am Haken. Auch wenn er nun im Dingi erheblich kleiner wirkt als unter

Wasser, das Abendbrot ist gesichert. Es gibt kaum einen schmackhafteren Fisch als einen Grouper, bei uns Zackenbarsch genannt.

Die kleine Lagune Naronqui, vier Meilen weiter westlich, umgeben von schützenden Riffen und Inseln, wird unser nächster Ankerplatz. Die Inseln sind etwas höher, von Mangroven und größeren Bäumen bewachsen, und wir erhoffen uns dort etwas mehr Schutz vor dem unvermindert kräftigen Ostwind. Vorsichtig manövrieren wir am nächsten Nachmittag in die schmale Einfahrt der Lagune. Johanna steht auf dem Großbaum und beobachtet konzentriert die Wasseroberfläche. Blaue Färbung bedeutet tiefes Wasser, bei grüner könnte es flach werden und bei brauner besteht Gefahr, denn hier wachsen Korallenköpfe bis dicht unter die Wasserfläche.

Nach Johannas Hinweisen steuere ich die OLE HOOP in Schlangenlinien bis ans Ende der Lagune und vor einen breiten Strand, den wohl schönsten Ankerplatz, den wir je gesehen haben: türkisfarbenes, klares Wasser, schneeweißer Sand, sattes Grün der dichten Mangrovenhaine und keine Menschenseele weit und breit. Möwen umkreisen uns aufgeregt schreiend, und Hunderte von braunen Pelikanen kommen ohne Scheu dicht heran, neugierig den »großen Bruder« beäugend. Unter ihnen entdecken wir auch Kormorane und Tölpel.

Sie alle sind sicherlich nicht zufällig gerade hier. Als wir eine Weile das Wasser beobachten, bestätigt sich unsere Vermutung: Dichte Schwärme silberfarbener kleiner Fische – Sardinen, wie wir später feststellen – bevölkern die Lagune. Angesteckt von all den »Fischern« um uns herum, entwickeln wir Appetit auf gebratene Sardinen. Doch wie herankommen an die nur 15 Zentimeter großen Fische, die aufgeregt durchs Wasser schießen und bestimmt keine Muße haben, auf einen Angelhaken zu beißen?

Mit einem selbstgebastelten Kescher fische ich bald danach vom Schlauchboot aus, Kopf an Kopf mit den Pelikanen. Unsere Methoden sind ähnlich, nur daß ich langsamer bin als sie und mancher Fisch noch kurz vor dem Rand meines Keschers im Schnabel eines Pelikans verschwindet. Doch ich bin nicht nachtragend – schließlich ist genug für alle da –, und auch die Pelikane stört es nicht, daß ich mit meinem Kescher in ihrem Revier herumwirbele. Das Jagdfieber hat mich gepackt, und Johanna, die unsere Beute im Eimer

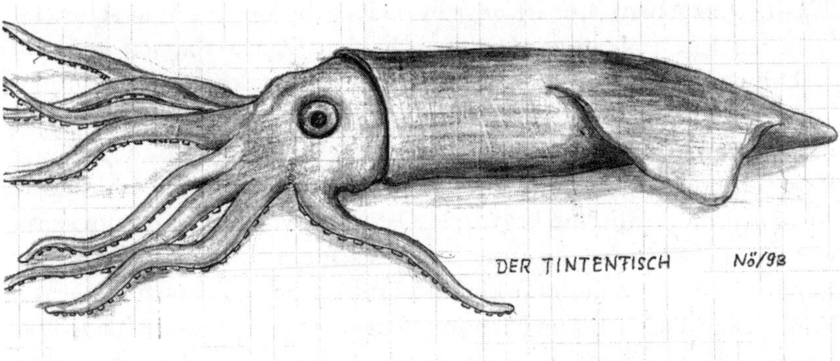

sammelt, muß mich bremsen, denn es reicht allemal für ein üppiges Mittagessen.

Den Sardinen folgen Grouper-, Snapper- oder auch Lobstertage, denn die Korallen sind hier noch fischreicher als an unserem ersten Ankerplatz. Bald kennen wir über wie unter Wasser jede Ecke »unseres« Atolls, in dem wir drei Wochen verbringen, ohne andere Menschen zu sehen – umgeben nur von ewigem Passat, karibischer Sonne, Fischen und Vögeln.

Aber dann: »Ein Schiff, ein Schiff!« würde Robinson jetzt jubeln, doch wir betrachten die Masten, die jenseits des Riffs am Horizont auftauchen, eher mit Mißtrauen. Fast fühlen wir uns wie Eingeborene, die schlechte Erfahrungen mit Weißen gemacht haben. »Die kommen tatsächlich auf uns zu, Klaus!« ruft Johanna.

Ich nehme das Fernglas zur Hand. »Mensch, das ist ja die MARANATHA!«

Tatsächlich, der große hölzerne Zweimaster, der sich jetzt schnell unserem Atoll nähert, ist der in jeder Hinsicht ungewöhnliche Eigenbau der Familie Grebe aus Neustadt. Schiff und Crew haben wir vor einigen Wochen in Carabelleda kennengelernt, doch schon vor unserer Abreise ging die Geschichte dieses einmaligen Unternehmens durch alle Medien. Das solide und komfortabel ausgestattete Schiff von über 30 Meter Länge und 128 Tonnen Verdrängung wurde in sechs Jahren von den Eltern Grebe und ihren drei Söhnen vom Kiel bis zum Masttop selbst gebaut. Ihre gesamte Freizeit und natürlich auch ihr ganzes Geld investierten der Bauunternehmer und seine Familie in dieses Projekt. Eine großartige Gemeinschaftsleistung, vor allem wenn man bedenkt, daß die drei Jungs, die anfangs noch Jugendliche waren, statt ihre Freizeit in Diskotheken zu verbringen, bis zuletzt engagiert für das gemeinsame Ziel, eine sechsjährige Weltumsegelung, gearbeitet haben.

Mit neunköpfiger Crew – den Eltern, ihren drei mittlerweile erwachsenen Söhnen, deren Frauen und einem gerade geborenen Enkelkind – startete die MARANATHA im Sommer 91 zur großen Reise. Das Pech wollte es allerdings, daß sie schon zu Beginn eine größere Havarie hatten, deren finanzielle Folgen ihre ursprünglichen Pläne zunichte machten und sie nun nach einem Jahr zwingen, ihr Schiff zu verkaufen. Ein gescheiterter Traum – sicher. Doch ganz anders als im Fall des Einhandseglers Günther in Puerto Cabello ist ihnen Lebensfreude und Optimismus nicht verlorengegangen, und wir freuen uns auf ein Wiedersehen mit dieser ungewöhnlichen Familie.

An Bord der MARANATHA, deren langer Bugspriet jetzt gerade hinter den hohen Mangrovenbüschen an der Einfahrt in Sicht kommt, sind zur Zeit nur Ingrid Grebe, ihre beiden Söhne Marius und Oliver, dessen Frau Dana und kleine Tochter Beatrice. Behutsam steuert der 25jährige Marius das bei aufgeholtem Hubkiel noch immer zwei Meter tiefgehende Schiff durch die Lagune, während sein jüngerer Bruder im Mast steht und ihm die Richtung ansagt. Die beiden machen das ganz ausgezeichnet. Ohne mit ihrem dicken Pott auch nur eine Koralle geschrammt zu haben, gehen sie neben uns vor Anker.

Freudige Begrüßung. Schon sitzen wir mit ihnen an dem mächtigen Eichentisch im Salon, an dem gut 12 Personen Platz haben. In dem riesigen Raum, in dem sich auch die »Brücke« befindet, dazu eine Küchenzeile wie in einem Einfamilienhaus, eine weitere große Sitzecke und ein Steinway-Flügel, fühlen wir uns eher wie auf einer großen Motoryacht als auf einem Segelschiff. Ingrid und Schwiegertochter Dana haben Kuchen gebacken und ... Beinahe hätten wir uns danebenbenommen, denn als strenggläubige Adventisten beten die Grebes vor jeder Mahlzeit. Unser Unbehagen angesichts dieser ungewohnten Frömmigkeit verschwindet schnell wieder, als wir merken, daß sie uns ihren Glauben nicht aufdrängen wollen – so wenig wie wir ihnen unseren Atheismus.

Begeisterung kommt bei allen auf, als wir von der phantastischen Unterwasserwelt der Korallenriffe erzählen. Sofort planen wir für morgen einen gemeinsamen Schnorchelausflug. Vor allem der 22jährige Oliver ist voller Abenteuerlust und will es unbedingt mit Barrakudas, Haien und riesigen Zackenbarschen aufnehmen. Nach den vielen zumeist älteren Fahrtenseglern, denen wir unterwegs begegnet sind, ist es erfrischend, den Ideen und Plänen der Jungen zuzuhören oder mit ihnen über ihre Berufsziele zu reden, denen sie sich nach Abruch der Reise wieder zuwenden werden.

Nur die junge Mutter bleibt mit ihrem Kind zurück, als wir uns am nächsten Morgen zu den Korallenriffen aufmachen. Fast fliege ich rückwärts aus dem riesigen Schlauchboot, als Oliver den 65-PS-Außenborder aufheulen läßt und mit 25 Knoten über die Lagune rast. Minuten später sind wir am Ziel und verankern das Boot in den Korallen. Auf der MARANATHA ist eben alles ein bißchen größer, denke ich nicht ganz ohne Neid. Andererseits werden wir mit bescheideneren Mitteln und unserer kleinen OLE HOOP die größere Reise machen – kein Grund also, unzufrieden zu sein.

Fast zwei Wochen bleiben die Grebes auf den Los Roques. Wir schnorcheln, fischen, verbringen die Abende gemeinsam und feiern den 50. Geburtstag Ingrids: deutsches Familienleben inmitten karibischer Natur. Als sie die Inseln wieder verlassen, ist es fast, als würden wir uns von alten Freunden verabschieden: Merkwürdig, denn zwischen ihrer stark religiös geprägten Lebensauffassung und unserer liegen Welten, was aber, wie man sieht, nichts Trennendes sein muß.

Die Zeit der Einsamkeit scheint vorbei zu sein. Immer häufiger tauchen Ende Juni Fahrtenyachten auf, die der nahenden Hurrikanzeit wegen die Kleinen Antillen im Mai verlassen haben und auf dem Weg nach Westen sind. So teilen wir nun die Ankerplätze oft mit zwei, drei anderen Booten. Selten werden es mehr, denn auch in der Hochsaison befinden sich höchstens ein Dutzend Yachten auf dem gesamten Archipel. Bei dieser überschaubaren Zahl lernt man sich bald kennen, und den üblichen Begrüßungen per Dingi folgen oft Einladungen oder gemeinsame Barbecues am Strand, für die besonders die US-Amerikaner eine Vorliebe hegen. Solche Grillfeste haben entscheidende Vorteile: Dabei müssen sich nicht an die zwölf Personen in ein kleines Cockpit drängen, und auch die Getränkevorräte einer Yacht werden nicht alle an einem einzigen Abend dezimiert.

Schon einige Tage liegen wir gemeinsam mit zwei amerikanischen, zwei deutschen Yachten und einem Schweizer im Leeschutz der langgestreckten Insel Sarqui. Für drei Wochen sind wir zu dritt an Bord, denn unsere Freundin Ute aus Hamburg verbringt ihren Urlaub mit uns, schwimmt bald genauso begeistert wie wir durch die Korallen und jagt den Fischen hinterher. Für sie ist diese Art Urlaub etwas völlig Neues, und noch heute erzählt sie begeistert von ihren Erlebnissen in den Korallen.

Eines Morgens habe ich Glück und kann einen kapitalen Lobster aus seiner Korallenhöhle locken und fangen. Die Zubereitung ist denkbar einfach, er muß lediglich eine Viertelstunde in kochendem Salzwasser sieden. Dafür nehme ich unseren großen Dampfdrucktopf, den ich zwar nicht auf Druck bringe, dessen Deckel ich aber einrasten lasse – ein fataler Fehler, wie sich kurz darauf zeigt.

Als ich den vermeintlich nicht unter Druck stehenden Topf öffne, folgt ein dumpfer Knall, und ein Schwall kochenden Wassers und heißen Dampfes ergießt sich mir über Bauch und Lenden. Eine Schrecksekunde danach durchzieht mich ein höllischer Schmerz, der mich laut aufheulen läßt. In meinem Schock bin ich unfähig, etwas zu unternehmen, der rasende Schmerz lähmt mich. Kreidebleich stehe ich hilflos vor dem Niedergang. Aber Johanna reagiert schnell. Kühlendes Seewasser ergießt sich über meine Verbrennungen und lindert für einen Moment den Schmerz. Doch das Wasser ist viel zu warm, auch das Wasser im Tank ist nicht kühler. Nur Eis könnte helfen, und das in möglichst großen Mengen. Der von uns oft belächelte Komfortanspruch der Amerikaner wird uns jetzt zum Segen, denn natürlich hat Jimmy einen Eismacher an Bord. Der mit Eisstücken gefüllte Plastikbeutel, den Johanna mir auf die Brandwunden legt, macht den Schmerz erträglicher. Doch das Eis schmilzt schnell, und Jimmys Eismacher läuft nun Tag und Nacht auf Hochtouren, um mich mit Nachschub zu versorgen.

Nur so überstehe ich in den nächsten zwei Tagen die höllischsten Schmerzen, die ich bisher erlebt habe. Meine beiden Pflegerinnen betreuen mich liebevoll. Die ganze Fahrtenseglerfamilie sorgt sich um mich, hilft mit guten Ratschlägen und frischem Fisch, denn unsere Selbstversorgung aus dem Meer ist verständlicherweise fürs erste eingestellt. Die Verletzung sieht nicht gut aus: große Flächen rohen Fleisches, manchmal noch von einigen Hautfetzen bedeckt, daneben offene Brandblasen. Ich rechne mit wochenlanger Genesung, habe jedoch Glück. Nichts entzündet sich, und schon nach einer Woche bildet sich eine dünne Hautschicht auf den Wunden. Aber dem Drucktopf begegne ich seitdem mit allerhöchstem Respekt und koche Lobster nur noch ohne Deckel.

Acht paradiesische Wochen liegen hinter uns, als wir Mitte Juli die Los Roques verlassen und nach Carabelleda zurücksegeln. Hier wartet bereits der neue Motor auf uns.

Zwei Monate bei den Kuna-Indianern

Auch hinter der kleinen Schutzmole von Carabelleda ist es mittlerweile voll geworden, und wir müssen uns mit Bug- und Heckanker in die zweite Reihe legen. Hauptsächlich sind es deutsche Yachten, die hier Station machen und teilweise, wie wir auch, die günstigen Werftkosten nutzen und ihr Antifouling erneuern wollen.

Doch bevor wir in die Werft gehen, wollen wir unseren neuen Motor einbauen. Vom *Sheraton* aus rufen wir deshalb gleich nach unserer Ankunft den Schweizer Volvo-Chef in Caracas an. Der Motor sei tatsächlich angekommen, hören wir, doch an den Einbau sei noch nicht zu denken, denn er liege beim Zoll, und es könne noch zehn Tage dauern, bis alle Formalitäten erledigt seien. Wir sind eben nicht in Europa. Deshalb beschließen wir, nun doch erst einen Werfttermin zu machen. Das klappt schneller als gedacht, und schon fünf Tage später gleitet die OLE HOOP mit einem strahlend blauen, neuen Unterwasseranstrich vom Travellift zurück an ihren Ankerplatz.

Mit dem Volvo-Chef, der uns sehr entgegenkommt, entwerfen wir bei unserem Besuch in Caracas einen genauen Schlachtplan für den Motoraustausch:

1. Tag: Wir demontieren den alten Motor, ein Transporter bringt ihn nach Caracas in die Werkstatt, wo er neben dem neuen Motor aufgebockt wird.

2. Tag: Getriebe und Süßwasserkühlung des alten Motors montieren wir in der Werkstatt an den neuen Motor, den wir ohne Getriebe und mit Einkreiskühlung bestellt haben. Den alten Motor schlachten wir, soweit sinnvoll, aus und packen eine Kiste mit Ersatzteilen.

3. Tag: Der neue Motor wird geliefert, mit Hilfe der Werft ins Schiff gekrant und von uns eingebaut; anschließend folgt der Probelauf im Beisein des Firmeningenieurs.

Mit Schweizer Präzision und deutscher Zuverlässigkeit klappt zwei Wochen später tatsächlich alles nach Plan. Wir können es selbst fast nicht glauben, als wir am Abend des dritten Tages, am 31. Juli, den Startknopf drücken und der neue Motor ohne zu zögern anspringt. Stolz beugen wir uns über die laufende Maschine und prüfen, ob alle Schläuche und Anschlüsse dicht sind und nirgendwo Wasser, Diesel oder Öl austritt.

Wieder am Ankerplatz, trinken wir auf unseren Erfolg, vielleicht ein wenig zu ausgiebig, denn am nächsten Morgen brummt uns beiden heftig der Schädel. Doch wir sind glücklich, unsere Arbeitsprojekte bewältigt zu haben und wieder gen Westen, in Richtung Pazifik, segeln zu können.

Mit Sicherheit wäre manches anders gekommen, stünde nicht eines Tages ein vollbärtiger Mann unseres Alters mit strahlendem Lachen in seinem Dingi an unserer Reling: Klaus von der LUDUS AMORIS, dem »Liebesspiel«, einer Rasmus 35. Auch er ist Lehrer und zusammen mit der Musikerin Maria auf fünfjähriger Weltumsegelung. Auf Anhieb freunden wir uns an, sprechen sehr schnell auch über persönliche Dinge und stellen viele Gemeinsamkeiten fest, die sicherlich auch mit unseren sehr ähnlichen Ausbildungen zusammenhängen.

Unter allen, die wir bisher getroffen haben, sind die beiden das erste Seglerpaar, das die klassische Arbeitsteilung an Bord ebenso ablehnt wie wir, zumindest theoretisch. Denn Maria hat offensichtlich geringere Segelerfahrung als Klaus, auch interessiert sie sich kaum für die Bordtechnik, ohne die schließlich kein Fahrtensegler überlebt. Das ist sicherlich ein Widerspruch, doch zumindest zeigen die beiden ein überdurchschnittliches Problembewußtsein in diesem Punkt.

Da wir den gleichen Weg etwa zur gleichen Zeit vor uns haben, treffen wir vorsichtig erste Verabredungen. Auf den San-Blas-Inseln können wir uns wiedersehen, denn die beiden wollen noch für einige Wochen in die USA fliegen. Für den Pazifik planen sie die ungewöhnliche Route über die Osterinsel, Pitcairn und Mangareva.

Warum eigentlich nicht? überlegen wir. Da wir im Januar schon auf der anderen Seite sein können und die Marquesas wegen der noch drohenden Hurrikansaison nicht vor April angelaufen werden können, haben wir ohne weiteres Zeit für einen kleinen Abstecher. Die geheimnisvolle Osterinsel mit ihren noch immer Rätsel aufgebenden riesigen Steinstatuen, den Moais, und ein Besuch bei den Nachfahren der BOUNTY-Meuterer auf dem abgelegenen Pitcairn sind nicht ohne Reiz und mit Sicherheit eine Alternative zu den Marquesas, die wir dann auslassen müßten. Auf den Tuamotus hingegen wären wir wieder zur gleichen Zeit wie bei der ursprünglichen Planung, etwa Mitte Mai.

Ein paar Tage überlegen wir noch, studieren die Monatskarten und Handbücher für den Südpazifik, die für März und April beständigen Passat verprechen. Dann steht für uns fest: Wir werden die Isla de Pasqua besuchen, von den Polynesiern Rapa Nui, »Nabel der Welt« genannt.

Es ist Anfang August. Wenn wir November und Dezember bei den Kuna-Indianern auf den San-Blas-Inseln, 80 Meilen vor Colon, verbringen wollen, bleiben uns noch fast drei Monate, bis wir von Curaçao aus gen Westen weitersegeln müssen. Genügend Zeit also, um noch ein bißchen zu trödeln.

Da die OLE HOOP hier in Carabelleda, von befreundeten Seglern gut bewacht, völlig sicher liegt, planen wir eine Reise ins Innere Venezuelas, von dem wir bisher nur Großstädte, die verbaute Küste und schmutzige Strände kennengelernt haben. Zwei Wochen durchfahren wir mit teilweise klapprigen Linienbussen die Hochgebirgslandschaft der Anden, übernachten in kleinen Pensionen, wandern in 2000 Meter Höhe durch Tannenwälder und Blumenwiesen und fahren mit der höchsten und längsten Seilbahn der Erde von Mérida auf über 4700 Meter hohe, verschneite Gletscher. Der Kontrast zu der heißen und trockenen Küstenregion könnte nicht größer sein.

Doch so sehr wir auch die ganz andersartige Natur dieser phantastischen Berglandschaft genießen, der Gedanke an die allein vor Anker liegende OLE HOOP läßt uns nie ganz los. Wir sind froh, sie nach 14 Tagen genauso vorzufinden, wie wir sie verlassen haben, und wieder in unserem »Zuhause« zu sein.

Ende August laufen wir endlich von Carabelleda aus, wo wir länger als in jedem anderen Hafen zugebracht haben. Es drängt uns weiter. Über die Los Roques, die benachbarten Las Avis und Bonaire steuern wir noch einmal Curaçao an. Zwar ist dies die wohl unattraktivste Karibikinsel, die wir kennengelernt haben, aber zugleich eine gute Einkaufsquelle für Yachtausrüstung. Ein Holländer, den alle nur Imke nennen, hat sich am Spanish Water, einer geschützten Lagune und Ankerplatz aller durchreisenden Yachten, niedergelassen und verkauft vom GPS bis zum Solarpaneel zollfrei aus den USA importierte Ausrüstungsteile, manche um fast 50 Prozent günstiger als in Europa. Obwohl wir anfangs dachten, die OLE HOOP sei perfekt ausgerüstet, fehlen uns nun doch ein paar Kleinigkeiten: Ein Wassermacher für die langen Pazifikstrecken, zwei Solarpaneele, die zusätzlich zu unserem kleinen Windgenerator den Stromhaushalt sichern sollen, und zwei 165-Ampere-Gel-Batterien, da unsere alten Säurebatterien nur noch schlecht speichern. All das scheint uns für die Fortführung unserer Reise notwendig, denn nach dem Einbau des neuen Motors können wir uns Luxus kaum noch leisten.

Curaçao, den 29. Oktober

Wir sind startklar und werden morgen auslaufen. Zum Glück hatte man hier alles auf Lager. Doch der Einbau der neuen Batterien, die natürlich nicht in den alten Kasten paßten, des Wassermachers, für den Schläuche und Kabel verlegt werden mußten, und die Installation der Solarpaneele auf dem Kajütdach kosteten eine ganze Woche Arbeit.

Auf der 670 Seemeilen langen Strecke zu den San-Blas-Inseln müssen wir laut Wetterbericht mit sehr kräftigem Passat rechnen. Von anderen Seglern, mit denen wir Funkkontakt halten und die sich gerade dorthin unterwegs befinden, hören wir zudem von riesigen Wellen, die ihnen oft das Cockpit füllen. Wir können uns also auf eine recht rauhe, dafür aber um so schnellere Reise zu den Kuna-Indianern einstellen.

3. November, vierter Tag auf See

Trotz teilweise stürmischer Passatwinde hatten wir eine schöne Reise entlang der kolumbianischen Küste, die wir nicht nur der Piraten wegen gefürchtet haben. Lediglich vier Tage haben wir für die 670 Seemeilen gebraucht. Als jetzt die ersten Palmen an der Kimm auftauchen, sind wir in Hochstimmung und voller Erwartung. Vor uns liegen die sagenhaften San-Blas-Inseln, mehr als 360 kleine und kleinste Koralleneilande, auf denen es das Volk der Kuna-Indianer verstanden hat, sich Sprache, Kultur und matriarchalische Gesellschaftsform über Jahrhunderte zu bewahren. Wie werden wir uns begegnen, wie verständigen?

Schon bei der Ansteuerung verschlägt es uns fast den Atem: Wir fahren zwischen dicht bewachsenen kleinen Inseln hindurch, an deren Rand die Kokospalmen fast ins Wasser kippen. Dazwischen braune Palmhütten und die leuchtenden Farben aufgehängter Tücher. Der Duft von Holzfeuer und feuchtem Gras schlägt uns entgegen, als wir im Schutz des großen Außenriffs vor der Insel Chichimé den Anker fallen lassen. Schon nähert sich das erste Kanu, ein schlichter Einbaum, mit zwei farbenprächtig gekleideten Kuna-Frauen und ihren lachenden und winkenden, kaffeebraunen Kindern: ein unbeschreiblich schönes Bild – kaum anders, als es sich vor 500 Jahren den ersten Entdeckern der Neuen Welt geboten haben mag.

Die uns freundlich begrüßenden Frauen strahlen Schönheit und Würde aus. Wir bitten sie mit unserem dürftigen Spanisch an Bord, und schon bald sitzen alle im Cockpit und breiten ihre Molas aus. Das sind Stoffapplikationen, die aus mehreren Schichten verschiedenfarbigen Tuchs bestehen. Durch unterschiedlich tiefe Ausschnitte, die mit sehr feinen Fäden kaum sichtbar gesäumt werden,

erscheint dann eine jeweils andere Farbe. Die bunten Muster und Motive haben ihren Ursprung in der früheren Körperbemalung. Unter dem Einfluß europäischer Missionare, die den nackt herumlaufenden Indianern Kleidung aufzwangen, entwickelten die Frauen daraus die Mola-Technik und brachten es mit differenzierten Formen und Farben zu großer Meisterschaft. Die rechteckige Mola, die sie auf ihre Blusen nähen, ist nicht nur Schmuck, sondern auch Statussymbol.

Eigentlich hatten wir nicht vor, schon am ersten Tag eine Mola zu kaufen, doch der Anblick der wunderschönen, farbenprächtigen Stücke stimmt uns schnell um. Trotz großer Sprachprobleme klappt die Verständigung erstaunlich gut. Noch zwei weitere Familien legen mit ihren Einbäumen bei uns an, und wieder können wir nicht widerstehen. Am Abend besitzen wir ein halbes Dutzend prächtiger Molas.

Schnell bricht die Nacht herein. Im Dunkeln sitzend, lassen wir die exotische Atmosphäre auf uns wirken: das im Mondlicht glitzernde Wasser, die sich gegen den Nachthimmel abhebenden Silhouetten der Palmwipfel, die im Passatwind rauschen, und die im Schatten nahezu verschwundenen Hütten, aus denen hin und wieder eine Stimme oder ein helles Lachen zu hören ist.

Ein eigenartiges Gefühl überkommt mich, als wir uns am nächsten Morgen mit dem Dingi den dunkelbraunen Palmhütten nähern: Es ist, als beträten wir die Südseeabteilung eines Völkerkundemuseums. Vor dem Dunkel der Hütten unter den hochaufragenden, dichtstehenden Kokospalmen leuchtet die bunte Kleidung der Frauen, die uns lächelnd entgegenkommen. Sie tragen ihre molabesetzten Blusen und um die Hüften ein buntes Tuch geschlungen. Später sehen wir sie auch häufig nur mit diesem Tuch bekleidet. Arme und Beine sind mit breiten Perlenbändern verziert, ihre Gesichter orange geschminkt, der Nasenrücken trägt einen schwarzen Strich; einige Frauen schmücken sich mit einem halbmondförmigen Nasenring aus Gold.

Die Kleidung der sich zunächst im Hintergrund haltenden Männern ist vergleichsweise schlicht: kurze Hose, T-Shirt, manchmal eine Schirmmütze mit Reklameaufdruck. Schuhe trägt hier niemand. Die kleinen Kinder sind nackt, die größeren mit einer Hose bekleidet. Wir spendieren Bonbons für sie. Als wir eine Schachtel Zigaretten aus der Tasche ziehen, treten auch die Männer hinzu, lassen sich Feuer geben und setzen sich wieder auf den Rand ihrer Kanus. Wir dürfen fotografieren. Dafür werden die Kinder festlich angezogen, wovon wir ihre stolzen Mütter leider nicht abbringen können. Bald schon machen wir dann unser erstes Tauschgeschäft: das Gehäuse einer riesigen Tritonschnecke gegen ein paar Angelhaken.

Zwei weitere Familien leben auf diesem kleinen Eiland. Wir besuchen auch sie, und alle begrüßen uns gleich freundlich, sind heiterer Stimmung und lachen, wenn uns ein gemeinsamer Scherz gelingt. Viele haben sich neben ihrem indianischen einen spanischen oder englischen Namen zugelegt, vermutlich weil sie begriffen haben, daß sich die Fremden ihre Kuna-Namen nicht merken können. Auch wir kapitulieren vor Namen wie »Olouaipipilele« und halten uns lieber an die Zweitnamen.

Vom 67jährigen Denny erfahren wir, daß die Familien hier nur vorübergehend für vier Monate leben, um die Kokospalmen zu pflegen. Danach gehen sie wieder zurück auf ihre Heimatinsel und werden von einer anderen Familie abgelöst. Ihre Insel ist Carti, von über tausend Menschen bewohnt, auf der Hütte neben Hütte steht. Auch wenn es dort ein paar Steinhäuser gibt, in denen Schule und Krankenstation untergebracht sind, gleichen die Wohnverhältnisse den hiesigen: eine Kochhütte mit offenem Holzfeuer, kleiner Vorratskammer und manchmal mit einem Verschlag für ein Schwein, daneben ein Toilettenhäuschen auf dünnem Gestänge, über dem Wasser schwebend, und eine Schlafhütte, in der vier Generationen in ihren Hängematten liegen. Mobilar gibt es so gut wie gar nicht.

Unser letzter Besuch gilt Raimond, dem 79jährigen Inselbäcker. Er lebt als einziger ständig auf Chichimé. Seine Backstube besteht aus einem mit Palmwedeln gedeckten Unterstand, darunter steht der »Ofen«, eine vorn offene Eisentonne, von außen mit einem Holzfeuer beheizt, aus deren Inneren er leckere Weizenbrötchen auf einem Blech hervorholt, das Dutzend für einen Dollar. Natürlich greifen wir zu. Doch die Bäckerei betreibt er im Grunde nur nebenbei. Wie alle Kuna-Männer geht er täglich an den Riffen fischen und arbeitet gleichzeitig an einem neuen Einbaum, den er in mühsamer Arbeit mit primitiven Werkzeugen aus einem dicken Sipo-Stamm herausschlägt. Stolz zeigt er uns auch seine Sammlung wunderschöner Schneckengehäuse. Das ständige Leben unter den Kokospalmen scheint wohl nicht ganz ungefährlich zu sein, und Raimond muß da seine Erfahrungen gemacht haben, jedenfalls trägt er immer einen silberfarbenen Schutzhelm, den er sich in Panama besorgt hat.

Lucibella steht in ihrem Kanu an unserem Schiff und ist entzückt von dem bunten Stoff, den wir ihr zum Tausch anbieten. Sie hält ihn in ihren braunen Händen, befühlt ihn, und ein Lachen geht über ihre breiten, rot bemalten Wangen. Aber die Molas, die sie dafür anbietet, gefallen uns nicht. Sie akzeptiert unsere Ablehnung und entfernt sich etwas traurig mit ihren im Kanu hockenden, kaffeebraunen, nackten Kindern. Ihr Blick, mit dem sie uns ein »hasta luego« zuruft, sagt uns, daß sie wiederkommen wird – wahrscheinlich mit schöneren Molas, denn natürlich weiß sie sehr genau, was deren Qualität ausmacht. So bewahren wir das Stück Stoff für sie auf, und richtig, nach einigen Tagen erscheint sie wieder und zeigt uns strahlend wunderschöne, sehr fein gearbeitete Molas. Wir werden uns schnell einig. Sichtbar glücklich über den endlich gelungenen Tausch, verläßt sie uns winkend.

Zwei Wochen liegen wir zwischen Chichimé und der noch kleineren Nachbarinsel Cayos vor Anker. Die gegenseitigen Besuche dienen nun nicht mehr den Molageschäften. Wir lernen den Alltag der Indianer kennen und fahren mit ihnen fischen. Erstaunt sind wir über den geringen Fischbestand und das Siechtum der grau gewordenen Korallen. Was mögen die Ursachen dafür sein? Sind es Umwelteinflüsse, vielleicht die ungewöhnlich hohe Wassertemperaturen? Wurde das Gebiet von den Kuna-Indianern überfischt? Wir wissen es nicht, aber für die schätzungsweise 60000 Menschen hier scheint das Meer kaum noch Ernährungsgrundlagen zu bieten.

Ein bißchen bröckelt ab vom »Paradies«, auch als wir erfahren, daß ihr einziger Reichtum, die Kokospalmen, mit denen sie in den letzten 300 Jahren alle Inseln dicht bepflanzt haben, ihnen nicht mehr das notwendige Einkommen sichert; viele junge Männer müssen sich in Colón oder Panama City als Gastarbeiter verdingen. So droht auch hier der Untergang ursprünglicher indianischer Kultur und Lebensform, wozu wie so oft auch die Tourismusindustrie beiträgt. Regelmäßig ergießen sich rund um die Insel Porvenir aus Kreuzfahrtschiffen Tausende von Amerikanern, die mit Dollars um sich werfen. Der übrige Archipel ist zum Glück für die großen Cruiser nicht befahrbar.

In den folgenden Wochen durchsegeln wir weite Teile der 50 Seemeilen breiten San-Blas-Bucht. Wir besuchen die dicht besiedelten Inseln Diabolo, Citras und Carti und ankern vor unbewohnten Eilanden, um dort zu schnorcheln und zu fischen. Die Navigation zwischen den vielen Inseln und Riffen ist nicht ganz einfach. Zwar haben wir recht gute Karten aus den USA, doch nicht jede Untiefe ist darin verzeichnet, und wir müssen uns weitgehend auf unsere Augen verlassen. Die Sichtnavigation wird zudem dadurch erschwert, daß wegen der vielen hier mündenden Flüsse das Wasser nicht so klar ist wie etwa in den Südseeatollen. Den GPS-Navigator, falls man einen hat, sollte man hier besser ausschalten, denn das Gradnetz der US-Karten stimmt mit denen des GPS nicht überein. Davon konnten sich Freunde von uns überzeugen, als sie mit ihrer Yacht heftig aufbrummten, weil sie ihrem GPS vertraut hatten.

Überall begegnen wir freundlichen und kontaktfreudigen Menschen. Auf Diabolo lädt uns der junge Dulcidio zu einer Kanufahrt auf dem Fluß ein. Gemeinsam mit seinen zwei Kindern und Maria und Klaus von der LUDUS AMORIS, mit denen wir uns hier verabredet haben, paddeln wir den schaukelnden und wasserziehenden fünf Meter langen Einbaum den gewundenen Rio hinauf. An seinen Ufern beginnt der undurchdringliche Dschungel, in den hin und wieder kleine Plantagen geschlagen sind. Exotische Vögel und bunte Blüten im dichten Grün gleiten an uns vorbei. Das Wasser wird immer klarer und lädt uns zum Baden ein. Piranhas gäbe es hier nicht, erlärt Dulcidio, nur Krokodile, die aber nicht gefährlich seien. Am Abend haben wir Blasen an den Händen und Muskelkater vom ungewohnten Paddeln. Doch wir bereuen den Ausflug nicht, haben wir doch wieder ein Stück der Kunawelt kennengelernt. Lange Wege mit dem Kanu gehören zu ihrem Alltag. So müssen sie nicht nur ihre Plantagen auf den Inseln und an den Flüssen bestellen, sondern in Trockenzeiten oft auch ihr Trinkwasser von weit her holen.

Auf Carti-Sugtupo hat José Delfino ein Museum eingerichtet. Der junge Mann spricht recht gut englisch, und wir erfahren von ihm eine Menge über Geschichte und Gebräuche der Kuna-Indianer. Noch vor 300 Jahren lebten sie in den Bergen, wurden von dort durch spanische Conquistadores an die Küste vertrieben und flüchteten schließlich auf die Inseln. Die Unwegsamkeit des Dschungels und die für die früheren Segelschiffe gefährlichen Riffe der San-Blas-Bucht bewirkten, daß die Kuna-Indianer ihre Kultur und Sprache so lange bewahren konnten. Auch ihre matriarchalische Gesellschaftsform ist bis heute erhalten geblieben. Das drückt sich unter anderem darin aus, daß die Frauen im Besitz des Familieneigentums sind und die Männer nach der Hochzeit zu den Familien ihrer Frauen ziehen. Ihre Arbeitsergebnisse gehören danach ausschließlich dieser Familie. In allen Bräuchen und Traditionen, von denen uns José erzählt, drückt sich ein hohes Maß an Gemeinschaftssinn und harmonischem Miteinander aus. Kriegerische oder aggressive Momente scheinen in dieser Kultur zu fehlen – christliche ebenso.

Nach dreiwöchiger Rundreise kommen wir am 24. Dezember nach Chichimé zurück. Heiligabend, den die Kuna-Indianer spanisch »Navidad« nennen, wird, wenn überhaupt, als Kinderfest gefeiert; ob sie sich dabei beschenken, können wir nicht erfahren. Spielzeuge für die Kinder kennen sie ohnehin nicht. Auch wenn wir da und dort geschmückte künstliche Tannenbäume gesehen haben, spielt der christliche Gehalt dieses Festes bei ihnen kaum eine Rolle.

Dennoch packen wir für den mit der Familie Lucibellas verabredeten Besuch kleine Geschenke ein: bunte Postkarten, Luftschlangen, Bonbons und ein Stofftierchen für die Kinder, Kaffee und Zukker für die Erwachsenen. Johanna nimmt außerdem ihre Flöte und die Kamera mit. Als wir mit unseren Tüten bepackt vor ihrer Hütte ankommen, werden wir herzlich begrüßt und erstmals zum Kaffee in ihre »Küche« eingeladen. Die Geschenke kommen bei allen gut an. Die siebenjährige Erica läuft hüpfend mit ihrer bunten Tüte in die Hütte, schießt wieder hervor und weiß offensichtlich nicht, wohin vor Freude.

Silka-Milania, die Hübscheste der Familie, steht plötzlich mit einer kleinen Schale, in der sich eine schwarze Flüssigkeit befindet, vor Johanna und zieht mit einem feinen Holzspan einen kunstvollen Strich auf ihren Nasenrücken. Dann schminkt sie ihre Wangen mit einem Puder aus roten Beeren. Lächelnd, doch mit großer Konzentration und Sorgfalt, schminkt sie schweigend Johannas Gesicht, als vollzöge sie eine Zeremonie.

Die anderen Frauen wirken aufgeregt, verschwinden zwischendurch in der Hütte und bringen Tücher, Ketten und Blusen herbei. Kein Zweifel, Johanna wird jetzt zur Kuna-Indianerin gemacht. Das Vorhaben scheint allen riesigen Spaß zu bereiten. Lachend und mit Scherzen, die wir leider nicht verstehen, vollenden die Frauen ihr Werk. Die leuchtend gelbe Bluse, mit farbigen Molas besetzt, macht Schwierigkeiten, sie ist fast zu eng. Dabei ist es womöglich die größte, die sie finden konnten. Doch gegen die kleinen Kuna-Frauen wirkt Johanna mit 1,60 Meter wie eine Riesin.

Das Ergebnis ist verblüffend. Mit dem geschminkten Gesicht, den Muschelketten, dem rot-gelben Kopftuch, der Molabluse und dem langen, um die Hüften geschlungenen Tuch ist Johanna zur Kuna-Indianerin geworden. Grinsend frage ich sie, ob sie denn nun auch zu den anderen in die Palmhütte ziehen wolle. Noch immer in der Kuna-Kleidung, spielt sie zum Dank einige Lieder auf ihrer Flöte. Alle lauschen gebannt. Womöglich haben sie noch nie eine Flöte gehört, kennen sie doch außer Trommeln keine eigenen Musikinstrumente.

Nach einigen Stunden, Johanna ist nun wieder zur Europäerin geworden, verabschieden wir uns. Mit Yuka-Wurzeln beschenkt, steigen wir in unser Dingi und paddeln zurück zu unserer schwimmenden Hütte, um ein unvergeßliches Weihnachtserlebnis reicher.

Als wir eine Woche danach die San-Blas-Inseln etwas wehmütig Richtung Panama verlassen, nehmen wir viele schöne Erlebnisse und Bilder mit. Vor uns liegen jetzt neue Ziele: die Osterinsel, Polynesien und der ganze riesige Pazifik, von dem wir nicht wissen, ob er uns Vergleichbares bieten wird. Eines Tages werden wir hierher zurückkehren und dann hoffentlich nicht zu sehr enttäuscht sein.

Abschied von der Karibik

Auf dem Weg nach Colón machen wir einen kurzen Zwischenstopp in Porto Bello. Es ist heute ein verträumter kleiner Ort an einer Flußmündung, deren hohe Felsufer einen geschützten Naturhafen bilden. Die Ruinen großer Festungs- und Hafenanlagen zeugen nur noch unvollkommen von der einstigen Bedeutung dieses früher wichtigsten und größten Handelshafens der Region, der im 16. Jahrhundert das Verbindungsglied der Spanier zum Pazifik war. Erst nach Eröffnung des Panamakanals mußte Porto Bello seine Rolle an Colón abtreten.

Wir sind hier mit Paul und seiner Familie verabredet, die wir schon auf den San-Blas-Inseln kennengelernt haben. Unter den vielen Fahrtenseglern, die wir bisher trafen, nehmen sie eine Sonderstellung ein. Kaum einer war so lange unterwegs, dazu noch mit zwei schulpflichtigen Kindern. Schon vor über neun Jahren verließen Paul und seine Frau Roswitha mit ihren damals sechs- und achtjährigen Söhnen Deutschland und begaben sich mit ihrer selbstgebauten, 14 Meter langen Stahlslup UNO X auf Weltumsegelung. Ihr drittes Kind, die jetzt sechsjährige Lynda, wurde unterwegs geboren.

In Südafrika, wo Paul Arbeit gefunden hatte, unterbrachen sie für drei Jahre ihre Reise. Dies war auch die einzige Zeit, in der die Jungen regelmäßig zur Schule gehen konnten, und noch heute schwärmen sie davon. Englisch wurde so für sie zur zweiten Muttersprache. Auch die quirlige kleine Lynda wechselt von einer zur anderen Sekunde die Sprache. Es ist immer wieder erstaunlich, wie leicht Kinder Fremdsprachen lernen. Diese Mehrsprachigkeit und ihre Erfahrungen im Ausland sind sicher ein großes Plus für die Kinder von Fahrtenseglern, doch der Mangel an sozialen Kontakten außerhalb der Familie und fehlende Schulbildung werden es ihnen später sicherlich erschweren, sich wieder an das Leben an Land zu gewöhnen. Wenn alles nach Plan geht, will Pauls Familie in einem Jahr wieder in Deutschland leben – für die Kinder ein fremdes Land.

Unweit der UNO X, die sich schon einige Tage in Porto Bello aufhält, werfen wir unseren Anker in das von Schlamm und Algen trübe Brackwasser der Flußmündung. Anhaltende, wolkenbruchartige Regenfälle zwingen uns, die geplanten Ausflüge zu den geschichtsträchtigen Ruinen und in den Fluß erst einmal zu verschieben. Die ganze folgende Nacht noch prasselt der Regen aufs Deck, und alles trieft vor Nässe, als Johanna am nächsten Morgen den Niedergang öffnet. »Was hast du da bloß wieder rausgefischt?« fragt sie mich.

»Was denn, wo denn?«

»Na da, der nasse braune Haufen zwischen den Wanten am Nagelbrett!«

Gemeinsam betrachten wir den zottigen Fellklumpen, der wie ein Sack am Nagelbrett hängt. Was zum Teufel ist das bloß? Sollte in dem triefnassen Fell womöglich doch was Lebendiges stecken? Ich rüttele kräftig am Want, und tatsächlich, es bewegt sich. Lange scharfe Klauen, mit denen sich das Wesen fest angehängt hat, und ein pavianartiges Gesicht werden erkennbar, doch nur für einen Moment, dann sinkt der Kopf des offenbar völlig erschöpften Tieres wieder nach unten.

Auf welche Weise es auch an Bord gekommen sein mag, wir müssen es irgendwie an Land bringen. Die langen, scharfen Krallen und das kräftige Hundegebiß flößen uns jedoch Respekt ein. Wir brauchen also Hilfe und setzen einen »Notruf« an die UNO X ab. Dort ist man begeistert: Alle wollen das seltsame Tier sehen. Zehn Minuten später stehen wir zu siebt davor und überlegen, was zu tun ist. Als erfahrener Weltumsegler weiß Paul schließlich nicht nur Rat, sondern erkennt auch, was wir da vor uns haben: ein Faultier. Daher also die langsamen Bewegungen. Vermutlich ist es von einem Baum in den Fluß gefallen und von der starken Strömung abgetrieben worden. Unser Boot war dann seine letzte Rettung vor dem offenen Meer. Über die am Want befestigte Dingileine muß es an Bord geklettert sein.

Paul und ich legen eine Decke über das Tier und drehen die Enden zusammen, während die anderen an allen vier Beinen ziehen, um es von den Wanten zu lösen. Endlich ist es frei und wird mitsamt der Decke im Segelsack verstaut. Im Dingi geht es nun an Land, wo wir den Sack ins Gras entleeren. Unendlich langsam arbeitet sich das Faultier aus der Decke und erklimmt im Zeitlupentempo den nächsten Baum. Die Rettungsaktion ist beendet. Vom wieder einsetzenden Regen naß bis auf die Haut, doch in dem Bewußtsein, eine gute Tat vollbracht zu haben, fahren wir zurück zu unseren Schiffen. Die Einheimischen erzählen uns später, daß es gut gewesen sei, so schnell zu handeln, denn spätestens am Abend steigen Faultiere in die höchsten Wipfel der Bäume. Von oben aus dem Mast hätten wir es nur noch herunterschießen können.

Colón, 3. Januar

Entsetzt starre ich mit geöffnetem Mund in den Spiegel. Eine häßliche schwarze Lücke zwischen den oberen Schneidezähnen gähnt mir entgegen. Schon lange habe ich befürchtet, daß meine zehn Jahre alten Kronen irgendwann auf dieser Reise abbrechen werden. Nun ist das Problem akut! Ich weiß nicht, ob ich übermäßig eitel bin, doch diese beiden fehlenden Zähne scheinen mir das Schlimmste, was man meinem Gesicht antun konnte. Verzweifelt frage ich mich, ob in dem rückständigen Colón wohl jemand in der Lage ist, den Schaden zu beheben. Segelfreunde, denen ich über Funk von dem Mißgeschick erzähle, amüsieren sich, und Paul von der UNO X rät mir, in Zukunft das Braune von der Kokosnuß erst zu entfernen, bevor ich hineinbeiße. Doch mir ist nicht nach Scherzen zumute.

Johanna muß etwas organisieren, denn mit dem Loch im Gesicht traue ich mich nicht einmal in den Yachtklub.

Dem Notfall angemessen, düst sie in Gleitfahrt zum Klub und kommt nach einer halben Stunde mit einem Zahnarzttermin für mich zurück. Die kostbaren Kronen in der Tasche, sitze ich wenig später im Taxi auf dem Weg zur Zahnärztin, einer entfernten Verwandten der Yachtklub-Kellnerin. Die Ärztin spricht gut englisch, doch auch ohne große Erklärungen liegt das Problem buchstäblich auf der Hand. Ich frage sie, ob man das irgendwie wieder kleben könne.

»Vielleicht.« Ihre besorgte Miene, während sie meine Zahnlükken untersucht, verheißt nichts Gutes. Dann erklärt sie mir das Problem: Vier bis sechs Wochen würde eine Sanierung dauern, ansonsten könne sie die beiden Kronen nur provisorisch einzementieren. Verdammt, ich will endlich weiter! Es ist Januar, und in diesem Jahr warten noch riesige Strecken durch den Pazifischen und den Indischen Ozean auf uns. So entscheide ich mich für das Provisorium (es hat tatsächlich bis zur Ankunft in Hamburg gehalten) und verlasse erleichtert nach einer halben Stunde die Praxis.

Endlich sind alle Formalitäten erledigt. Auch der Schiffsvermesser der Kanalbehörde war ganze zwei Minuten an Bord, hat sein Maßband kurz in den Salon gehalten, ein paar Zahlen notiert und damit offenbar alle Daten erfaßt, die zur Berechnung der Tonnage und der Kanalgebühren ungemein wichtig genommen werden. Dabei schwankt die Gebühr bei Yachten zwischen 10 und 14 Metern nur um einige Dollar, während die Vermessung selbst mit rund 200 US-Dollar das Zehnfache kostet. Damit ist die Ole Hoop aber auch in den Ordnern der Behörde ein für allemal erfaßt, das heißt, bei allen künftigen Kanalpassagen entfällt diese Prozedur, vorausgesetzt, man kommt mit demselben Schiff oder – wie ganz Schlaue zu berichten wissen – das neue Schiff hat den alten Namen.

6. Januar, sechs Uhr morgens

Die zu je 50 Dollar angeheuerten Linehandler, das deutsche Seglerpaar Britta und Klaus, dazu Roberto, der Sohn des örtlichen Einwanderungsbeamten, sind an Bord. Die vier 50 Meter langen und 22 Millimeter starken Panamaleinen, die wir schon seit Hamburg mit uns herumschleppen, sind zurechtgelegt. Wir warten auf den Adviser, unseren Lotsen.

Es ist ein aufregender Moment: Zum einen geht es nun endlich mit einem Jahr Verspätung in den riesigen Pazifik, zum anderen haben wir in den letzten Tagen von Havarien einiger Yachten gehört, denen während des Schleusens Bug- und Heckkörbe weggerissen worden sind.

Beruhigend, daß unsere Linehandler Erfahrung haben, denn vom richtigen Bedienen der vier Leinen hängt alles ab. Wichtig dabei ist, daß beim Steigen und Fallen des Wassers in der Schleuse (bis zu 18 Meter Hub in jeder Schleusenkammer) alle Leinen ständig fest durchgesetzt sind und das Schiff genau in der Mitte und unbedingt parallel zur Schleusenwand gehalten wird. Der kritischste Augenblick kommt, wenn sich die Schleusentore öffnen und der meistens dicht vor einem liegende Pott, der in der Breite oft zentimetergenau in die Schleuse hineinkonstruiert wurde, zum Anfahren einen kräftigen Schub mit der Schraube gibt. Der Schraubenstrom kann dabei so gewaltig sein, daß es unweigerlich zu Bruch führt, wenn die Yacht nur ein bißchen querliegt oder die Leinen nicht gleichmäßig durchgesetzt sind. Paul, der mit seinen beiden Söhnen schon 18 Kanalpassagen als Linehandler hinter sich gebracht hat, erzählte uns, daß bei dieser Gelegenheit selbst 25 Millimeter starke, neue Trossen wie Bändsel wegknallten.

Verständlich also, daß wir aufgeregt sind und mit Spannung auf den Lotsen warten, der sich nun schon um eine halbe Stunde verspätet hat. Endlich rauscht eine Barkasse heran, und zwei Mann steigen zu uns über. Wir wundern uns über den zweiten Mann, aber der Ältere von beiden, der uns höflich begrüßt und sich als Antonio vorstellt, erklärt uns, daß sein Kollege sich noch in der Ausbildung befände und als Praktikant mitführe. »Hätten sie sich dafür nicht eine größere Yacht aussuchen können?« denke ich. Sieben Personen sind wir nun auf unserer kleinen OLE HOOP. Zum Glück habe ich das vorbereitete Mittagessen – Rindfleisch mit roten Bohnen – reichlich bemessen, und nachts bleiben die Lotsen ja nicht an Bord. Beide sind sehr höflich und bescheiden, was uns angenehm überrascht nach den Berichten einiger Segler, die ihre Lotsen als überheblich und arrogant erlebt haben.

Nach kurzem Gespräch, das Antonio über seine Handfunke führt, erhalten wir grünes Licht und müssen uns plötzlich beeilen. In seinem spanisch eingefärbten Englisch fragt er mehrmals, ob ich nicht noch schneller fahren könne. Nur ungern gebe ich mehr Gas, denn die Maschine läuft mit 3000 Umdrehungen pro Minute schon fast ihre Höchstdrehzahl. So kurven wir mit sechseinhalb Knoten Fahrt vom Ankerplatz weg hinein in das Schleusenabenteuer.

Die erste der drei Gatunschleusen liegt vor uns. Ein großes Kreuzfahrtschiff hat im vorderen Teil der Kammer schon festgemacht, und alles sieht friedlich und völlig harmlos aus, als wir langsam einlaufen. »Achtung, Deckung!« schreit Klaus plötzlich vom Vorschiff. So schnell, daß ich es zunächst gar nicht mitbekomme, fliegen von allen Seiten gleichzeitig faustgroße Kugeln mit Wurfleinen auf die Ole Hoop. Eine trifft mit lautem Knall den Mast. »Noch mal Glück gehabt«, denke ich, doch die Männer oben auf der Schleusenmauer scheinen ihren Job zu verstehen. Die Kugeln gehen hoch über unsere Köpfe hinweg, und nur die ungefährlichen Leinen sinken auf uns herab.

Alles läuft nun reibungslos. Unsere Panamaleinen werden mit den Wurfleinen nach oben gezogen und dort über Poller gelegt. Eine der vier Leinen wird von Johanna bedient, während ich in der Schleuse das Ruder nicht verlassen darf, um jederzeit reagieren zu können, wenn etwas schiefgeht. Die Lotsen achten darauf, daß alle Leinen gleichmäßig bedient werden, während sich die Schleusenkammer unerwartet schnell mit mächtigen Strudeln füllt. Doch alles klappt hervorragend, und auch der Schraubenstrom des Cruisers fällt milder aus als erwartet.

In der letzten der drei Gatunschleusen stehen auf einmal verdächtig viele Passagiere mit schußbereiter Kamera an der Heckreling des Kreuzfahrtschiffs, als hätte der Kapitän über Bordlautsprecher durchgegeben, daß es bei der hinter ihnen liegenden Segelyacht gleich etwas zu sehen gäbe. Unsere Nerven sind angespannt, auch Antonio scheint nervös zu sein, macht ein ernstes Gesicht und läßt noch einmal die Leinen korrigieren. Dann kommt der Schub, und diesmal hat der Kapitän richtig »Stoff« gegeben. Eine hohe Stromschnelle rast rauschend und gurgelnd mit großer Geschwindigkeit auf uns zu und packt die Ole Hoop, die sich ächzend zur

Seite neigt. Die beiden Vorleinen knarren in den Lippklampen und spannen sich wie Klaviersaiten. Antonio fordert Britta und Klaus auf, vom Bugkorb zurückzutreten. Ich höre schon förmlich den Knall der brechenden Vorleine ... Doch plötzlich ist der Spuk vorbei, und einen Augenblick später – viel zu früh, wie ich finde, denn noch immer quirlen kräftige Strudel durch die Kammer – werden die vier Leinen oben von den Pollern geworfen und hastig von uns eingeholt. »Go! Go!« feuert mich Antonio an, und ich schiebe den Schalthebel bis zum Anschlag. Der Motor heult auf, und die OLE HOOP kurvt, schnell Fahrt aufnehmend, in Schlangenlinien durch die Strudel, hinaus aus der letzten der drei gefürchteten Gatunschleusen.

Die San-Miguel-Schleusen auf der anderen Seite des Kanals seien im Vergleich zu diesen harmlos, versichert uns Antonio, denn dort führen die Yachten *vor* den Berufsschiffen hinein und hinaus; dadurch entfalle der gefährliche Schraubenstrom. Wir können also aufatmen und entspannen uns zusehends, während wir in den Gatunsee einlaufen. Eine weite Seenlandschaft tut sich vor uns auf. Dem Fahrwasser folgend, gleiten wir an idyllischen kleinen Inseln und grünen Dschungelufern entlang. Eine so schöne Landschaft hatten wir hier nicht erwartet, reden doch alle nur von den Schwierigkeiten der Passage.

Während Johanna eine Runde Bier aus dem Niedergang nach oben reicht – nur die beiden Lotsen lehnen dankend ab –, bereite ich das zweite Frühstück vor. Uns allen knurrt der Magen, denn schließlich sind wir seit 05.00 Uhr morgens auf den Beinen. Leider schaffen wir es nicht, den Kanal an einem einzigen Tag zu durchfahren, denn es fehlt ein »big ship«, mit dem wir schleusen könnten, erklärt uns Antonio. So steuern wir einen Ankerplatz in der Nähe der Lotsenstation an, von der aus er und sein Kollege abgeholt werden, noch ehe unser Ankermanöver beendet ist. Es ist früher Nachmittag, und erst morgen um 11.00 Uhr soll es weitergehen. Was tun mit der uns aufgezwungenen Freizeit? Der spontane und immer fröhliche Roberto springt als erster in das klare grüne Wasser des Sees, und bald folgen alle seinem Beispiel. Ausgiebig genießen wir es, nach langer Zeit wieder in richtigem Süßwasser zu baden, denn in Zukunft wird es dazu so bald keine Gelegenheit mehr geben.

Am Abend lernen wir Britta und Klaus etwas besser kennen. Sie sind echte Austeiger, 20 Jahre jünger als wir und halten sich mit Gelegenheitsjobs über Wasser. Ihren zehn Meter langen Sperrholz-Katamaran haben sie selbst gebaut. Wir trauen diesem nach »chinesischem« Prinzip konstruierten flexiblen Gefährt nicht viel zu. Da sie jedoch von der Philosophie des Konstrukteurs und der Seetüchtigkeit ihres Bootes absolut überzeugt sind, ersparen wir uns eine fruchtlose Diskussion und erwähnen auch nicht, was wir einige Wochen zuvor auf dem Karibiknetz gehört haben. Ein baugleicher Katamaran war vor Curaçao bei Windstärke sieben von der See in seine Bestandteile zerlegt worden und gesunken. Die beiden unerfahrenen jungen Eigner konnten gerettet werden. Sicher haben auch Fahrtenkatamarane mittlerweile ihre Seetüchtigkeit bewiesen, vorausgesetzt sie werden von einer erfahrenen Crew gesegelt. Doch oft ist es umgekehrt: Gerade Einsteiger werden von einem Segelgerät angezogen, dessen Stabilität und geringe Krängung, verbunden mit viel Raumkomfort, ihnen ein Maß an Sicherheit suggerieren, die ein kenterbares Boot naturgemäß nicht haben kann.

Britta und Klaus wollen so bald wie möglich nach Polynesien, doch zuvor müssen sie als Linehandler oder sonstwie ihre Bordkasse aufbessern: eine mühsame und oft frustrierende Sache. Bei dem niedrigen Lohnniveau und der großen Arbeitslosigkeit in fast allen außereuropäischen Ländern braucht man schon eine ausgesprochen gesuchte Qualifikation und gute Sprachkenntnisse, um sich auf diese Weise durchzuschlagen. Auch bei den anderen Yachties ist selten etwas zu holen, denn sie reparieren möglichst alles selbst. Wo der Einsatz größerer Maschinen oder Spezialwerkzeuge gefragt ist, muß auch der arbeitssuchende Fahrtensegler passen, stehen ihm doch nur Bordmittel zur Verfügung. Hinzu kommt natürlich das Problem, daß man als Tourist keine Arbeitserlaubnis des jeweiligen Landes besitzt und daß illegale Chartergeschäfte, auf die manche setzen, leicht zu einem bösen Reinfall werden können.

Vielleicht sind wir schon zu alt, um es noch nachvollziehen zu können, aber wie frei und selbstbestimmt lebt man denn als Weltenbummler noch, wenn man, um zu überleben, schlecht bezahlte, anstrengende Jobs annehmen muß, die zudem noch weit unterhalb der eigenen Qualifikation liegen?

7. Januar, elf Uhr morgens

Die beiden Lotsen sind pünktlich und begrüßen uns wie alte Bekannte. Weiter geht es in Richtung Pazifik. Wir verlassen nun den Gatunsee, das Fahrwasser verengt sich, und der eigentliche Kanal mit steil aufragenden Felswänden zu beiden Seiten beginnt. Ein Mahnmal am Ufer erinnert an die Tausende von Menschenleben, die der über drei Jahrzehnte dauernde Kanalbau bis zur Eröffnung 1914 gekostet hat. Zahlreiche Unfälle, vor allem aber Malaria und Gelbfieber hatten besonders in den ersten Jahren die Arbeiter wie die Fliegen sterben lassen. Dies und vieles mehr über die Geschichte und die technischen Probleme des Kanalbaus erzählt uns Antonio, während wir den letzten Abschnitt passieren.

Das Wetter verschlechtert sich. Der Himmel wird dunkler, Regenwolken ziehen auf, die Luft ist feucht-schwül, und in der Ferne hören wir Donnergrollen. Antonio hat recht gehabt, die San-Miguel-Schleusen sind harmlos, auch wenn es bedrohlich wirkt, als der hochaufragende Bug eines riesigen Frachters sich uns bis auf wenige Meter nähert, bevor die Loks auf den Schleusenmauern ihn aufstoppen. Wir sind in der letzten der drei Kammern, und es regnet in Strömen – das Gewitter kommt näher. Britta und Klaus haben Regenkleidung angezogen, die Lotsen sich unter die Sprayhood verkrochen und Johanna und ich zumindest die Öljacken übergeworfen. Nur Roberto sitzt naß bis auf die Haut am Heckkorb und singt lauthals ein Lied auf den Regen, der wohl eine stimulierende Wirkung auf ihn ausübt.

Noch einmal wächst die Spannung. Antonio erklärt mir, wie wichtig es besonders hier, beim Auslaufen aus der letzten San-Miguel-Schleuse ist, die Stromwirbel mit großer Geschwindigkeit zu durchfahren, um nicht an die Schleusentore geworfen zu werden.

Tiefer und tiefer sinken wir zwischen die grün-braun bewachsenen Mauern, die schließlich 15 Meter über uns aufragen. Unsere Stimmen geben ein hallendes Echo, wir fühlen uns wie in einem Brunnenschacht. Auf Anweisung von Antonio starte ich den Motor. Dann öffnet sich lautlos das riesige Tor und gibt uns den Weg in den Pazifik frei. Plötzlich herrscht Hektik. Antonio schreit kurze, uns unverständliche Kommandos nach oben, und fast gleichzeitig werden alle vier Leinen gelöst und heruntergeworfen. »Jetzt bloß zum

Schluß nicht noch eine Leine in die Schraube!« denke ich, während ich die OLE HOOP auf volle Fahrt bringe. Gott sei Dank geht alles gut, und erleichtert passieren wir die Schleusentore.

Erst jetzt nehme ich wahr, daß das Gewitter näher gekommen ist; tiefschwarze Wolken sind aufgezogen, und aus dem Regen wird plötzlich ein Wolkenbruch, wie ich ihn noch nie erlebt habe. Bei den herabstürzenden Wassermassen haben wir keinerlei Sicht mehr. Völlig orientierungslos nehme ich die Fahrt aus dem Schiff, denn ich fürchte, gleich gegen einen der Dalben oder die Betonpier zu krachen, die nun hinter der Regenwand verschwunden sind. Hilflos frage ich Antonio nach dem Kompaßkurs, kaum hoffend, daß er auf so eine Situation vorbereitet ist. Doch prompt kommt die Antwort: 150 Grad soll ich steuern. Überrascht und erleichtert bringe ich die OLE HOOP auf Kurs. Wie gut ist es doch, in solch einem Moment einen kompetenten Lotsen an Bord zu haben! In dieser Hinsicht habe ich dazugelernt. Hielt ich anfangs die Vorschrift, vier Linehandler und einen Lotsen an Bord zu nehmen, für reine Schikane, so muß ich im nachhinein zugeben, daß die Helfer an den Leinen unabdingbar und die Lotsen eine unschätzbare Hilfe sind, denn sie übernehmen nicht nur den gesamten Funkverkehr, sondern wissen auch, worauf es in jeder einzelnen Schleuse besonders ankommt. Erfahrungen mit dem Nord-Ostsee-Kanal jedenfalls reichen dafür bei weitem nicht aus.

Der Regen hat aufgehört, als wir an einer Muringtonne des Balboa Yacht Club festmachen. Die beiden Lotsen sind schon von ihrer Barkasse abgeholt worden, und auch unsere übrigen Gäste haben es eilig, denn sie wollen noch heute mit dem Zug nach Colón zurück. So herrscht bald wieder die gewohnte Zweisamkeit an Bord, und wir feiern unsere gelungene Kanalpassage, wofür unsere Gäste noch reichlich Bier übriggelassen haben. »Prost, Schnuffelchen!« ruft Johanna gutgelaunt und hält mir ihren Kußmund entgegen. Ich habe es längst aufgegeben, mich in Momenten wie diesen gegen das »Schnuffelchen« zu wehren, nennt sie mich hin und wieder doch auch bei meinem richtigen Namen.

Wir sind in euphorischer Stimmung, obwohl der regnerische, graue Himmel und die Umgebung wenig Pazifisches zeigen. Das mit großen Dalben vom Kanalfahrwasser abgetrennte Muringfeld, an dessen roten Tonnen große und kleine Fahrtenyachten aller Nationen dümpeln, der altersschwache Anleger, dessen lange Brücke zum schmucklosen, holzverkleideten, schmutzig-weißen Klubgebäude führt, die Maschendrahtzäune oberhalb des schlammgrauen, steinigen Ufers – all das könnte überall auf der Welt sein. Auch der Blick über das Fahrwasser, durch das mit dumpfen Maschinengeräuschen ein großer Frachter nach dem anderen gleitet, zeigt eher Vertrautes als Exotisches. Vor den nach Süden weit zurücktretenden flachen Ufern heben sich große, trockengefallene Sandbänke aus der bleiern schimmernden Wasserfläche. Hätten wir nicht heiße 35 Grad, wir wähnten uns auf dem heimatlichen Wattenmeer der Nordsee.

Besuch in Gerdas und Dieters »Paradiso«

Am nächsten Morgen machen wir erst einmal einen »Zettel«, eine der ewigen Listen für Einkäufe und Besorgungen, die meistens länger ausfällt als gedacht. Solche Listen vermitteln einem das Gefühl, schon etwas geschafft zu haben, und lassen sich als Organisationshilfe vielseitig einsetzen. Besonders Johanna ist eine große Anhängerin von Listen aller Art. So erstellt sie Arbeits- und Reparaturlisten oder Stau- und Strichlisten für unseren Lebensmittelverbrauch. Letztere können wohl recht nützlich sein, vorausgesetzt man vergißt seine Striche nicht. Leider gelang es uns nie, dies auf längeren Reisen konsequent durchzuhalten. So gab es immer wieder Überraschungen – angenehme oder unangenehme. War ich beispielsweise auf der Suche nach der vermeintlich letzten Würstchendose, fand ich entweder noch drei Stück oder gar keine und statt dessen eine Dose Rindergulasch, von deren Existenz ich keine Ahnung hatte.

Insgesamt wissen wir natürlich schon, was wir noch an Bord haben, besonders Langzeitverpflegung wie Nudeln, Reis, Mehl und Trockenbohnen in solchen Mengen, daß wir uns Monate davon hätten ernähren können. Aber unser Diesel- und Petroleumvorrat muß aufgestockt werden, wir brauchen den *Nautical Almanac* für dieses Jahr und eine größere Summe Bargeld in möglichst kleinen Dollarnoten, denn ein polynesischer Fischer wird kaum unsere Kreditkarte akzeptieren.

Die Liste ist fertig, und wir wollen an Land. Doch wir können nicht wie sonst unser Dingi ins Wasser lassen und lossausen, denn die Benutzung des eigenen Dingis ist hier im Balboa Yacht Club wegen der starken Tidenströme verboten. Statt dessen gibt es einen Fährbetrieb zwischen Anleger und den draußen liegenden Yachten. Will man übersetzen, ruft man mit dem Signalhorn eines der beiden offenen Boote mit starker Maschine, die rund um die Uhr »stand-by« sind.

Obwohl wir kräftig in unser Horn blasen, taucht weit und breit kein Fährboot auf. Also heißt es warten und immer wieder kräftig tuten, denn über UKW-Funk ist hier niemand zu erreichen. Endlich, nach mehr als einer halben Stunde, kommt unser Fährboot längsseits. Das werden wir bei unserem nächsten Landgang wohl einplanen müssen. Auf dem Weg zum Anleger dreht das Boot ein paar Schleifen, um noch andere Segler abzuholen, die auch schon ungeduldig darauf warten, übergesetzt zu werden.

Etwas ratlos stehen wir zunächst auf dem großen Parkplatz vor dem Klubgebäude. Das einzige Taxi ist uns vor der Nase weggeschnappt worden, und wann der nächste Bus von der weit entfernten Haltestelle abfährt, weiß niemand genau. Das ist eben das Los des Seglers: Zu Wasser erreicht er fast jeden Punkt der Erde, doch kaum geht er an Land, ist Schluß mit seiner Mobilität. Lange Fußmärsche in glühender Hitze, mit schweren Einkaufstaschen bepackt, stellen die sportliche Seite des Fahrtensegelns dar. Bei der allgemeinen Bewegungsarmut an Bord ist das sicher ein gesunder Ausgleich.

Doch die 20 Kilometer vom Hafen Balboas bis Panama City sind uns entschieden zu weit. Schließlich kommt doch noch ein Taxi, aber bevor wir einsteigen, handeln wir den Fahrpreis aus. Fünf Dollar sind okay. Das Handeln erweist sich in südamerikanischen Ländern und auch auf den Karibikinseln als unerläßlich, will man am Ende nicht eine böse Überraschung erleben. Forderungen bis zum Zehnfachen des Normaltarifs sind durchaus möglich.

In der Stadt, die aussieht wie alle Großstädte, erledigen wir zunächst unsere Bankgeschäfte. Alles scheint nach Wunsch zu klappen. Der Vorteil in Panama ist, daß der US-Dollar hier als Landeswährung gilt und die Auszahlung daher kein Problem ist. Petroleum gibt es zwar in jeder Stadt der Welt, doch den richtigen Laden zu finden, kann ein Tagesprogramm sein. Wir fragen uns nach »Paraffin« durch.

Den Hinweisen der Einheimischen folgend, gelangen wir in immer ärmlichere Stadtviertel, die uns mit ihren verfallenden Fassaden und den fast zu Ruinen verkommenen Häusern stark an die Armenviertel Colóns erinnern. Hier verirrt sich kein Tourist hin, und wir überlegen, ob wir nicht zur Sicherheit doch ein Taxi hätten nehmen sollen. Aber die Menschen sind freundlich, helfen uns weiter, und ihren Antworten entnehmen wir, daß wir unser Ziel fast erreicht haben. Überrascht stehen wir plötzlich an einem kleinen Tidenhafen, in dem Niedrigwasser herrscht und heruntergekommene alte Fischkutter im schwarzen Schlamm liegen. Davor ein stinkender riesiger Müllhaufen, auf dem große, kahlköpfige graue Geier hocken – ein fast kafkaeskes Bild.

In der backsteinernen alten Lagerhalle, gleich neben der zerbröckelnden Pier, soll es Petroleum geben. Zögernd steigen wir die schmutzigen Betonstufen zum Eingang empor. Ein widerlicher Gestank und der Lärm gackernder Hühner schlagen uns entgegen. Offensichtlich sind wir in einem Hühnergroßhandel gelandet: Tausende von Hühnern, in enge Käfige gepfercht, füllen die große Lagerhalle.

Freundlich grüßend kommt uns ein junger Mann entgegen. Ohne große Hoffnung machen wir ihm unseren Wunsch klar. »Parafin? Si, Señor!« strahlt er uns plötzlich an, nachdem er verstanden hat, was wir wollen. Wir sind noch mißtrauisch, doch das 200-Liter-Faß, zu dem er uns führt, enthält ohne Zweifel tatsächlich Petroleum. Dummerweise haben wir keinerlei Behälter dabei, und in Deutschland hätten wir sicher den weiten Weg noch einmal machen müssen. Doch hier ist das kein Problem: Irgendein alter Kanister wird schon aufzutreiben sein in so einer Lagerhalle. Wenig später schleppen wir einen ölverschmierten 30-Liter-Kanister Petroleum auf die Straße, stolz auf unseren Erfolg.

Der Rest ist kein Problem mehr, denn auch der Taxifahrer findet überhaupt nichts dabei, uns mit dem Faß auf dem Rücksitz zum Hafen zu fahren. 60 Liter Petroleum haben wir nun an Bord, das reicht, um 48 Wochen lang kochen und backen zu können. Eine etwas übertriebene Vorratshaltung vielleicht, aber es ist ungemein beruhigend, auf See keinen Mangel an substantiellen Dingen zu haben, und es schont Zeit und Nerven, nicht in jedem Hafen erneut danach suchen zu müssen.

Für den nächsten Tag ist wieder ein längerer Ausflug geplant. Über Funk erfahren wir die Adresse einer nautischen Fachbuchhandlung, irgendwo am Rand von Panama City. Leider haben wir nicht das Glück, an einen ortskundigen Taxifahrer zu geraten. Am nächsten Morgen sind wir zwar im richtigen Stadtviertel, doch zur Buchhandlung müssen wir uns mühsam durchfragen. Um so angenehmer ist dann die Überraschung, als wir endlich vor dem Laden stehen. Er strahlt die gediegene Atmosphäre eines britischen Handelskontors aus, ebenso das dämmrige Innere mit seinen hohen Bücherwänden in dunklem Holz und der etwas verstaubt wirkenden Unordnung auf dem pulthohen großen Tisch in der Mitte. Der höfliche ältere Herr, der uns nach unseren Wünschen fragt – er ist tatsächlich Engländer –, erweist sich als ausgesprochen sachkundig. Schon in wenigen Minuten haben wir, was wir brauchen: Gezeitentafeln für den gesamten Pazifik und den Indischen Ozean, dazu den *Nautical Almanac*. Der Laden gefällt uns so gut, daß wir vor Begeisterung auch noch eine Detailkarte von den Las Perlas kaufen, die wir eigentlich nicht unbedingt brauchen.

Erstaunlich schnell können wir diesmal alle wichtigen Punkte auf unserer Liste abhaken. Das paßt uns gut, denn aus mehreren Gründen möchten wir Balboa so bald wie möglich verlassen. Zum einen ist der Liegeplatz unverschämt teuer, ohne daß außer dem Fährbetrieb ein besonderer Service geboten wird (im Gegensatz dazu liegt man in Christobal-Colón kostenlos und kann dennoch alle Klubeinrichtungen benutzen), zum anderen ist der Platz wegen des ständigen Schwells der vorbeifahrenden Schiffe alles andere als gemütlich.

Auch der Ankerplatz vor der nur sieben Seemeilen entfernten Ausflugsinsel Tobago, von der es eine regelmäßige Fährverbindung nach Balboa gibt, ist nur vorübergehend erträglich, denn er ist nicht nur »rollig«, sondern liegt auch inmitten eines lebhaften und lärmenden Badebetriebs. Umgeben von Schwimmern, Surfern, rasenden Wasserjets und ankernden Motorbooten machen wir die OLE HOOP seeklar. Während Johanna alles sorgfältig staut und dabei natürlich entsprechende Listen anfertigt, mache ich mich noch einmal über das Unterwasserschiff her.

Die Arbeit ist nicht nur anstrengend, sondern auch frustrierend, weiß ich doch, daß der Bewuchs, den ich jetzt mühsam mit dem Spachtel abkratze, in wenigen Wochen wieder vollständig nachgewachsen sein wird. Wir haben in Venezuela offensichtlich das falsche Antifouling gekauft, das zwar den Namen eines international renommierten Herstellers trägt, aber außer dem Namen und dem Geruch wenig mit Antifouling zu tun hat (schon drei Wochen nach dem neuen Anstrich war der Rumpf wieder grün bewachsen). Ein Problem, das uns auf der weiteren Reise noch viel zu schaffen machen soll.

Zum Schluß müssen wir noch unsere Dollars verstauen. Dazu verstecken wir abgezählte Päckchen in Briefumschlägen sicher im Salon und im Vorschiff. Natürlich ist diese Sicherheit nur relativ, doch jeder, der schon einmal auf einer Segelyacht war, weiß, wie unendlich viele Hohlräume es an Bord gibt, und ein Dieb müßte schon sehr viel Zeit haben und Glück dazu, um wirklich alles zu finden.

Wir sind klar zum Auslaufen. Auch die LUDUS AMORIS liegt inzwischen neben uns. Ihre Abreise hing bis zuletzt sozusagen an einem seidenen Faden. Es begann mit dem Bruch eines Hakenterminals, mit dem das Unterwant in den Mastbeschlag eingehängt wird. Der Haken war genau in der Krümmung gebrochen. Solche Brüche sind uns schon häufiger begegnet, und immer war es eine Hallberg-Rassy und der gleiche Rigghersteller. Seit einiger Zeit liefert dieser eine verstärkte Version seiner Hakenterminals, doch noch immer fahren Hunderte von Yachten mit diesem Rigg auf allen Weltmeeren.

Der Bruch eines Wants kann den Mast und im Extremfall sogar das Schiff kosten. Das war auch Klaus von der LUDUS AMORIS klar, und um kein Risiko einzugehen, bestellte er per Fax beim Hersteller in Europa einen kompletten Satz Ober- und Unterwanten, die auch tatsächlich nach drei Tagen am Flugplatz eintrafen. Doch sie lagen beim Zoll, und die Mühlen der Bürokratie liefen wie in allen lateinamerikanischen Ländern sehr langsam. In Venezuela, das wußten wir, dauert so etwas 14 Tage. Doch Klaus wollte keinesfalls so lange warten und nahm sich vor, es an einem einzigen Tag zu schaffen. Und was keiner für möglich hielt: Nach achtstündigem Kampf mit Zöllnern und Taxifahrern kam er tatsächlich abends mit seinen Wanten völlig erschöpft im Hafen an.

Bei herrlichem Wetter lichten wir gleichzeitig mit der LUDUS AMORIS vor Taboga den Anker. Bis zu unserem endgültigen Start in den Südpazifik am 1. Februar wollen wir noch eine Woche auf den Las Perlas verbringen, einer nur 30 Seemeilen weiter westlich liegenden Inselgruppe, die ihren Namen verdient, auch wenn dort schon längst keine Perlen mehr gefunden werden. Als Refugium der Reichen und Superreichen ist Contadora die bekannteste und Isla del Rey die größte dieser ansonsten kaum bewohnten tropisch grünen Felseninseln. Auf der Isla San José wollen wir die beiden deutschen Aussteiger Gerda und Dieter besuchen, die dort vor zehn Jahren auf dem Weg in die Südsee hängengeblieben sind.

In den Las Perlas, 25. Januar

Wir liegen im Schutz zweier unbewohnter »Perlen« vor Anker: kristallklares Wasser, schneeweißer Strand, Palmen - ein Südseetraum hier auf acht Grad Nord. Es herrscht starker Tidenstrom, unser Log zeigt 2,5 Knoten »Fahrt« – kein Wunder bei immerhin drei bis vier Meter Tidenhub. Ich krame gerade in der Angelkiste, um für unser Mittagessen zu sorgen, als mich der entsetzte Schrei Johannas aufschreckt: »Das Dingi, Klaus!» Ich sehe es eben noch ablegen, und schon ist unser neues Schlauchboot mit Außenborder 50 Meter entfernt in Richtung West auf die offene See getrieben. Da schwimmen nicht nur 3000 Mark weg, sondern auch ein für uns lebenswichtiges Transport- und Verkehrsmittel.

Ich zögere keinen Moment, springe hinterher und schwimme wie um mein Leben. Doch der Abstand, wohl schon an die hundert Meter, scheint sich nicht zu verringern. Woher kriegt dieses verdammte Ding bloß soviel Fahrt? Es weht kaum Wind, und der Strom schiebt mich genauso schnell wie das Dingi. Verzweifelt versuche ich, alles aus mir herauszuholen. Ich spüre meine Kräfte schwinden und will schon aufgeben, als ich bemerke, daß ich dem gelben Schlauchboot doch nähergekommen bin. Weiter also! Fast am Ende meiner Kraft, wasserschluckend und nach Atem ringend, erreiche ich es endlich. Mir bleibt keine Zeit, mich zu erholen. Die OLE HOOP ist erschreckend weit weg, und ich treibe auf scharfkantige Felszacken zu, die nur 200 Meter entfernt bedrohlich aus dem Wasser ragen. Ich versuche, den Außenborder zu starten. Mist, er stirbt gleich wieder ab. Noch mal ... Aus! Wieder und wieder reiße ich an dem Starterseil – nichts!

Hastig setze ich Riemen und Dollen in die Halterung und versuche, gegen den Strom zu pullen. Ein Blick zum Ufer macht mir deutlich, daß ich keine Chance habe: Die Palmen und Felsen wandern nach vorn aus. Ich muß den Außenborder in Gang bringen, doch Zeit zum Reparieren habe ich nicht. Womit auch? Nicht mal ein Schraubenzieher ist im Boot. Ein großer Fehler, wie mir jetzt klar wird. Plötzlich fällt mein Blick auf den einsatzbereiten kleinen Draggenanker mit 30 Meter Leine daran. Ich könnte mir vor den Kopf schlagen: Wieso bin ich bloß nicht gleich auf den Anker gekommen? Ich schleudere ihn weit voraus – es gibt einen sanften Ruck, und das Boot liegt fest.

Endlich habe ich Zeit, mir in Ruhe zu überlegen, wie ich mich aus dieser Lage befreien kann. Ich blicke zum Schiff zurück. Da tut sich was! Erstaunt bemerke ich, daß die OLE HOOP größer wird, mir entgegenkommt. Donnerwetter – Johanna hat schnell reagiert! Immerhin waren 40 Meter Ankerkette draußen. In großem Bogen und mit Blick auf das Echolot manövriert sie zwischen Untiefen hindurch die OLE HOOP an mich heran.

Eine halbe Stunde später liegen wir wieder am alten Ankerplatz und ziehen unsere Lehren aus dem Ereignis. Niemals hätte ich bei dem starken Strom einfach über Bord springen dürfen. Das Dingi wäre wahrscheinlich zwischen den Felsen hindurch auf die offene See getrieben, wo wir es bei schnellem Ankeraufgehen problemlos mit der OLE HOOP hätten einfangen können. Und der Außenborder darf einfach nicht versagen, dafür ist er in vielen Situationen, besonders bei starkem Wind oder Strom, zu lebenswichtig. Den verstopften Benzinfilter (der war es nämlich) hätte ich schon längst reinigen müssen. Die wichtigsten Werkzeuge und ein Ersatzstarterseil gehören einfach ins Dingi und nicht in den Werkzeugkasten an Bord. Der Dingi-Anker mit Leine hat sich als äußerst nützlich erwiesen, noch nützlicher aber war Johannas entschlossenes und schnelles Handeln. Das zeigt uns wieder einmal: Bei einer kleinen Zweiercrew muß selbstverständlich jeder, vor Anker und erst recht auf See, das Schiff auch *allein* sicher handhaben können.

Vor dem Balboa Yacht Club hatten wir Dieters SEEPFERDCHEN, ein verkommenes Acht-Meter-Rostteil, an der Muringtonne liegen sehen. Angeblich soll er inzwischen wieder zurück in seinem »Paradies« auf der Insel San José sein, die nun querab an Steuerbord liegt. Endlich entdecke ich mit dem Fernglas vor dem dunklen Grün des steilen Ufers zwei hauchdünne senkrechte Striche, die Masten des SEEPFERDCHENS, und dann noch einen, vermutlich die LUDUS AMORIS, die schon ein paar Stunden vor uns angekommen ist. Doch die Einfahrt zur geschützten Ankerbucht wird durch einige Felsen versperrt. Kurz darauf liegt die Passage vor uns, und wir halten direkt auf die beiden Schiffe zu. Die Bucht ist wirklich einmalig schön. Ich kann verstehen, daß die beiden damals der Versuchung nachgaben, ihre weiteren Segelpläne fallen ließen und hier auf dieser unbewohnten Perleninsel blieben.

Wir sind gespannt auf die beiden, die nun schon seit zehn Jahren nahezu ein Robinsonleben führen. Eine Eigenart Dieters kennen wir schon: Ohne eine Flasche Rum als Gastgeschenk sind wir bei ihm nicht willkommen. Doch außer der Flasche Rum haben wir noch etwas Besonderes für sie: eine neun Kilo schwere, 80 Zentimeter lange Riesenmakrele, die wir wenige Stunden zuvor mit unserer Schleppangel gefangen haben. So stapfen wir mit unseren Gastgeschenken den schneeweißen, von großen Felsbrocken eingerahmten Strand hinauf. Ein hagerer älterer Mann mit grauem Vollbart kommt uns eilig entgegen. »Willkommen im Paradies!« Er tritt auf uns zu, nimmt Rum und Fisch an sich und erklärt uns militärisch kurz, daß er heute keine Zeit habe und morgen, pünktlich um neun Uhr, Führung durchs »Paradies« sei. Alle weiteren Informationen erhielten wir von Maria und Klaus, mit denen er bereits gesprochen habe. Und schon verschwindet er, die Flasche Rum in der einen, den Fisch in der anderen Hand, hastig hinter einem Felsen.

Verblüfft und etwas ratlos stehen wir am Strand. Zehn Jahre Inselleben unter tropischer Sonne haben offensichtlich nicht gereicht, ihm deutsche »Tugenden« abzugewöhnen. Da der Inselchef heute nicht empfängt, bleibt uns nichts anderes übrig, als wieder ins Dingi zu klettern und zurückzufahren. Auch Maria und Klaus, die wir anschließend an Bord besuchen, können sich einige ironische Bemerkungen über das militärische Gehabe Dieters nicht verkneifen.

Am nächsten Morgen, pünktlich um 09.00 Uhr, treten wir, vorschriftsmäßig mit festen Schuhen, langen Hosen und Hemden bekleidet, zur Führung an. Auch Dieter ist selbstverständlich pünktlich, und nach kurzer Begrüßung geht es am Gemüsegarten entlang zunächst zum Hühnerstall. Wir erfahren, daß der Hahn nichts taugt, da die Hühner kaum Eier legen. Klaus fragt, ob die beiden noch immer Ratten essen und wie die schmeckten. Dieter klärt uns zunächst darüber auf, daß jene Feldratten, die sie in den ersten Jahren tatsächlich gegessen hätten, von den uns bekannten Stadtratten unbedingt zu unterscheiden seien, ansonsten schmeckten sie ähnlich wie Wildkaninchen. Gerade lauschen wir seinem Bericht über die ersten kargen Jahre, als plötzlich Gerda auftaucht. Freudig kommt sie auf uns zu – doch noch bevor sie uns begrüßen kann, bellt Dieter los: »Was fällt dir ein, meinen Vortrag zu unterbrechen! Hast du nichts zu tun? Verschwinde und stör uns nicht!« Eingeschüchtert senkt sie den Kopf, murmelt ein paar entschuldigende Worte und verschwindet. Wir sind verärgert über sein Verhalten und wollen ihn umstimmen, doch er schimpft nun erst recht über Gerda.

Schließlich geben wir auf – was wissen wir auch über die Beziehung der beiden? Dieter setzt nun unbekümmert seine Führung fort, doch ich spüre eine starke Abneigung gegen ihn. Den anderen scheint es ähnlich zu gehen, trotzdem bemühen wir uns, weiterhin freundlich zu bleiben. Was hilft es auch, hier Einfluß nehmen zu wollen, schließlich müssen die beiden weiterhin allein miteinander klarkommen.

Gerade überqueren wir einen Bach, als Dieter plötzlich, die Machete schwingend, nach vorne stürzt. Ehe wir überhaupt begreifen, was passiert, hat er die kleine Schlange am Bachrand schon mit wilden Schlägen zerstückelt. »War die giftig?« frage ich ihn. »Nein, aber ich kann Schlangen nicht ausstehen.« Wir verstehen seine Aggression gegen dieses harmlose Tier nicht und noch weniger, daß er es für selbstverständlich hält, Schildkröteneier einzusammeln. »Die würden ohnehin nicht überleben«, ist seine einfache Begründung. Gott sei Dank gibt es nicht überall solche Segler wie ihn, sonst hätte er zweifellos recht.

Gleich hinter dem Bach beginnt eine große gerodete Fläche, und was sich da vor uns auftut, überrascht uns. Das ist schon kein Garten mehr, sondern eine große Plantage, die die beiden in jahrelanger mühsamer Arbeit dem Dschungel abgerungen haben. Zitrusfrüchte, Papayas, Mangos, Avocados, Bananen und Ananas wachsen auf Tausenden von Quadratmetern in solchen Mengen, daß wir uns fragen, was sie mit ihrer Ernte eigentlich machen. Die wenigen Segler, die hier vorbeikommen, werden ihnen kaum alles abkaufen können, und sonst gibt es hier niemanden außer ein paar panamesischen Landarbeitern, die im Auftrag des deutschstämmigen Privateigentümers der Insel Wege in den Dschungel schlagen und eine kleine Landepiste anlegen. Mit diesen »Kanaken« hat Dieter sich jedoch verfeindet, weil sie ihn angeblich bestehlen.

Wir betreten nun richtigen Dschungel. Ein schmaler, gewundener Pfad führt unter den dichten Kronen mächtiger Tropenbäume durch wildwucherndes Gestrüpp. Luftwurzeln und Lianen hängen von Ästen und Zweigen bis zum Boden. Unser Führer bleibt stehen. »Wasserlianen«, erklärt er uns. Darin gäbe es literweise klares Trinkwasser. Doch wie bekommt man es heraus? Natürlich weiß das niemand von uns, und so kann Dieter eindrucksvoll demonstrieren, wie es gemacht wird. Zunächst schlägt er mit einem kräftigen Hieb der Machete das untere Ende der Liane ab. Nur wenige Tropfen sickern aus dem frischen Schnitt. Dann, mit einem zweiten Hieb, trennt er einen Meter darüber die Liane ab, und nun fließt unten wie aus einem Wasserhahn klares und – wovon wir uns überzeugen können – wohlschmeckendes Wasser. Nun wissen wir, wie wir uns vor dem Verdursten retten können, falls es uns einmal unvorbereitet in den Dschungel verschlägt.

Nach über einer Stunde Fußmarsch, bei dem Dieter mit seinen 68 Jahren ein strammes Tempo vorlegt, haben wir jede Orientierung verloren und keine Ahnung, an welchem Punkt der Insel wir uns befinden. Um so überraschender ist der unerwartete Ausblick auf das Meer und eine traumhaft schöne Bucht an der Westseite: fremdartige tropische Pflanzen, Palmen, schneeweißer Strand und kristallklares Wasser, das zum Hineinspringen einlädt. Doch die Führung geht weiter. Der Pfad windet sich nun zwischen hohen Felsen hindurch zu einem Aussichtspunkt, von dem wir über unsere Ankerbucht hinweg auf »Mona« blicken können, einen im Meer stehenden hohen Felsen, der die Form eines Frauenkopfs hat. Mona wurde von Gerda und Dieter zur Schutzgöttin erhoben, und die hatten sie in den ersten Jahren wohl auch bitter nötig. Dieter schildert uns, wie schwer es anfangs war. Wasser gab es reichlich, doch Nahrung bot ihnen der Urwald kaum. Ganze fünf Jahre dauerte es, bis sie sich die erste Hütte zimmerten und von ihrem SEEPFERDCHEN an Land zogen. So manchen Fehlschlag mußten sie hinnehmen, und lange war auch ihr Aufenthaltsrecht in Frage gestellt, denn der Inselbesitzer war zunächst über die Eindringlinge verärgert, die sich ohne zu fragen auf seinem Grund und Boden niedergelassen hatten. Mittlerweile ist es wohl zu einer Einigung gekommen, zumal die geplante touristische Erschließung der Insel auf Schwierigkeiten stößt und zum Glück noch einige Jahre auf sich warten läßt.

Nach vierstündiger Wanderung erreichen wir die »Finka«, eine schlichte Holzhütte mit Wohnraum und nach einer Seite hin offener Küche. Gerda, die wir nun endlich begrüßen dürfen, hat die Riesenmakrele zubereitet. Gemeinsam sitzen wir beim Essen im Schatten mächtiger Baumkronen und genießen den Blick über die Bucht.

Beim hausgemachten Rumpunsch erzählt uns Dieter seine Lebensgeschichte. Von frühen Kriegserlebnissen geprägt, hat er sich als junger Mann im Nachkriegsdeutschland offenbar nicht zurechtfinden können. Ruhelos versuchte er sein Glück zunächst als Fischer, dann in Nordafrika als Mechaniker und schließlich auf den Planken seines SEEPFERDCHENS, das ihn mit Gerda zusammen auf die Perlas brachte. Er berichtet von seinem freien Leben als Inselherr, seinen nächsten Plänen und dem »einheimischen Gesindel«, das er mit seinem Gewehr verjagen müsse, da es ihn ständig bestehlen wolle. Obwohl er das Gegenteil vorgibt, scheint er auch in seinem »Paradies« nicht besonders glücklich geworden zu sein. Noch weniger Gerda, die sich nichts sehnlicher wünscht, als die Insel zu verlassen, um bei ihren Kindern in Hamburg zu leben. Doch dazu fehlt ihr nicht nur das Geld für den Flug, sondern wohl auch der notwendige Mut.

Der nächste Morgen steht schon ganz im Zeichen unserer Abreise. Nur noch die Wäsche am Fluß waschen und bei Dieter einkaufen: Eimerweise bunkern wir selbstgepflückte wilde Orangen (besser als Zitronen), Pampelmusen, Papayas und Mangos. Für die Reise in den Südpazifik sind wir nun ausgezeichnet versorgt. Wir haben so viele Lebensmittel wie noch nie an Bord, und mit den zusätzlichen 130 Litern Diesel, in Kanistern an Deck verzurrt, hoffen wir, durch alle Flauten zu kommen. Wir wissen, es wird eine lange Reise. Aber wie lange, das ahnen wir noch nicht, als wir gemeinsam mit der LUDUS AMORIS den Ankerplatz vor San José verlassen.

III. Durch die Weiten des Pazifiks

Flauten im El-Niño-Jahr

2. Februar, erster Tag auf See

Langsam versinken die dunkelgrünen tropischen Trauminseln der Perlas am Horizont. Ein eigentümliches Gefühl überkommt uns, wie wir es schon beim Auslaufen aus dem Panamakanal empfunden haben. Es ist der Pazifik. Er riecht anders, sieht anders aus und bewegt sich anders als der »kleine« Atlantik, zumindest bilden wir uns das ein. 2 900 Seemeilen bis zur geheimnisvollen Osterinsel liegen vor uns – nur eine kleine Strecke in diesem riesigen Ozean, doch die bisher längste für uns.

Wir haben einen guten Start. Bei leichtem Nordost und ruhiger See bringen uns die fast 80 Quadratmeter der beiden ausgebaumten Vorsegel zügig voran. Aber die Freude ist nur von kurzer Dauer. Gegen Mittag herrscht absolute Flaute, wir packen die schlaff herunterhängenden Segel ein und überlegen, ob wir jetzt schon mit dem Motoren beginnen sollen. Schließlich haben wir den eigentlichen Kalmengürtel am Äquator noch vor uns. Doch die Entscheidung wird uns erst einmal abgenommen, denn wir bemerken, daß unsere Schleppangel sich beim Driften im Propeller vertörnt hat. Also Badeleiter und Sicherheitsleine ausbringen und hinein ins tiefblaue Pazifikwasser. Schwebend über der dunklen Tiefe, befreie ich die Schraube von der Angelsehne. Diese Tiefe ist mir immer etwas unheimlich – ständig blicke ich mich um, ob sich nicht plötzlich ein

Schatten daraus löst, oval und mit den drei charakteristischen Zakken, den Rücken- und Seitenflossen eines Hais.

Ein zweites Problem stellt sich kurz darauf: Lena spinnt! (»Lena« haben wir freundschaftlich unsere elektrische Selbststeueranlage getauft, eine Autohelm 3000 M, als sie noch zuverlässig arbeitete). Nur bei Motorfahrt oder sehr schwachen Winden setzen wir sie ein, denn unsere Aries braucht nun mal Wind zum Steuern. Trübe Stimmung kommt auf. Wenn wir eines hassen, dann ist es ständiges Rudergehen, und ein paar hundert Meilen unter Motor sind auf dieser Strecke ohne weiteres drin. Wir beschließen, uns treiben zu lassen und auf Wind zu warten.

Derweil zerlege ich die Steuereinheit der Autohelm. Verdammt – sie hat Salzwasser abbekommen! Auf der Platine schimmert der Grünspan. Wir sind sauer auf den Hersteller. Kaum benutzt, reichen offenbar schon ein paar Salzwasserspritzer, um durch das angeblich spritzwassergeschützte Gehäuse hindurch die empfindlichen Innereien zu zerstören. Guter Rat ist teuer – oder vielmehr dank Amateurfunk billig, denn wir können das Problem mit Lothar besprechen, der gerade auf dem Weg zu den Philippinen ist. Er kennt sich gut aus mit Selbststeueranlagen und deren Schwächen, empfiehlt uns Kontaktspray und notfalls eine Süßwasserspülung. Wir probieren beides und lassen dann Platine und Fluxgatekompaß in der Sonne trocknen. Doch nach dem Zusammenbau stellen wir fest, daß alles vergebens war. Also doch von Hand steuern!

Für heute bleiben wir noch davon verschont, denn gegen Abend kommt der Nordost zurück und frischt sogar bis fünf Beaufort auf. So übernimmt die Aries wieder das Ruder, und unter ausgebaumten Vorsegeln (Fock und Genua) laufen wir mit sechs Knoten Fahrt in die sternenklare tropische Nacht hinein.

Noch sind wir im Bereich der Panamabucht, wo wir mit Schiffsbegegnungen rechnen müssen, und das heißt Wachegehen rund um die Uhr. Seit langem schon haben wir uns dabei auf den Drei-Stunden-Rhythmus eingependelt. Wenn nichts dazwischenkommt, kann so jeder von uns nach zwei mal zwei Wachen sechs Stunden schlafen. Oft ändert sich aber gerade nachts der Wind, und zur Sicherheit sind wir beim Segelwechsel oder Reffen immer beide an Deck. Den dadurch versäumten Schlaf holen wir im Lauf des Tages nach.

Dem glutroten Sonnenuntergang folgt schnell die tiefdunkle Nacht. Wir sind in allerbester Stimmung, und keiner von uns möchte schon allzu früh in die Koje. So mischen wir uns einen zweiten Sundowner aus Orangensaft, Zucker und venezolanischem Rum und reden noch Stunden über die vielen Erlebnisse, die hinter uns liegen. Wir sind froh, so viel Zeit für die andere, die Karibikseite, gehabt zu haben, auch wenn sie uns nun für den Pazifik fehlt. Besonders die zwei Monate bei den Kuna-Indianern haben Eindrücke hinterlassen, die uns immer wieder zum Nachdenken anregen. Was können wir eigentlich ihrer harmonischen und friedlichen Welt mit unserer Kultur entgegensetzen? All unser sogenannter Fortschritt hat weder Krieg und Unterdrückung, weder Armut noch Hunger aus der Welt geschafft oder die Menschen glücklicher gemacht. Doch selbst wenn wir wollten, wir würden in diesem Leben nicht mehr zu Kuna-Indianern werden, dazu sind wir zu sehr unserer eigenen Kultur verhaftet – so sehr, daß wir auch nicht mit Gerda und Dieter in ihrem »Paradies« auf den Perlas tauschen möchten. An ihrem Beispiel wird uns deutlicher als je zuvor, daß wir keine typischen Aussteiger, sondern in erster Linie Segler sind, die nicht »Flucht aus dem grauen Alltag«, sondern die Freude am Segeln und die Lust auf Abenteuer für eine Weile von daheim forttreibt.

Noch wissen wir nicht, wie unsere Reise über den Pazifik verlaufen wird und ob wir wirklich die Galapagos-Inseln besuchen werden, die auf unserem im Moment gesteuerten Südwestkurs liegen. Henry dort auf der Isla Santa Cruz, mit dem wir seit fast einem Jahr über Amateurfunk ständig Verbindung halten, würde sich bestimmt sehr freuen, wenn er Johanna und mich in seiner Kneipe begrüßen könnte. Auch wir möchten ihn gern persönlich kennenlernen, ebenso Martin, den Biologen, der auf einer kleinen unbewohnten Nachbarinsel das Leben von Meerechsen erforscht und uns darüber per Funk schon eine Menge erzählt hat.

Offiziell ist das Anlaufen der Galapagos nur im Notfall erlaubt (es sei denn, man hat eine Ausnahmegenehmigung der ekuadorianischen Regierung, deren Bewilligung bis zu einem Jahr dauern kann). Ein »Notfall« läßt sich allerdings mit einigen hundert Dollars beim Hafenkapitän von Puerto Ayora auf Santa Cruz erkaufen. Ausflüge mit dem eigenen Schiff sind dann natürlich verboten. Ob sich aber die Seehunde, Echsen und Schildkröten weniger gestört fühlen, wenn 20 bis 30 Touristen im Ausflugsboot bei ihnen aufkreuzen, nachdem sie für ihren Besuch »Eintritt« bezahlt haben? Wir sind uns einig darüber, daß ein Naturschutz fragwürdig ist, der durch Bezahlung aufgehoben werden kann. Dennoch würden auch wir gern die einmalige Tierwelt der Galapagos erleben.

Für heute treffen wir noch keine Entscheidung, schließlich durchsegeln wir erst die Intertropische Konvergenzzone, von Seglern auch Mallungen oder Kalmen genannt, und die für diese Zone typischen wechselnden Winde, Flauten und Gewitter könnten uns ohnehin eine andere Richtung aufzwingen. Aber noch machen wir gute Fahrt in Richtung Henrys Bar. Der Wind nimmt sogar zu, und gegen drei Uhr nachts müssen wir die Genua bergen und dafür den Klüver dazu setzen. Dahinter steckt mehr Arbeit, als es sich anhört. Die unterschiedlich langen Spibäume müssen abgeschlagen und ausgetauscht werden, denn die Fock als das nun größere Segel kommt nach Lee an das Backbordvorstag, und der Klüver wird auf der Luvseite gesetzt. Bis beide Segel wieder richtig getrimmt und ausgebaumt stehen, vergeht eine ganze Stunde.

Der Wind hält die Nacht über an, und am nächsten Morgen haben wir trotz der sechsstündigen Flaute immerhin ein Etmal von 95 Seemeilen gemacht. Wir sind zufrieden. Gutgelaunt, wenn auch etwas übermüdet, sitzen wir mit unserem Morgentee im Cockpit und blicken auf die Wellen, die seit gestern deutlich länger, aber auch höher geworden sind. Ein immer wieder faszinierendes Bild: das bewegte, tiefblaue Wasser, manchmal türkisfarben und sonnendurchschienen unter den sich schneeweiß brechenden Wellenkämmen, und darin die OLE HOOP ganz in ihrem Element, mit rauschender Bugwelle ihre Bahn ziehend. So könnte es tage- oder wochenlang weitergehen. Auch wenn wir wissen, daß ein solches Wunder kaum zu erwarten ist, genießen wir diesen Augenblick und freuen uns über jede Meile, die wir unter Segeln so zurücklegen können.

4. Februar, dritter Tag auf See

Position 6° Nord, 82° West. Plötzlich scheppern die beiden Blechdosen, die Alarmanlage unserer Schleppangel. »Ein Fisch!« schreie ich, springe auf und streife mir hastig die immer bereitliegenden

Arbeitshandschuhe über. Johanna räumt schnell die heruntergefallenen Schoten aus dem Cockpit und setzt das Steckschot in den Niedergang, um zu verhindern, daß uns der Bursche, wer immer es sein mag, in den Salon hinunter springt. Mist, kein Zug mehr drauf! Enttäuscht hole ich die 80 Meter Angelsehne ein, um sie zu kontrollieren. Zum Glück ist der selbstgemachte, leuchtend orangefarbene Köder noch dran. Einer der kräftigen Haken ist abgebrochen – kein Wunder, er war stark angerostet und hätte beizeiten durch einen neuen ersetzt werden müssen. Verärgert schimpfe ich über meine eigene Nachlässigkeit und mache mich daran, aus einem Stück geflochtener Leine, Bleikugeln, zwei großen neuen Haken und einem kräftigen Nirodraht als Vorfach einen neuen Köder zu basteln. Doch unsere Chance ist vertan, und wie sich in den nächsten Wochen herausstellt, ist dies der vorerst letzte »Biß« gewesen. Für heute mache ich deshalb Bratkartoffeln mit Hühnerfleisch und zum Nachtisch Obstsalat aus reifen Papayas. Auch lecker, aber eben kein Goldmakrelenfilet.

DIE ALARMANLAGE Nö/'96

6. Februar, fünfter Tag auf See

Position 3° Nord, 85° West. Mit unsteten und leichten Winden kommen wir anfangs noch einigermaßen voran. Doch schon am dritten Tag regt sich kein Lüftchen mehr. Wir packen die schlagenden Segel ein und starten den Motor. Bald geht uns nicht nur der lärmende Diesel, sondern auch das lästige Rudergehen auf die Nerven, denn Lena ist trotz stundenlanger Bemühungen nicht mehr zum Leben zu erwecken. Immer wieder machen wir zwischendurch den Motor aus und »parken«, weil wir auch an unseren begrenzten Dieselvorrat denken müssen. Viel zu früh haben uns die ersten Flauten ereilt. Obwohl wir uns für diese Strecke zusätzlich mit Diesel eingedeckt haben, reicht der Gesamtvorrat doch maximal für nur 700 Meilen, und Reserve für wenigstens 100 Meilen wollen wir auf jeden Fall zurückbehalten.

So dümpeln wir in der spiegelglatten See, halten nach gekräuselten Wasserflächen Ausschau und stellen die wildesten Spekulationen darüber an, wann und woher wohl wieder Wind kommen wird. Unsere Stimmung geht langsam in den Keller. Wir können es einfach nicht fassen, daß gerade uns dieses Mißgeschick widerfährt, hielten wir uns doch bis jetzt immer für Glückspilze. Auch die Wetterinformationen, die wir von unseren Funkern bekommen, lassen kaum Hoffnung auf Wind zu.

Wir denken an die früheren Zeiten der Segelschiffahrt. Welche Dramen mögen sich hier abgespielt haben, wie viele Seeleute wohl durch Durst, Hunger, Skorbut oder Meutereien umgekommen sein? Im Vergleich dazu geht es uns wirklich gut, denn Hunger, Durst oder Krankheiten müssen wir nicht befürchten.

Nach drei langen Flautentagen, in denen wir immer einige Stunden motoren, um durch den Nordstrom nicht noch zurückgeschoben zu werden, füllen sich endlich wieder die Segel. Aber der Wind kommt nun aus West. Damit können wir die Galapagos nicht mehr anliegen – doch unser Bedauern darüber hält sich in Grenzen. Im Stillen hatten wir uns ohnehin schon dagegen entschieden. So arbeiten wir uns mühsam mit wechselnden Winden langsam nach Süden.

8. Februar, siebter Tag auf See

Position 2° Nord, 85° West. Gegen Mittag ist die Sonne im Dunst verschwunden, und wir motoren durch eine milchigweiß schimmernde, lange Pazifikdünung, über die kaum ein Windhauch streicht. Etwas schläfrig am Ruder stehend, lasse ich den Blick über die weite Wasserfläche gleiten. Johanna hat es sich mit ein paar Kissen im Cockpit gemütlich gemacht und liest. Plötzlich bin ich hellwach. »Johanna, da war doch was!« Ich reiße die Augen auf: Vielleicht 200 Meter entfernt an Steuerbord sind heftige Wasserbewegungen und große dunkle Schatten zu sehen. Wale! Doch sie ziehen nicht einfach ruhig ihre Bahn, wie wir es sonst erlebt haben, sondern die mächtigen Kolosse, Dutzende von Pottwalen, spielen miteinander wie Delphine. Einige tauchen, die breite Schwanzflosse nach oben werfend, senkrecht ab in einer Wolke von Schaum, andere schnellen in ihrer ganzen Länge heraus und stürzen sich, Gischtfontänen aufwerfend, zurück ins aufgewühlte Wasser.

Ein erregendes, einmaliges Schauspiel, das uns diese riesigen, 20 Meter langen Meeressäuger bieten. So gebannt sind wir davon, daß wir völlig vergessen zu fotografieren. Als wir endlich daran denken, hat sich die im Liebesspiel tobende Herde schon zu weit entfernt. Irgendetwas hält uns davon ab, ihnen nachzufahren. Wir wissen nicht, ob es Angst oder einfach nur Respekt vor diesen klugen und sympathischen Tieren ist. Und so setzen wir, sie noch eine Weile mit dem Fernglas beobachtend, unseren Weg zur Osterinsel fort.

12. Februar, elfter Tag auf See

Position 0° Nord/Süd, 85° West. Bei Windstille erreichen wir mittags den Äquator. Zum erstenmal in unserem Leben überqueren wir diese imaginäre Linie und befinden uns nun auf der südlichen Hälfte des Globus. Wie abstrakt und unendlich weit erschienen uns Jahre zuvor diese südlichen Breiten, als wir mit ihnen astronomische Übungsaufgaben machten für die Prüfung zum Sporthochseeschiffer. Damals, vor zehn Jahren, hatte ich gerade meinen dritten Küstentörn hinter mir, den letzten davon als Skipper auf einer Charteryacht im Mittelmeer, während Johanna, die ich zu dieser Zeit noch gar nicht kannte, mit ihren Oldtimern auf Ost- und Nordsee segelte. Die Möglichkeit, auf eigenem Kiel den ganz großen Törn zu machen, lag für uns beide damals in unerreichbarer Ferne.

Ein erhabener Augenblick also, der es verdiente, gefeiert zu werden. Die Flüssigkristallanzeige unseres Satnav, der uns gegen 11.00 Uhr Ortszeit 00°09,51′N und 84°54,22′W anzeigt, scheint uns nicht würdevoll genug für diesen Augenblick, und wir beschließen, eine Mittagsbreite zu bestimmen. Nach Monaten nehme ich zum erstenmal wieder unseren Vollsichtsextanten aus seinem Mahagonikasten. Nachdem ich die Spiegel justiert und den Indexfehler festgestellt habe, machen wir ein paar Probemessungen und stellen fest, daß wir etwas aus der Übung sind. Schon das Einschieben der richtigen Schattengläser dauert eine Weile. Wir notieren unsere Messungen, die nicht ganz falsch sein können, da der Höhenwinkel ständig zunimmt (der höchste Sonnenstand, d.h. Ortsmittag ist also noch nicht erreicht). Auch die Vorausberechnung des Zeitpunkts der Kulmination mit dem aktuellen Nautical Almanach, den wir uns in Panama besorgt haben, macht keine besonderen Schwierigkeiten.

Doch beim Erstellen der Formel für die Mittagsbreite kommen wir beide ins Schleudern. Wie war das gleich? Bei nördlicher Deklination, die größer ist als unsere Nordbreite, gilt da »Dec – Z« oder umgekehrt? Was muß ich wovon subtrahieren oder wozu addieren? Mit Hilfe einer Graphik versuchen wir, uns die Winkelbeziehungen zwischen geographischer Breite, Deklination der Sonne und beobachteter Höhe (berichtigte Sextantmessung) klarzumachen. Nach 20 Minuten haben wir endlich die richtige Formel mühsam zusammengebastelt. Für unseren Fall lautet sie: Breite = Deklination – (90° – beobachteter Höhe).

Diese Erfahrung zeigt, wie schnell man selbst Dinge vergessen kann, die man im Schlaf zu beherrschen glaubt. Wir müssen also häufiger üben. Und da Sonnenstandslinien, wie in allen Lehrbüchern nachzulesen, in den Äquatorbreiten des großen Höhenwinkels wegen zu ungenau sind, werden wir in Zukunft häufiger Sternfixe machen (astromomische Standortbestimmung mit Hilfe von Fixsternen).

Doch zunächst bleiben wir bei unserer Mittagsbreite. Einige Minuten vor der Kulmination (Ortsmittag) beginnt Johanna mit der

Messung. Der schwere Cassens & Plath-Sextant sinkt ihr immer wieder herunter. Mir geht es damit bei längeren Messungen genauso, ein Grund, warum wir Mittagsbreiten bisher so selten gemacht haben.

Endlich vergrößert sich der Sextantwinkel nicht mehr, und nach Ablesen der Messung können wir das edle Instrument wieder in seinem Kasten verstauen. Jetzt, mit der richtigen Formel, ist das Ergebnis in einer Minute fertig: 00°25′Süd, während unser Satnav noch immer 4′ Nord anzeigt. Na ja, macht nichts!

Mit einem geheimnisvollen Lächeln verschwindet Johanna im Vorschiff. Ich ahne schon, was kommt. Und richtig, aus einem ihrer absolut geheimen Verstecke zaubert sie eine Flasche chilenischen Weins hervor. Sogar halbwegs kühl ist er, und nachdem wir auch die Äquatortaufe mit Hilfe einer Pütz Seewasser vollzogen haben, kann die Feier beginnen. Dabei motoren wir noch ein bißchen weiter, bis auch der Satnav Südbreite anzeigt.

In der Nacht lassen wir uns wieder treiben und stellen enttäuscht am nächsten Tag fest, daß uns die Strömung über den Äquator zurückgeschoben hat. Erst zwei Tage später überqueren wir ihn bei leichtem Südsüdost zum letztenmal. Seit Panama haben wir bisher erst 630 Seemeilen zurückgelegt, davon die Hälfte unter Motor. 2300 Meilen bis zur Osterinsel liegen noch vor uns. Davon können wir höchstens noch 300 Seemeilen unter Maschine laufen, dann ist unser Dieselvorrat erschöpft.

Es liegt auf der Hand: Wir brauchen Wind! Doch der wird noch lange auf sich warten lassen, wie wir in unseren täglichen Wettergesprächen über Amateurfunk erfahren. »Ab 5° Süd eine schwache Brise, ab 10° dann der ersehnte Südostpassat«, verspricht uns Günther. Doch wie dort hinkommen? Zehn Breitengrade bedeuten schließlich 600 Seemeilen Entfernung.

Täglich erfahren wir, wie die Grenze der südlichen Konvergenzzone verläuft. Erst jenseits davon kann man beständige Passatwinde erwarten. Doch diese Grenze wandert zur Zeit mit uns nach Süden, das heißt, die Intertropische Konvergenzzone weitet sich ungeheuer aus (auf unserer Länge erreicht sie in diesem März 25° Süd). Normalerweise liegt sie im Frühjahr etwa am Äquator, doch in diesem Jahr spielt das Wetter im Südpazifik absolut verrückt.

Bald wissen wir auch, warum. 1993 sei ein sogenanntes El-Niño-Jahr, stünde in den Zeitungen von Ekuador, berichtet uns Henry über Funk. Mit El Niño (»das Kind« oder auch »Christkind«) wird ein Jahr bezeichnet, in dem der kalte Humboldtstrom ausbleibt, der normalerweise von der chilenischen Küste bis Ekuador nach Norden setzt und dort zum Teil in den Äquatorialstrom einmündet. Niemand kennt die Ursachen für dieses durchschnittlich alle sieben Jahre auftretende Phänomen, das immer um Weihnachten herum sichtbar wird (daher »El Niño«) und weltweit das Wetter beeinflußt, natürlich am stärksten im östlichen Südpazifik, wo die größere Erwärmung der Wasseroberfläche zu einer Ausweitung der Intertropischen Konvergenzzone und damit zur Schwächung und Verdrängung des Passats führt. Auch auf die Tierwelt wirkt sich die Klimaveränderung in einem El-Niño-Jahr aus. Sichtbare Folge ist das Ausbleiben der Fischschwärme an der Küste Chiles und Perus, was Fischer und Küstenbewohner hart trifft, sind Fische doch oft ihre einzige Einnahmequelle.

In dieser Situation erscheint uns der Satz Jimmy Cornells in seinem Buch *Segelrouten der Weltmeere* wie blanke Ironie: »Die wenigen Boote, die diese eher ungewöhnliche Route zur Insel der Riesenstatuen nehmen, werden im allgemeinen durch eine schnelle Überfahrt bei halbem Wind aus Südost belohnt.«

Eine schnelle Reise können wir nun wirklich nicht mehr erwarten. Ob wir wollen oder nicht, wir müssen lernen, uns auf die Bedingungen einzulassen, wie sie eben sind. In den ersten 14 Tagen kämpfe ich noch dagegen an, reiße bei jedem kleinen Windhauch den Blister hoch, um ihn dann einige Minuten später fluchend wieder einzuholen. Die Unmöglichkeit, der Flaute ein paar Meilen abzuringen, buche ich als persönlichen Mißerfolg. Abwechselnd überkommen mich Wut, Resignation und depressive Gefühle, denn das tagelange Warten auf Wind geht an die Grenzen meiner Geduld.

Während ich manchmal fast durchdrehe und wütend das Meer anschreie, wenn wieder mal ein Segelversuch scheitert, lernt Johanna schneller, sich auf die Situation einzustellen. Sie entwickelt sogar Initiativen und beginnt, als lägen wir vor Anker, Lackschäden am Mahagoni-Aufbau auszubessern. Zuverlässig hält sie auch unsere täglichen Funkverabredungen ein, um aktuelle Wetterinformationen zu bekommen, während ich manchmal wütend und trotzig wie ein Kind denke: »Was soll ich mit Wetter – ich brauche *Wind!*«

Irgendwann merke ich jedoch, daß ich Gefahr laufe, mich in diese Gefühle zu verrennen, und damit nicht nur mir, sondern auch Johanna schade, die unter meiner schlechten Laune leiden muß. So entwickle auch ich langsam die notwendige Gelassenheit und spüre: Dieser innere Sieg über die Naturgewalten bedeutet mehr, als erfolgreich einen Sturm abzuwettern.

Objektiv stehen wir nicht unter Zeitdruck. Auch wenn die Reise noch Monate dauern sollte, verhungern werden wir nicht, denn wenn wir alles zusammenkratzen, reichen unsere Vorräte ein halbes Jahr. Trinkwasser bereitet täglich unsere kleine Seewasser-Entsalzungsanlage, die wir in Curaçao eingebaut haben. Auch den dafür notwendigen Strom haben wir reichlich, denn unsere beiden neuen großen Gel-Batterien sind immer randvoll, seit wir zusätzlich zu dem kleinen Windgenerator noch die zwei 50-Watt-Solarpaneele auf dem Kajütdach haben.

23. Februar, 22. Tag auf See

Position 11° Süd, 92° West. Endlich können wir jetzt auf ein bißchen mehr Wind hoffen. Nur der kann uns noch voranbringen, denn unser Diesel ist bis auf die Reserve verbraucht – und 1 400 Seemeilen liegen noch vor uns.

Johanna hat heute Geburtstag, und Rasmus hat ihr schon um Mitternacht fünf Windstärken aus Südost geschenkt. Ich schenke ihr den 10. Breitengrad und eine Urkunde dazu und bringe ihr das Frühstück an die Koje. Natürlich gibt es auch ein Festessen: selbsteingemachtes Rindergulasch (aus den eisernen Vorräten) mit Bohnen und Kartoffeln und zum Nachtisch ein Orangen-Zitronen-Dessert, dazu eine Flasche Wein.

In unserer Nachmittagsfunkrunde setzt sich dann die Feier fort: An die 20 Funkfreunde gratulieren. Simultan gesungen, kommt ein »Happy Birthday« über den Äther. Martin auf den Galapagos bringt ihr sogar ein Ständchen auf seinem Saxophon. Zur heiteren Stimmung tragen auch die neuesten Ergüsse des »Kalmensongs« bei, eines Endlosgedichts, das unter Beteiligung vieler Funkfreunde am Äquator entstand und danach täglich erweitert wurde. Sogar Rasmus bleibt weiter gut aufgelegt und schenkt Johanna ein Etmal von stolzen 134 Seemeilen.

Je weniger wir nun über den Zeitpunkt unserer Ankunft spekulieren, desto mehr entspannt sich unser Bordleben. Das heißt allerdings nicht, daß wir aufgegeben haben. Im Gegenteil: Manchmal zupfen wir stundenlang an den Segeln, um auch noch den allerkleinsten Windhauch für unseren Vortrieb zu nutzen. Oft müssen wir dabei selbst steuern, denn bei weniger als zwei Knoten Fahrt tut es die Aries einfach nicht mehr – eine Schwäche, die wohl alle Windfahnensteuerungen haben.

Neben der Segel- und Steuerarbeit bleibt noch viel Zeit für andere Dinge. Der fällige Ölwechsel, die schon lange geplante mobile Sitzbank neben der Navigationsecke und Wartungs- und Überholarbeiten, die wir sonst auf die Hafenzeit verschieben würden, erledigen wir jetzt auf unseren »Parkplätzen« mitten im Pazifik, als lägen wir irgendwo vor Anker. Eigentlich entsteht nie Langeweile, denn Möglichkeiten der Freizeitbeschäftigung finden wir genug. So kommen wir jetzt auch dazu, unsere Sternfixe zu üben.

Unsere Tage auf See gleichen manchmal denen jener vielbelachten Rentnercrew, die auf die Frage, warum sie denn für ihre Atlantiküberquerung so lange gebraucht habe, antwortet, sie habe ja

Das Löten eines Echolotsteckers

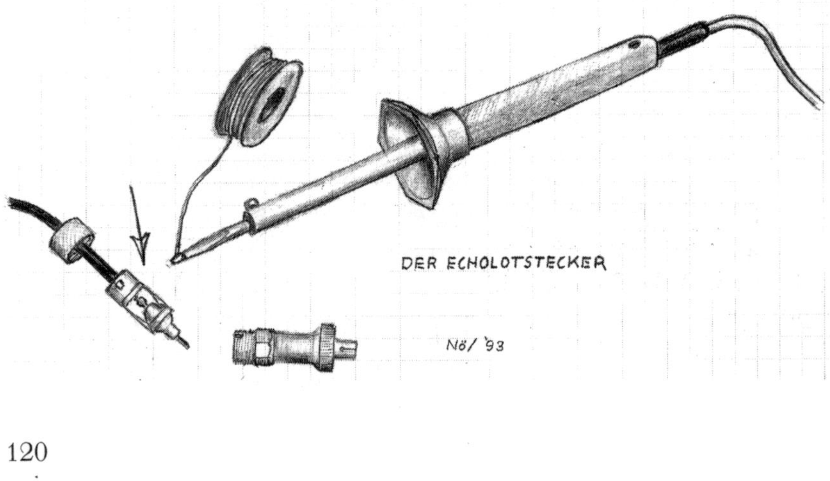

nachts schließlich schlafen müssen. Wie selbstverständlich haben sie am Abend ihre Segel eingepackt und sind erst am nächsten Morgen nach ausgiebigem Frühstück weitergesegelt.

Eine ständige Herausforderung stellt das Kochen dar – habe ich mir doch als Bordkoch zum Ziel gesetzt, aus dem Vorhandenen täglich neue und sich möglichst nicht wiederholende Gerichte zu kreieren. Jenen in dieser Hinsicht wohl recht phantasielosen Skipper, den wir in St. Lucia trafen und der lange Seetörns schon deswegen nicht liebte, weil er das eintönige Essen aus Corned-beef-Dosen haßte, verstehe ich nicht. Natürlich ist nach einigen Wochen auf See manches Ersatz, doch auch aus Trockenmilch lassen sich leckere Sahnesaucen, Desserts und sogar frischer Quark machen. Selbst aus dem auch uns verhaßten Corned-beef können diverse Hackfleischgerichte entstehen, hat man es erst einmal durch Überbrühen mit kochendem Wasser von seinem penetranten Geschmack befreit. Unsere Bordküche auf See ist jedenfalls nie eintönig.

Während ich mein Kochtalent entwickle, entfaltet Johanna ihr Backtalent. Alle drei bis vier Tage durchzieht der leckere Duft frischen Brots das ganze Schiff. Brote entstehen in vielen Geschmacksvarianten und als Nebenprodukt oft Hefeteig für die Pizza. Was uns auf dieser Reise allerdings fehlt, ist der gelegentliche Fisch am Haken. Vermutlich sind wir viel zu langsam für die schnellen Raubfische, auf die ein Köder, der mit schlaffen zwei Knoten durchs Wasser schleicht, auch wenn er noch so schön orangerot leuchtet, keinen Reiz ausübt.

28. Februar, 27. Tag auf See

Position 17° Süd, 98° West. Seit zehn Tagen haben wir schwachen bis mäßigen Südostwind. Es ist 11.00 Uhr Bordzeit und nach UTC (Universal Time Coordinated) 17.00 Uhr. Ich liege in der Koje, um noch etwas Schlaf nachzuholen, den mir der nächtliche Segelwechsel mal wieder geraubt hat.

Johannas Stimme weckt mich, doch sie gilt nicht mir. »Delta-Lima-Zwei-Foxtrott-Charly-Golf von Delta-Lima-Fünf-Hotel-Yankee, Maritime Mobile. Kannst du mich aufnehmen, Günther?«

Mit schlechtem Gewissen wälze ich mich aus der Koje, denn schon wieder ist es Johanna, die zur verabredeten Zeit auf der Frequenz ist, während ich wahrscheinlich den Termin verpennt hätte.

»Ganz ausgezeichnet, liebe Johanna, ich grüße euch aus dem verregneten, kalten Delta-Lima (Funkabkürzung für Deutschland). Sag, wie geht es euch? Habt ihr noch Wind? Was macht euer Tölpel? (Seit Tagen haben wir einen Tölpel als drittes Crewmitglied an Bord.) Hier am Ende Günther im fernen Kronberg, over, over.«

Es ist, als sprächen die beiden über UKW mit nur wenigen Meilen Abstand. Doch Günthers Station in Kronberg bei Frankfurt ist fast 14000 Kilometer Luftlinie entfernt. Uns, die wir trotz Amateurfunklizenzen ziemliche Laien auf dem Gebiet der Hochfrequenztechnik sind, erscheint es immer noch wie ein Wunder, daß mit nur 100 Watt Sendeleistung solche riesigen Entfernungen überbrückt werden können. Aber Fred in Las Palmas, dem wir unsere selbstgebaute Angelrutenantenne verdanken, hat es schließlich versprochen: »Im Vergleich zu allen anderen Yachten werdet ihr immer das stärkste Signal haben.« Der alte Fuchs hatte recht. Doch erst hier unten im Pazifik wird uns klar, welch ein großartiges Geschenk er uns gemacht hat.

Das Gespräch mit Günther dauert lange. Über eineinhalb Jahre begleitet er uns schon per Funk, und obwohl wir uns noch nie gesehen haben, hat sich fast eine Freundschaft entwickelt. Als Direktor einer großen Versicherungsgesellschaft ist Günther beruflich enorm eingespannt, findet aber dennoch die Zeit, fast täglich mit uns zu sprechen. Seine Familie hört oft mit, und gemeinsam erleben sie in ihrem Wohnzimmer unsere Livereportagen aus dem fernen Pazifik. Während wir über Sonnenuntergänge, Begegnungen mit Walen und andere Tagesereignisse berichten, erzählt er uns von Fahrradausflügen durch den schönen Taunus, von den ersten Schneeglöckchen und Krokussen und vermittelt uns die Atmosphäre des Frühlings in Deutschland, den wir schon fast vergessen haben.

Doch noch vor unseren Stimmungsberichten wird das Thema Nr. 1, das Wetter, besprochen. Der Amateur-Seefunkverband e.V. Intermar, dessen Vorsitzender Günther ist, hat es sich zur Aufgabe gemacht, Yachten weltweit zu betreuen und vor allem mit Wetterinformationen zu versorgen. Dafür unterhält er ein sogenanntes Maritime-Mobile-Netz, das täglich von technisch gut ausgestatteten

Stationen geleitet wird. Als Hobby-Meteorologe und Segler beschäftigt sich Günther seit vielen Jahren mit Wetterprognosen, besitzt professionelle Empfangsanlagen für Wettersatellitenbilder und Faxwetterkarten der ganzen Erde und kann uns mit allen Wetterdaten versorgen, die die Wetterdienste zur Verfügung stellen. Die Satellitenbilder ergänzen dabei die Wetterkarten und Prognosen, da sie den Ist-Zustand wiedergeben. Mit ihnen, den Satellitenbildern, kann Günther sozusagen auf uns hinabblicken und beispielsweise Wolkenformationen erkennen, wenn deren Ausdehnung größer als 400 Kilometer ist.

Im Passatgürtel des Südpazifiks sind allerdings Windprognosen sehr schwierig, denn zum einen gibt es hier nur eine geringe Dichte von Meßdaten, zum anderen fehlen die ausgeprägten Wettersysteme mit Hoch- und Tiefdruck, die in den höheren Breiten großräumig das Wetter bestimmen. Viel kann hier auch nicht passieren, denn entweder weht der Passat mehr oder weniger stark, oder kleine lokale Windsysteme, durch bedrohlich schwarze Wolken angekündigt, unterbrechen ihn vorübergehend. So ist hier der Blick in den Himmel im Grunde wichtiger als Wettervorhersagen. Dennoch interessieren uns die Wetterprognosen für unser Gebiet, und auch für Günther ist ein Feedback wichtig für die Interpretation seiner Wetterbilder.

Nach über einer halben Stunde beenden die beiden ihr Gepräch, denn mittlerweile haben sich noch andere Stationen gemeldet. Günther wird jetzt unsere Mütter anrufen und ihnen berichten, wie es uns geht. Für die beiden ist das immer wieder eine große Beruhigung, würden sie doch sonst während unserer wochenlangen Ozeanpassagen nichts von uns hören.

Johannas Funkrunde dehnt sich heute aus, denn nicht nur Funk- und Segelfreunde aus der Karibik und dem Pazifik, sondern auch fremde Landstationen checken ein. Funkamateure finden es besonders spannend, Kontakt zu möglichst weit entfernten Stationen herzustellen, und wenn die dann auch noch »maritime mobile« (auf See) sind und von einer Frau betrieben werden, was in dieser Männerdomäne selten ist, dann lockt das so manchen »Old Man« auf die Frequenz, der sonst vielleicht nur zugehört hätte. Johanna bleibt höflich, doch mit Hinweis auf unsere begrenzte Bordnetzkapazität hält sie solche Gespräche kurz. Bei 20 Ampere pro Stunde, die der Sender zieht, ist dies auch kein Scheinargument.

Dennoch leisten wir uns täglich noch zwei weitere Funkrunden. Eine mit Christoph in Münster, der sechs Tage in der Woche das Netz von Intermar leitet, die gleichen Wetterempfangseinrichtungen wie Günther und als Weltumsegler überdies nützliche Reviererfahrungen besitzt, und eine weitere Runde mit Henrys Pazifiknetz, in dem wir Kontakte mit befreundeten Seglern pflegen, die wir schon aus der Karibik kennen.

Hier im Pazifik, der uns mit seinen ewigen Flauten heftig zusetzt, werden die Gespräche mit den Funkfreunden wichtiger als sonst. Regelmäßig halten wir deshalb unsere Verabredungen ein und stellen uns dafür sogar den Wecker. Wenn ich nicht gerade verschlafe, wechseln wir uns dabei ab, auch wenn Johannas Kommunikationsbedürfnis im allgemeinen größer ist.

Diesen ständigen Kontakt zur Heimat und mit anderen Seglern mag mancher für übertrieben und womöglich für unvereinbar halten mit der »grenzenlosen« Freiheit des Blauwassersegelns. Wir sehen unsere Erlebnisse und Erfahrungen jedoch nicht geschmälert, wenn wir sie anderen mitteilen, sondern machen sie uns dadurch eher noch bewußter.

Außerdem ist der praktische Nutzen buchstäblich unbezahlbar: Er besteht in den Wetterinformationen, die man auch dann bekommt, wenn lokale Wetterstationen nicht zu empfangen oder wegen sprachlicher Schwierigkeiten nur mühsam auszuwerten sind. Wir erhalten unzählige Tips und Hinweise für geplante Landfälle, bis hin zu Einladungen dort wohnender Funkamateure und vor allem eine größere Sicherheit auf See. Schon so manche Rettung von in Seenot geratenen Seglern war nur einem gut funktionierenden Amateurfunknetz zu verdanken.

9. März, 36. Tag auf See

Position 25° Süd, 108° West. Noch 130 Seemeilen sind es bis zur Osterinsel. Wieder einmal herrscht Flaute, unter grau verhangenem Himmel treiben wir in der bleiernen See. Eine gute Gelegenheit, sich mal wieder um das Unterwasserschiff zu kümmern. Natürlich ahnen wir Böses, aber als ich in das hier schon recht kühle, klare Wasser abtauche, bin ich doch überrascht. Ein Wald von Unterwasserpflanzen, durchsetzt von inzwischen riesigen, bis 25 Zentimeter langen Entenmuscheln, überwuchert den Rumpf. Seine Linien sind nur noch zu ahnen. Neben drei schwarz-gelben Pilotfischen tollen kleine Krebse in dieser »Koralle« herum. Ruder, Schraube und Logimpeller sind stark bewachsen. Da nützt es natürlich gar nichts, die kleine Impellereinheit immer wieder nach innen herauszuziehen und zu reinigen, denn durch die Büsche davor wird er praktisch nicht mehr angeströmt.

»Das mußt du dir ansehen!« rufe ich fasziniert und klettere die Badeleiter nach oben, denn niemals, auch nicht in der größten Flaute, würden wir auf See beide von Bord gehen. Auch Johanna ist begeistert von der bunten Unterwasserlandschaft der OLE HOOP. »Entenmuscheln sollen gut schmecken«, meint sie, doch einen sehr überzeugten Eindruck macht sie dabei nicht.

Aus Abenteuererzählungen wissen wir, daß Schiffbrüchige früherer Zeiten auf den gekenterten Rümpfen ihrer Schiffe angeblich wochenlang von Muscheln und Algen lebten. Doch letzten Endes nehmen wir Abstand davon, auf diese Weise unsere Bordküche zu bereichern. Zu eklig sind uns diese schwarzen Wülste mit ihren zwei wie Flügel angehängten Schalen, auch enthalten sie bestimmt Gifte des Antifouling, mit dem sie eine so innige Verbindung eingegangen sind.

Statt dessen rüsten wir uns mit Spachteln aus, die wir mit einer Sorgleine am Handgelenk sichern, und machen uns abwechselnd an die mühevolle Arbeit, wenigstens den gröbsten Bewuchs zu entfernen. Obwohl sich zwischendurch einer von uns immer aufwärmen kann, frieren wir bald wie die Schneider und brechen nach zwei Stunden unsere Arbeit erst einmal ab. Ein paar Quadratmeter haben wir immerhin geschafft, auch das Log zeigt wieder an, als gegen Abend ein leichter Wind aufkommt. Dieser Bewuchs hat uns bestimmt ein bis zwei Knoten Fahrt gekostet und dazu beigetragen, daß unsere Reise so ewig dauert.

Langsam können wir uns nun auf die Isla de Pasqua freuen, die mit ihren gelb-grünen Hügeln und den geheimnisvollen Steinstatuen, den Moais, selbst unter schlechtesten Bedingungen in wenigen Tagen an der Kimm auftauchen müßte. Bei Thor Heyerdahl, der 1955 seine spektakuläre Expedition zur Osterinsel unternahm, und bei anderen haben wir einiges nachgelesen über die teilweise unterschiedlichen Theorien vom Ursprung und Untergang dieser eindrucksvollen Kultur auf Rapa Nui, dem »Nabel der Welt«. All das hat uns sehr neugierig gemacht. Noch unterwegs beginnen wir, unsere ersten Ausflüge auf Rapa Nui zu planen, und erwarten voller Spannung, für all die Mühen, die hinter uns liegen, entschädigt und mit dem Pazifik wieder versöhnt zu werden.

12. März, 39. Tag auf See

Position 27° Süd, 109° West. »Da, da ist sie!« jubelt Johanna begeistert und deutet auf die Kimm vor uns. Ich sehe nichts, nehme aufgeregt das Fernglas – und tatsächlich, deutlich erhebt sich ein dunkler Buckel über dem seit Wochen leeren Horizont. Wir können es kaum fassen, zu unwirklich erscheint uns das Auftauchen von Land inmitten dieser Weite. Voller Freude nehmen wir uns in die Arme – endlich am Ziel! Als wir Stunden später in der Abenddämmerung vor Hanga Roa, dem Hauptort der Insel, unseren Anker auf 18 Meter Wasser fallen lassen, ahnen wir noch nicht, daß wir die Isla de Pasqua kaum betreten werden und der Pazifik auch andere, stürmische Seiten hat, kennen wir doch bisher nur seine friedliche, die ihm einst den Namen gegeben hat.

Wir kreisen um die Osterinsel

15. März, vor Hanga Roa

Der Schwell nimmt zu. Schon einen Meter hohe Wellen drückt der zunehmende Westwind in unsere eben noch friedliche Ankerbucht. Die OLE HOOP stampft. Der Hafenkommandant hat recht: Hier springt der Wind wirklich von einem zum anderen Moment um. Keine Frage, wenn wir da noch heil wegkommen wollen, müssen wir uns beeilen. Während Johanna die Maschine startet, mache ich mich an den Anker. 70 Meter Kette sind aufzuholen, und lange Pausen kann ich mir dabei nicht leisten.

Der Bug wird von der Welle hoch angehoben, dann senkt er sich rauschend fast bis zum Deck ins Wasser. Der jedesmal dabei entstehende kräftige Ruck der Ankerkette läßt mich um Winsch und Bugbeschlag fürchten, nachdem ich unser »Gummiband«, einen Stropp, der an die Kette gesteckt und auf der Klampe belegt ist, weggenommen habe. »Hoffentlich hängen wir nicht an irgendeiner Klamotte da unten fest«, denke ich, während ich stückweise die Kette aufhole. Wir wären nicht die ersten, die vor Hanga Roa ihr Ankergeschirr verlieren. Der Untergrund ist felsig, und erst vor zwei Wochen mußte ein französischer Segler, wie uns der Hafenkommandant erzählt, seine Kette kappen, um noch rechtzeitig wegzukommen.

Johanna steht am Ruder und motort gegenan, um das gefährliche Einrucken der Kette zu vermeiden. Per Handzeichen dirigiere ich sie in Richtung Anker. Sobald die Kette etwas Lose hat, arbeite ich wie der Teufel. Doch immer wieder drückt der mittlerweile auf sechs bis sieben Beaufort aufgefrischte Wind uns quer, und die acht Tonnen der OLE HOOP zerren an Kette und Beschlägen. Dann plötzlich ein häßliches, knirschendes Geräusch – und ehe ich die Bremse festsetzen kann, rauschen zehn Meter mühsam eingeholter Kette aus. Die Sperrklinken der Winsch sind weggebrochen. Verdammt, jetzt wird es kritisch!

Aufgeregt kommt Johanna nach vorn gelaufen. »Was ist los, Klaus?«

»Die Ankerwinsch ist kaputt. Ich muß die Kette mit der Hand aufholen.«

»Das schaffst du doch nicht!«

»Wir *müssen* es schaffen, Johanna. Fahr noch kräftiger in die Kette, dann werfe ich davon soviel ich kann an Deck und belege sie auf der Klampe.«

Johanna stürzt wieder nach achtern, und der Kampf im mittlerweile eineinhalb Meter hohen Seegang beginnt. Zwei bis drei Meter Kette schaffe ich bei jedem »Anlauf« und belege sie blitzschnell, bevor tonnenschwerer Zug sie mir wieder aus der Hand reißen kann. Das Spiel ist nicht ganz ungefährlich: ein Finger im falschen Moment zwischen Kette und Klampe, und es bleibt nicht viel davon übrig.

Aber wir schaffen es. Schon an die 30 Meter Kette liegen an Deck; zum Einfädeln in die Kettenklüse bleibt keine Zeit. Immer wieder Handzeichen nach achtern gebend, stehe ich gebückt auf dem Vorschiff und konzentriere mich auf den Augenblick, in dem ich wieder ein Stück Kette einholen kann. Deshalb bemerke ich den kleinen Rettungskreuzer nicht, der neben uns aufgetaucht ist. »Brauchen Sie Hilfe?« fragt plötzlich eine Stimme auf englisch. Erstaunt blicke ich auf. Der Hafenkommandant persönlich steht an Deck des Rettungsbootes und bietet uns Unterstützung an. Offensichtlich hat er unser Ankermanöver von seinem Büro aus beobachtet und sich Sorgen gemacht.

Wir sind gerührt über soviel Fürsorge und bedanken uns für das Angebot, erklären ihm, daß wir Ärger mit der Ankerwinsch hatten, aber der Anker gleich frei sei. Während das Rettungsboot noch in der Nähe bleibt, zerre ich weiter Meter um Meter Kette an Deck. Dann ein letzter Ruck, und wir treiben. »Anker frei!« rufe ich nach achtern und muß all meine Kraft einsetzen, um das Gewicht von 18 Meter Kette und Anker nach oben zu bekommen. Der Hafenkommandant winkt uns noch einmal zu, dann verschwindet sein Boot, meterhohe Gischt aufwerfend, in Richtung des kleinen Hafens von Hanga Pico, der mit nur sieben Yachten bei unserer Ankunft vor zwei Tagen schon zu voll war, um uns noch Platz zu bieten. Das hatte uns ziemlich enttäuscht, denn nach unserer langen Reise sehnten wir uns nach einem ruhigen Liegeplatz und ein paar entspannten Landtagen auf der Osterinsel.

Von den berühmten Moais, den riesigen Statuen aus Tuffstein, haben wir noch nicht viel gesehen. Stattdessen haben wir die wenigen Stunden, die wir an Land waren, dazu genutzt, Diesel zu organisieren, ein Mietauto für den nächsten Tag zu buchen und ein paar kleine Einkäufe zu machen.

Dabei haben wir endlich auch Helmut kennengelernt, mit dem wir schon seit Wochen täglich über Amateurfunk sprachen. Mit der FALLADO, seinem großen, 13,5 Meter langen Katamaran, war er von unten, um Kap Hoorn herum, über Chile zur Osterinsel gekommen. Auch die LUDUS AMORIS hat sich zwei Tage zuvor noch in das winzige Hafenbecken von Hanga Pico gequetscht. Unsere gemeinsamen Ausflugspläne sind nun leider hinfällig geworden.

Weil es nach noch mehr Wind aussieht, setzen wir nur wenig Tuch und segeln zunächst Richtung Südkap. Vielleicht können wir im Leeschutz der Südküste vor Anker gehen, vorausgesetzt der Wind dreht nicht auf Südwest. Doch genau das tut er! Kaum haben wir das Cabo Sur gerundet, müssen wir jede Hoffnung auf einen auch nur halbwegs geschützten Ankerplatz aufgeben. So weit wir sehen können, steht hohe Brandung auf den steilen Felsufern, und andere geschützte Buchten gibt es bei dieser Windlage an der ganzen Insel nicht.

Also weiter, denn mit unserer kaputten Ankerwinsch wollen wir uns auf fragwürdige Ankerversuche gar nicht erst einlassen. Hier draußen sind wir auf jeden Fall sicherer. Irgendwann ist diese verdammte Front sicher durch, und bis dahin machen wir es uns so gemütlich, wie es die sieben Windstärken eben zulassen. Um uns nicht allzusehr von der Insel zu entfernen, müssen wir langsamer werden, deshalb packen wir Großsegel und Klüver wieder ein, setzen die Sturmfock und schaukeln behäbig die ungastliche Küste entlang gen Osten.

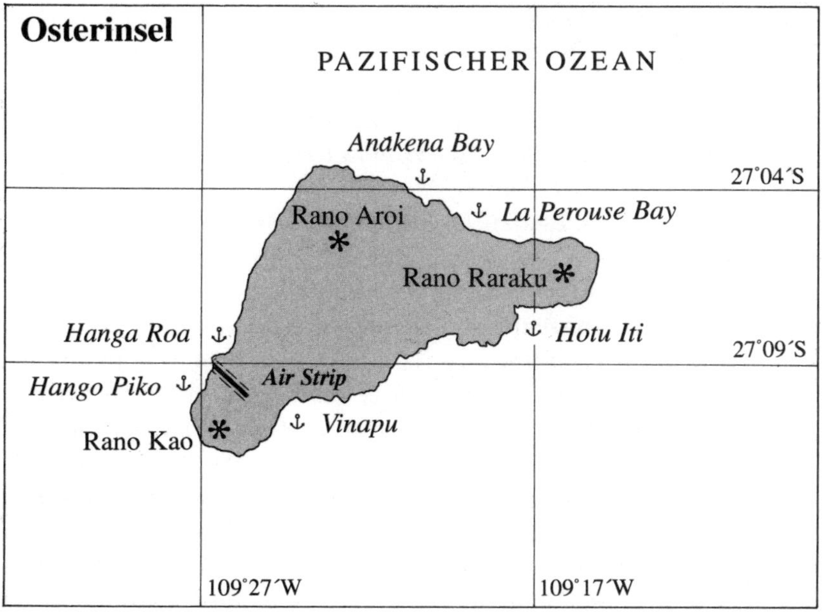

Es ist, als seien wir auch jetzt, sechs Wochen nach unserem Start auf den Perlas, noch immer nicht angekommen. Doch Geduld haben wir ja inzwischen gelernt. Noch gehen wir optimistisch davon aus, daß der Spuk in spätestens zwei Tagen vorbei ist und wir dann unsere geplanten Inselausflüge nachholen können.

Was mich jedoch wütend macht, ist die defekte Ankerwinsch: Spielzeug, das nur im Laden des Yachtausrüsters gut aussieht, für die Praxis aber nicht taugt. Als ich mir später das nicht gerade billige Teil von innen ansehe, frage ich mich, wie es auch nur ein einziges Ankermanöver überstehen konnte. Die lächerlichen Fahrradketten und -freiläufe können beim besten Willen nicht jene Kräfte auffangen, die selbst bei kleinen Yachten naturgemäß auftreten. Da eine Reparatur unmöglich ist, müssen wir eine andere Lösung finden, denn der Handbetrieb ist eine furchtbare Knochenarbeit und außerdem nicht ganz ungefährlich.

Zwei Leinen mit je einem Karabinerhaken am Ende, der in die Kette eingepiekt werden kann, lösen schließlich unser Problem. Das Ganze funktioniert so: Die längere Leine wird so weit vorn wie möglich in die Kette gehakt und über die Umlenkrolle mit der Genuawinsch geholt. Der zweite Haken mit schon belegter Leine sichert die Kette, während die erste Leine aus- und vorne wieder eingeklinkt wird, um die nächsten sieben Meter zu holen. Der Nachteil dabei ist, daß zunächst die gesamte Kette an Deck liegt und dann mühsam in die Ankerklüse zum Kettenkasten eingefädelt werden muß.

Nachdem ich die beiden Leinen vorbereitet habe, ist unser Ankerproblem erst einmal gelöst. Zur Belohnung gönnen wir uns einen kräftigen Schluck aus der Rumbuddel, denn bei den mittlerweile kräftigen acht Beaufort aus Südwest ist es kalt und ungemütlich geworden. An unserer Lage können wir im Moment nichts ändern. Deshalb bleiben wir unter Deck, nehmen noch einen zweiten Schluck und driften in Erwartung besserer Zeiten in die Nacht hinein.

»Was, ihr seid wieder auf See?« Günther, der während unserer Flautenstrecke täglich mitgelitten hat, ist fassungslos, als ich ihm am nächsten Morgen unsere Situation schildere. Gern würde er uns besseres Wetter ankündigen, doch was er aus seinen Wetterkarten und Satellitenbildern liest, läßt nicht viel Gutes hoffen: ein Orkantief auf 50° Süd und weitere Tiefs, deren Fronten auch die Osterinsel erreichen werden.

Dann meldet sich Helmut: »Hier im Hafen von Hanga Pico herrscht Katastrophenstimmung! Alle Yachten haben mindestens 15 zusätzliche Leinen ausgebracht, denn die Einheimischen befürchten starken Schwell im Hafenbecken.«

Ich bin nun heilfroh, daß wir nicht in diese Falle gegangen sind, denn auch jetzt, nach über einem Jahr, sitzt uns der Orkan, den wir im Hafen von La Palma erlebt haben, noch tief in den Knochen. Vermutlich hätten wir auch aufgrund dieser Erfahrung keine einzige Zusatzleine ausgebracht, sondern alle abgenommen und fluchtartig den Hafen verlassen. Das wäre zweifellos auch der beste Rat gewesen, den man den sieben Yachten in Hanga Pico hätte geben können, wie sich einen Tag später auf dramatische Weise bestätigen soll.

18. März, vierter Tag unserer »Inselrundfahrt«

Strahlender Sonnenschein, der Wind aus Südwest hat sich etwas abgeschwächt. Wir wollen einen neuen Ankerversuch wagen. Dafür haben wir uns die schönste Bucht der Insel, Anakena, an der Nordküste ausgesucht. Leider müssen wir die 15 Seemeilen dorthin aufkreuzen.

Plötzlich knackt es im UKW-Gerät. Wir hoffen, daß es Helmut ist, der uns einen Lagebericht gibt. Doch eine unbekannte Stimme kommt aus dem Lautsprecher: »OLE HOOP, OLE HOOP von ELENA! Könnt ihr mich aufnehmen?« Es ist Guido von der Schweizer Yacht ELENA. Seine Frau Yvonne und er sind seit ihrer Abreise aus Chile schon über fünf Wochen unterwegs und umkreisen nun seit zwei Tagen die Insel. Ohne es zu wissen, hatten wir in den letzten 48 Stunden in ihnen Leidensgenossen und in der ELENA einen potentiellen Kollisionsgegner, denn wie wir später herausfinden, lagen wir in der Nacht sehr dicht beieinander. Auch jetzt können wir sie fast schon sehen, denn sie haben sich ebenfalls für die Anakena-Bucht entschieden und liegen dort bereits vor Anker.

Fast windstill ist es, als wir einige Stunden später neben der ELENA unseren Anker fallen lassen. Wieder keimt Hoffnung auf, daß wir die Osterinsel doch noch erleben können. Um uns herum eine friedliche Idylle: weißer Sandstrand, dahinter ein Palmenhain und auf einer Anhöhe daneben sieben Moais, die uns gelassen den Rücken zukehren.

Der leichte Schwell, der auch hier herrscht, hat nichts Bedrohliches – dennoch bleiben wir die Nacht über stand-by und sind erleichtert, als uns auch der nächste Morgen mit strahlendem Sonnenschein begrüßt. Während Guido und ich an Bord der Schiffe bleiben, wagen Yvonne und Johanna einen kleinen Landausflug. Doch richtig entspannen können wir alle nicht. Auch die Wetterinformationen von Günther verheißen keine stabile Lage, im Gegenteil: Ein weiteres Sturmtief ist im Anzug, und dessen Front wird uns vermutlich in einigen Stunden erreichen. Merkwürdig, daß Helmut heute schon den zweiten Tag nicht an der Funkrunde teilnimmt. Vielleicht hat er Antennenprobleme, denn bei den nur acht Windstärken, die wir draußen hatten, kann im Hafen ja nicht viel losgewesen sein, beruhige ich mich.

Es ist fast schon Mitternacht, als uns ein leises Pfeifen im Rigg aufschreckt. Aus einer ruhigen Nacht wird nun nichts mehr. Der schnell zunehmende Wind hat auf Nordwest gedreht, und hohe, brechende Wellen fegen um die zerklüftete Felshuk, die uns bis jetzt Schutz geboten hat, in die Bucht hinein.

Wieder wird es ein Kampf mit der Zeit. Mein System mit den Haken und Leinen funktioniert zwar, aber es dauert viel zu lange, bis die 60 Meter Kette an Deck liegen. Kaum ist der Anker ausgebrochen, gibt Johanna Vollgas, damit wir nicht auf die schwarzen Lavafelsen gedrückt werden, wo jetzt eine mächtige Brandung steht. Mit verbogenem Bugbeschlag und einem Kettenhaufen an Deck laufen wir in die Nacht hinaus, die stürmisch zu werden verspricht. ELENA, kurz vorher ausgelaufen, hält sich im Gegensatz zu uns dicht an der Küste, so daß wir ihr tanzendes Topplicht bald aus den Augen verlieren. Das ist auch gut, denn so müssen wir wenigstens nicht befürchten, uns aus Versehen gegenseitig über den Haufen zu fahren. Dem stählernen Rumpf der ELENA wäre die OLE HOOP mit Sicherheit nicht gewachsen.

Während wir das Schiff sturmfest machen, wird uns klar, daß wir nur knapp davongekommen sind. Schon viel früher hätten wir auf den ersten Windhauch aus der falschen Richtung reagieren und den Ankerplatz verlassen müssen. Auch wenn es beim Segeln viele Situationen gibt, in denen Abwarten die richtige Taktik ist, beim Ankern an offenen Küsten gilt das genaue Gegenteil: Zu langes Zögern hat oft genug nicht nur zum Verlust des Ankergeschirrs, sondern auch des ganzen Schiffs geführt.

Obwohl wir es nach all den Flauten kaum fassen können: Wir haben Sturm mit neun, zehn, elf Windstärken in den Böen! Immer lauter wird das Heulen im Rigg, und von achtern rollen Wellenberge heran, wie wir sie noch nie gesehen haben. Schon bald sind selbst die sieben Quadratmeter unserer Sturmfock zuviel Tuch. Vor Topp und Takel, ohne jedes Segel, machen wir immer noch sechs Knoten Fahrt.

Die furchteinflößend hohen, auf dem Kamm weiß brechenden Wellen scheinen uns unter sich begraben zu wollen. Doch jedesmal wird das Heck fast sanft um einige Meter angehoben, und nur Spritzwasser deckt gelegentlich das Cockpit ein. Selbst jetzt arbeitet die Aries zuverlässig und bringt die OLE HOOP immer wieder auf Kurs, während wir von unten durch den fast geschlossenen Niedergang das Ganze angespannt beobachten. Schwer zu sagen, ob wir in diesem Moment Angst haben. Vielleicht hilft es, daß wir einander immer wieder versichern, wie hervorragend alles liefe und wie tüchtig doch unsere OLE HOOP sei.

Sorgen machen uns allerdings der laut heulende Windgenerator, den wir dummerweise nicht arretiert haben, und unsere Antenne, die sich gefährlich weit in seine Richtung biegt. Wenn wir Pech haben, zerschnetzeln die Rotorblätter die Antenne und gehen dabei wahrscheinlich selbst in Stücke. Bevor das passiert, beschließen wir, auf den anderen Bug zu gehen und zu halsen, damit die Antenne sich in die andere Richtung krümmt, denn der Kurs ist uns im Moment ziemlich egal.

Danach ist uns wohler. Eigentlich könnten wir jetzt beide in die Koje gehen, denn zu tun gibt es ohnehin nichts mehr. Aber ganz so gelassen bleiben wir in dieser Situation doch nicht, schließlich kann immer noch etwas brechen. Und richtig gemütlich ist es bei dem lauten Heulen des Sturms und den heftigen Schiffsbewegungen auch unter Deck nicht.

Johanna hat sich am Kartentisch verkeilt und den Kopf zurückgelegt; immer wieder fallen ihr für ein paar Sekunden die Augen zu. Ich setze mich zu ihr und streiche ihr die Haare aus dem müden Gesicht: »Komm, Johanna, geh 'ne Runde schlafen! Wir müssen doch nicht beide wach bleiben.«

Auf der Salonbank, eingekeilt zwischen Rückenpolster und aufgespanntem Leesegel, ist jetzt der einzige Platz, wo man noch schlafen kann, ohne hin und her geworfen zu werden. Johanna arbeitet sich in die schmale Koje, und während ich ihr noch die Decke zurechtziehe und ein Kissen unter den Kopf schiebe, ist sie bereits eingeschlafen: ein friedliches Bild inmitten dieser lärmenden und tobenden Naturgewalten. Vorsichtig öffne ich das Schiebeluk über dem Niedergang und werfe einen Blick nach draußen. Es ist schon hell geworden. Weiß schäumende, riesige Seen um mich herum, doch das Heulen des Sturms scheint abgenommen zu haben. Oder bilde ich mir das nur ein? Vielleicht ist es auch die Gewöhnung, die einem selbst die exstremste Situation nach einer Weile normal vorkommen läßt.

Gegen Mittag gibt es keinen Zweifel mehr: Der Sturm hat deutlich nachgelassen, es sind höchstens noch acht bis neun Beaufort. Wir haben jetzt beide ein paar Stunden geschlafen, und die Livereportage aus dem Südpazifik, die Johanna über den Äther nach Deutschland schickt, wirkt geradezu munter. Viele Funkfreunde melden sich, drücken ihr Bedauern aus und wünschen uns endlich besseres Wetter.

Ihre Anteilnahme tut gut, denn allmählich fragen wir uns, wie lange wir das noch aushalten können. Die Lust auf die Osterinsel ist uns inzwischen vergangen. Wir würden lieber heute als morgen Richtung Polynesien weitersegeln. Daran hindern uns eigentlich nur die vier vollen Dieselkanister, die wir dummerweise auf Helmuts FALLADO zurückgelassen haben, und der inzwischen gravierende Mangel an frischen Lebensmitteln. Wir müßten uns mit Helmut verabreden, doch der hat sich schon seit Tagen nicht mehr gemeldet.

Plötzlich kommt, so unerwartet laut, als stünde er neben uns, seine Stimme aus dem Lautsprecher. Was er aus dem Hafen von Hanga Pico berichtet, läßt uns die Haare zu Berge stehen. Während wir noch auf unserer ersten »Inselrundfahrt« waren, tobte dort ein 36stündiger Überlebenskampf. Meterhoher Schwell ließ reihenweise Leinen brechen und Klampen ausreißen, sogar die einbetonierten Eisenpoller auf der Pier brachen aus. Bald gab es kaum noch eine heile Leine und nichts mehr zum Festmachen. Selbst die Felsbrokken, an die einige Yachten ihre Heckleinen gebunden hatten, rollten durchs Hafenbecken.

Mit Bordmitteln war da nichts mehr zu machen. Ohne den Großeinsatz der Fischer, der Armada und der US-Filmgesellschaft, die dort gerade einen aufwendigen Spielfilm über die Geschichte von Rapa Nui drehte, wäre es zur Katastrophe gekommen. Alles Geschirr und Material, das Militär und Filmteam zur Verfügung hatten, wurde eingesetzt, um die sieben Yachten immer wieder neu festzumachen und zu sichern. Nur deshalb haben alle den Kampf ohne größere Schäden überstanden. Zum Dank wollen die Segler nun den Helfern ein großes Hafenfest geben.

Auch wir sind froh, daß alles noch gut ausgegangen ist, und berichten dann über unsere Lage. Helmut verspricht, Lebensmittel, Wasser und Diesel für uns und die Elena zu organisieren. Sobald das Wetter sich beruhigt hat und wir wieder vor Anker liegen, könne uns alles gebracht werden. Noch wissen wir nicht, wann das sein wird, denn der nur langsam nachlassende, immer noch stürmische Westwind treibt uns weiterhin von der Insel fort.

Erst am nächsten Morgen können wir wieder Kurs auf die Anakena-Bucht nehmen. Es weht nur noch mit sechs Windstärken aus Süd, das ist ideal, um dort vor Anker zu gehen. Auf Kanal 16 erreichen wir jetzt die Elena, die sich ebenfalls auf dem Weg dorthin befindet. Auch ihre Versorgungslage wird langsam kritisch, vor allem hat sie nach sechs Seewochen kaum noch Wasser. Nur mit UKW-Seefunk ausgerüstet, kann sie über die Berge hinweg selbst keinen Kontakt zu den anderen Seglern im Hafen herstellen. So übernehmen wir ihre Wunschliste und geben sie später über Kurzwelle an Helmut durch. Der hat tatsächlich schon einiges organisiert: Die Armada stellt für den Transport von Wasser, Diesel und Lebensmitteln einen Transporter und zwei Soldaten zur Verfügung, sämtliche im Hafen verfügbaren Wasserkanister sind eingesammelt worden, und Maria und Klaus haben schon einiges für uns eingekauft. Wir müssen nur noch den Liefertermin vereinbaren, doch damit warten wir lieber, was sich auch als klug erweist.

Nur 18 Stunden, nachdem wir hier ein zweites Mal vor Anker gegangen sind, müssen wir schon wieder aus der schönen Bucht von Anakena flüchten. Der Wind kommt aus Nord! Wir haben jetzt endgültig die Nase voll, keinen Fuß mehr wollen wir auf diese verdammte Insel setzen. Guido meint, an der Südküste könne man sicher einen geschützten Platz finden. Wenig überzeugt und nur aus Mangel an Alternativen schippern wir hinter der ELENA her. Schnell müssen wir wirklich nicht sein, und zum Ankern haben wir eigentlich auch keine Lust mehr. Womöglich mitten in der Nacht Hals über Kopf wieder flüchten zu müssen, ist keine angenehme Vorstellung.

Einen besonders gastlichen Eindruck macht die Südküste auch jetzt bei Nordwind nicht. Noch immer ist der Südwestschwell nicht ganz abgeklungen, außerdem ist der einzig mögliche Platz gleich hinter dem Südkap von Untiefen durchsetzt und bietet keine Landungsmöglichkeit. Die ELENA macht trotzdem einen Versuch, während wir unsere Inselrundfahrt fortsetzen. Tatsächlich dreht der Wind in der Nacht wieder auf Süd, und gegen Mittag des nächsten Tages liegen wir so friedlich an unserem vertrauten Ankerplatz vor Anakena, als wären wir nie weggewesen.

Unsere Versorgungsaktion muß jetzt schnell über die Bühne gehen, denn wir wissen nicht, wie lange wir diesmal bleiben können. Zur vereinbarten Zeit rufe ich Helmut auf dem 40-m-Band. Es gibt einige Probleme: So fehlen noch Wasserkanister, und auch der Einkauf gestaltet sich unerwartet schwierig, denn viele Läden sind leergekauft, weil das Versorgungsschiff aus Chile wegen des schlechten Wetters die Osterinsel nicht anlaufen konnte. Dennoch vereinbaren wir einen Termin für übermorgen.

Diesmal scheinen wir Glück zu haben, denn auch am nächsten Morgen ist es erstaunlich ruhig in der Bucht. Deshalb beschließen wir wagemutig, nun doch noch die sieben Moais von Anakena zu besuchen, um ihnen wenigstens einmal Auge in Auge gegenüberzustehen, nachdem wir bisher nur ihre Rückenpartie von weitem bewundern durften. Als wir Hand in Hand durch das hohe Gras und den Palmenhain den Hügel hinauf zu den mächtigen Statuen wandern, fühlen wir uns, als seien wir auf einem anderen Stern gelandet. Seit Hunderten von Jahren blicken diese mächtigen Kolosse mit ihren leblosen Augen über das Land hinweg: Zeugnisse einer vor 300 Jahren mit ihren Menschen untergegangenen Kultur, deren plötzliches Verschwinden bis heute nicht eindeutig erklärt werden kann.

Auch wenn der leichte, anhaltende Südwind uns weiterhin Entwarnung gibt, trauen wir uns nach den Erfahrungen der letzten Tage kaum, die OLE HOOP aus den Augen zu lassen. So sind wir bald wieder an Bord und bereiten uns auf die Weiterfahrt zu dem 1 600 Seemeilen entfernten Mangareva in den Gambierinseln vor. Die »Südsee« kommt nun endlich auf den Kartentisch, und die gesamte »Karibik« verschwindet wasserdicht verpackt in der Hundekoje. Bei der gegenwärtigen Wettersituation im Südpazifik können wir auch auf der nächsten Etappe kaum mit bequemem Passat rechnen, denn Mangareva liegt mit 23° Süd noch im Bereich der Westwinde. So wird auch dies wieder eine lange Reise werden.

Über Funk bestätigt Helmut, daß die Hilfsaktion wie verabredet heute noch stattfindet. Gleich danach wollen wir auslaufen, und so warten wir ungeduldig auf unsere Helfer. Endlich, nach Stunden, tauchen zwei Autos auf, vorneweg der Militärtransporter, auf dessen Ladefläche ein 200-Liter-Faß Diesel und jede Menge Kanister stehen. Ein Hurra für Helmut und alle, die geholfen haben! Im Bewußtsein dessen, was jeder durchgemacht hat, begrüßen wir uns stürmisch. Auch Meryle, die Freundin Helmuts, und Maria von der LUDUS AMORIS sind mitgekommen. Gemeinsam entladen wir das Mietauto und blicken neugierig in die Einkaufstüten.

Es ist wie Weihnachten. Schon seit Wochen haben wir kein frisches Obst und Gemüse mehr gesehen. Eier gab es leider nicht auf der Insel, dafür aber einen Sack erstklassiger chilenischer Kartoffeln und sogar eine Salami, die wir uns wie alles andere brüderlich mit der ELENA teilen. Wir wissen kaum, wie wir uns für diese Hilfe bedanken sollen, hätte es doch womöglich noch Wochen gedauert, bis wir selbst einkaufen können. Besonders für die ELENA wurde es höchste Zeit, denn trotz Wassermacher konnten wir ihr nicht den Tank füllen. Jetzt können auch Yvonne und Guido endlich weitersegeln.

Die Diesel- und Wasserübernahme für die ELENA dauert bis zum Abend, deshalb verschieben wir unseren Start auf morgen, den 27. März. Dann ist es genau 14 Tage her, seit wir zum erstenmal vor Hanga Roa unseren Anker fallen ließen.

Das abweisende Pitcairn

11. April, 16. Tag auf See

Position 25° Süd, 127° West. Es ist Ostersonntag, doch das Wetter ist alles andere als festlich: Schauer, Gewitter, Sturmböen und dann wieder Flauten – typisches Konvergenzzonen-Wetter. Was das bedeutet, macht nebenstehende Logbuchseite deutlicher als viele Worte.

Kaum anders als an diesem Ostersonntag war das Wetter schon seit unserer Abreise. Das machte auch die geplanten Zwischenstopps bei den unbewohnten Atollen und Inseln auf unserem Weg unmöglich. Dabei hätten wir Ducie, Henderson oder Oeno sehr gern angelaufen, denn gerade solche abgelegenen Atolle wecken unsere Träume von Abenteuer- und Entdeckerromantik. Aber nicht nur ihre Einsamkeit in der Weite des Pazifiks ließ sie bis heute unberührt, sondern auch die Schwierigkeit, sie anzulaufen. Keines dieser Atolle hat Passagen, die tief genug sind, um mit dem Schiff durch das Außenriff ins Innere zu gelangen. Nur bei ganz ruhigem Wetter könnte man draußen ankern und mit dem Dingi an Land gehen. Ducie Island hatten wir nachts bei schlechtem Wetter passiert, und Henderson, das jetzt querab liegt, müssen wir aus demselben Grund auslassen.

80 Meilen voraus liegt das von den Nachkommen der BOUNTY-Meuterer bewohnte Pitcairn. Von dieser Insel haben wir zum erstenmal in einem Vortrag gehört, den ein Urenkel John Adams, des letzten überlebenden Meuterers, 1989 in Hamburg hielt. Wie unerreichbar weit schien uns damals dieses Pitcairn, dessen gastfreund-

11.4.93 Sonntag Osterinsel – Mangareva 16. (69.) Tag

LT	UTC	Wetter	QTH, Segel etc.	Mgk	Rwk	Log
00.00	8.00	Flaute! 1009 Hp 7/8	24°37'S/127°28'W Genua + Groß	298°	310°	3357
2.00	10.00	NE 3-5 Schauerböen 	Genua + Groß gerefft	298°	310°	3363
4.00	12.00	NE 5-6 1006 Hp	Genua Klüver + Groß	298°	310°	3375
6.00	14.00	N 7-8 1005 Hp schwere Schauerböen	24°28'S/127°44'W Groß nur noch Klüver	288°	280°	3376
8.00	16.00	NW 7-8 Schauer ϟ Scheißwetter!	Wind nimmt zu! müssen Klüver bergen	238°	230°	3384
10.00	18.00	NW 7-9 1006 Hp 	laufen unter Sturmfock, bis 45kn Wind	233°	215°	3390
12.00	20.00	N 10-11 Wolkenbrüche → Null Sicht	Halse, um Antenne + Windmühle zu retten	78°	120°	3395
14.45	22.45	Flaute! 1008 Hp	schleppen Fockfall durchs Wasser			
16.00	24.00	N 2 1008 Hp	Nudelauflauf im Ofen - lecker!!	288°	290°	3401
20.00	4.00	N 7-8 1005 Hp 8/8 Wetterleuchten	laufen wieder unter Sturmfock	288°	280°	3406
24.00	8.00	N 6-7 1007 Hp 7/8 der Mond kommt kommt durch	weiter unter Sturmfock gehen beide in die Koje - keine Wache	288°	280°	3412

20.00 UTC	Loggestand: 3395	Etmal: 49 sm
	seit Osterinsel: 1147 sm	bis Mangareva: 450 sm

liche Bewohner wir jetzt gern besuchen würden! Die vor 200 Jahren vor der britischen Justiz fliehenden Meuterer hatten sich nicht von ungefähr gerade diese Insel ausgesucht, bietet sie doch nahezu keine Landungsmöglichkeiten. Wenn das Wetter so bleibt, werden wir deshalb auch Pitcairn abschreiben müssen.

Am nächsten Morgen hören wir von einem Sturmtief bei Pitcairn, und damit ist der Fall für uns klar. Zu einer nochmaligen tagelangen Inselumkreisung haben wir wirklich keine Lust mehr. Während wir endgültig Kurs auf Mangareva nehmen, wollen FALLADO und LUDUS AMORIS, die Pitcairn bei stürmischem Wetter erreicht haben, es zumindest versuchen. Doch nach einer Woche geben Maria und Klaus entnervt auf. Der Beinaheverlust ihres Ankergeschirrs, das sie drei Tage lang mit angesteckter Boje zurücklassen mußten, ein verbogener Bugspriet und ein Bruch der Ankerwinsch waren das frustrierende Ergebnis. Nur die Crew der FALLADO hatte mehr Glück: Einen Tag nach Abreise der LUDUS AMORIS konnte endlich ein Langboot von Adamstown auslaufen und sie für ein paar Stunden an Land bringen.

Auch in den nächsten Tagen hält das wechselhafte Wetter an. Kaum mehr als ein paar Stunden bleibt der Wind konstant, und das bedeutet ständige Arbeit an den Segeln, bei Tag und bei Nacht. Nicht der Kollisionsgefahr, sondern des Wetters wegen gehen wir nun wieder unsere Drei-Stunden-Wachen, und selbst die werden oft genug unterbrochen. Im Schneckentempo nähern wir uns dem Ziel – an manchen Tagen nur um wenige Seemeilen.

Die Anstrengungen und vielen Enttäuschungen drücken auf unsere Stimmung. Nach fast zweieinhalb Monaten sehnen wir uns danach, endlich an einem Ort anzukommen, wo keine Ankerwache nötig ist und wir in Ruhe an Land gehen können, ohne ständig besorgt gen Himmel blicken zu müssen. Doch so sehr wir uns jetzt auch das Land herbeiwünschen, es wird nicht lange dauern, und die Erinnerungen an die dunklen Stunden unserer langen Odyssee durch den Südpazifik werden verblassen gegenüber den schönen und glücklichen Momenten der Reise. Denn wir kennen uns zu gut, um nicht zu wissen, daß wir schon bald wieder voller Erwartung auf neue Abenteuer unseren Anker lichten werden.

18. April, 23. Tag auf See

Position 24° Süd, 130° West. Nach regenreicher und windstiller Nacht, in der wir uns treiben ließen und schliefen, geht die Sonne an einem fast wolkenlosen Himmel auf. Ein leichter Südost setzt ein und verspricht, uns einen herrlichen Tag zu bringen. Noch immer steht eine hohe und sehr lange Dünung, die das Schiff wie auf Berge hebt und dann ebenso sanft wieder in die Täler absenkt.

Unter Groß und Genua laufen wir mit Südwestkurs auf das kleine Oena-Atoll zu. Es liegt 13 Seemeilen voraus, genau auf 23°55′ Süd und 130°43′ West. Bei dem ruhigen Wetter können wir es vielleicht wagen, auf der Nordseite, wo sich auch die Dingi-Passage durch das Außenriff befindet, für ein paar Stunden vor Anker zu gehen.

Ein wenig aufgeregt und erwartungsvoll blicken wir immer wieder mit dem Fernglas zur Kimm, wo über der spiegelnden See bald die ersten dunklen Palmwipfel auftauchen müssen. Nur noch vier Meilen sind wir entfernt, als wir für einen Moment ein paar winzige Punkte am Horizont erkennen. Dann nimmt die hohe Dünung uns wieder die Sicht. Der Kurs stimmt also, und gespannt nähern wir uns dem Atoll. Die Palmen scheinen im Wasser zu stehen, denn vom Riff selbst ist noch nichts zu sehen, nur im Süden zeigt hohe weiße Brandung dessen Lage an.

Unter Motor nähern wir uns vorsichtig dem Atoll von Norden. Diese Seite liegt vor dem Südwestschwell geschützt, und die Brandung ist nur gering. An vielen Stellen werden die braunen Korallen vom Wasser überspült, doch eine sichere Passage tut sich nicht auf. Auch das Ankern erweist sich als schwierig, denn nur 50 Meter von der Kante des Riffs entfernt messen wir noch 30 Meter Wassertiefe. Langsam pirschen wir uns näher heran. 20 Meter, 10 Meter … »Stopp!« rufe ich erschrocken. In dem glasklaren Wasser scheinen die Korallenköpfe zum Greifen nahe, obwohl wir noch mindestens fünf Meter Wasser unter dem Kiel haben. Es ist, als schwebten wir über dieser phantastischen Unterwasserlandschaft mit ihren blühenden Korallen und bunten exotischen Fischen. Unmöglich, hier einfach den Anker hineinzuwerfen. Denn dies ist nicht nur ein problematischer Grund, sondern mit Sicherheit würden wir beim Aufholen des Ankers auch ein Stück dieses herrlichen Riffs zerstören.

So lassen wir uns einfach eine Weile treiben und genießen leider nur von weitem den Anblick der Südseeidylle im Inneren der Lagune. Ein Bild wie auf der Kitschpostkarte: schneeweiße Strände und hohe, sich nach Westen neigende Kokospalmen, umgeben vom türkisfarbenen Wasser der flachen Lagune.

Ich möchte unbedingt tauchen, um mir diese Unterwasserwelt aus der Nähe anzusehen. Für alle Fälle nehme ich die Harpune mit, nicht zum Schießen, sondern um mir zumindest ein Gefühl der Sicherheit zu verschaffen, denn es gibt hier wie überall in der Südsee mit Sicherheit Haie. Je näher ich der steil ansteigenden Wand des Riffs komme, desto zahlreicher werden die Fische um mich herum. Viele Arten sind mir schon von Los Roques in Venezuela vertraut, doch anders als dort scheinen sie keinerlei Angst vor Menschen zu kennen. Die kleinen bunten Korallenfische schwimmen mir fast zwischen den Fingern hindurch, und auch die größeren Raubfische kommen neugierig auf mich zu. Zwei kapitale Crevalle Jacks beäugen interessiert die blinkende Harpunenspitze. Würde ich jetzt abdrücken, zappelten vermutlich beide am Spieß. Aber so gern ich mal wieder ein leckeres Fischfilet in der Pfanne hätte, ich kann mich inmitten dieser unberührten Natur nicht dazu entschließen, den netten, zutraulichen Burschen so plötzlich den Tod zu bringen.

Prustend tauche ich auf, schiebe Brille und Schnorchel nach oben, um mich über Wasser zu orientieren. 20 Meter entfernt schwimmt die Ole Hoop. Ich winke Johanna zu, die in Schleichfahrt auf mich zukommt. Weil ich ungern »blind« schwimme, setze ich die Taucherbrille wieder auf und gönne mir noch einen letzten Rundblick. Da durchzuckt mich der Schreck, elektrisiert mich wie ein Stromschlag: Immer größer werdend, kommt ein grauer Schatten auf mich zu.

Jetzt bloß keine Panik! Oft genug habe ich über Verhaltensregeln bei Haifischbegegnungen gelesen, und die allererste Regel heißt: »Ruhe bewahren!« Dazu zwinge ich mich nun. Langsam rückwärts schwimmend und meine lächerliche Harpune dem immer näher kommenden, riesigen Vieh entgegenhaltend, bewege ich mich in Richtung Ole Hoop oder dahin, wo ich sie vermute. Denn ich wage nicht, den Blick von meinem Verfolger zu wenden. Fast stoße ich mir den Kopf an der Bordwand – ein paar Meter noch, dann hechte ich so schnell wie nie die Badeleiter hoch aufs rettende Deck. Johanna hilft mir und zieht mich förmlich über die Reling, als würde der Hai noch aus dem Wasser springen und nach mir schnappen. Blaß vor Schreck stehen wir uns gegenüber. »Mindestens dreieinhalb Meter lang – vielleicht ein Weißflossenhai«, berichte ich, noch immer außer Atem. Haifische und große Barrakudas lösen, wenn auch vielleicht unbegründet, große Angst bei mir aus, und dennoch kann ich es nicht lassen, immer wieder in die tropische Unterwasserwelt hineinzutauchen, findet doch dort das eigentliche Leben der Ozeane statt.

233 Meilen genau sind es noch bis Mangareva. Doch der Wind dreht schon bald wieder auf West, und so werden daraus gesegelte 500 Meilen. Nach fünf Tagen endlich erblicken wir die Silhouette der Gambierinseln am Horizont. Von weitem wirken die zahlreichen, bis zu 480 Meter hohen Inseln wie eine einzige Landmasse. Auch das mächtige Barriere-Riff, das die Inselgruppe schützend umgibt, ist noch nicht zu erkennen. Wir schalten das Radargerät ein und sehen nun deutlich die Lage des Riffs und der West-Passage, durch die wir segeln müssen, um in die Lagune und zur Hauptinsel Mangareva zu gelangen. Der Südwind hat aufgefrischt, und mit hoher Bugwelle rauschen wir durchs Riff. Von hier aus sind es noch knapp zehn Seemeilen bis zu unserem Ankerplatz vor Rikitea.

Als könne auch sie es kaum erwarten, durchpflügt die Ole Hoop eilig das glatte Wasser der Lagune. Das vielfältige Grün der alle Inseln überwuchernden tropischen Vegetation berauscht uns geradezu, denn fast drei Monate lang haben wir kaum einen Baum gesehen.

Das Dörfchen Rikitea, die »Hauptstadt« der Gambiers, auf denen Tourismus noch ein Fremdwort ist, döst verschlafen in der Mittagssonne, als wir den Anker auf vier Meter Tiefe in den Sandgrund fallen lassen. Wie angenagelt liegt die Ole Hoop in dem spiegelglatten Wasser, eine himmlische Ruhe umgibt uns. Fast scheint es, als lägen wir zu ruhig, denn Johanna stolpert und stürzt beinahe, als sie durch den Salon geht: kein Wunder nach 81 Tagen ständiger Schiffsbewegung.

Die Polynesier und die Bombe

Eine Idylle umgibt uns: das klare, grüne Wasser der Lagune, Palmen, weiße Strände, dahinter die grün bewachsenen Hänge der vulkanischen Berge und die zwischen tropischen Bäumen und Büschen fast versteckten, flachen Häuser des Dorfs. Die auf einem Hügel über allem thronende klotzige Kirche wirkt darin wie ein Fremdkörper. Wie sollte es auch anders sein, wurde sie doch vor 150 Jahren unter der Schreckensherrschaft des belgischen Priesters Père Laval buchstäblich mit Blut erbaut. Fast alle damaligen Einwohner Mangarevas fielen diesem fanatischen Verbrecher zum Opfer: ein trauriges Beispiel sogenannter Christianisierung durch die Europäer. Es ist immer wieder erstaunlich, daß sich das Christentum, das auf solch barbarische Weise eingeführt wurde, durchsetzen konnte. Heute sind die Einwohner der Gambierinseln brave Christen, die allsonntäglich in Festkleidung ihre Gottesdienste in eben dem Gebäude abhalten, für dessen Bau ihre Vorfahren einst starben. Im Wissen um die leidvolle und widersprüchliche Geschichte Polynesiens, das bis heute keine politische Selbständigkeit erlangen konnte, sind wir gespannt auf die Begegnung mit den Menschen hier.

Paheroo ist der erste Polynesier, den wir kennenlernen. In seinem Auslegerboot stehend, begrüßt er uns lachend und legt uns nach polynesischer Sitte als Begrüßungsgeschenk riesige Pampelmusen, Bananen und Limonen an Deck. Wir bitten ihn an Bord und können uns glücklicherweise mit ihm auf englisch unterhalten, denn unser Französisch ist sehr dürftig. Wie fast alle hier lebt er von der Perlenzucht, hat jedoch eine Technikerausbildung in Papeete gemacht, war auch schon in den USA und ist nicht nur über das Weltgeschehen gut informiert, sondern erweist sich auch als ein sehr kritischer junger Mann.

So wünscht er sich die Unabhängigkeit Polynesiens und verurteilt die Kolonialpolitik der Franzosen, die zur Zerstörung der traditionellen sozialen und wirtschaftlichen Strukturen geführt habe. Besonders die Anziehung des Geldes sei es, die viele Polynesier dazu verführe, ihre Selbstversorgungswirtschaft aufzugeben und in die Stadt zu gehen, meist nach Papeete, wo mittlerweile die Hälfte aller

166 000 Polynesier lebt. Ihrer früheren Existenzgrundlage beraubt, verarmten dort die meisten, und nur die geringen staatlichen Hilfen bewahrten sie vor dem Verhungern.

Doch auch diejenigen, denen es besser ginge, gerieten in Abhängigkeit von den französischen Geldern, denn ihr Einkommen oder ihr Arbeitsplatz sei abhängig von der Präsenz der Franzosen, deren gigantische Atombombentests nicht nur 15000 Franzosen mit guten Einkommen, sondern auch Milliarden von Francs ins Land gebracht haben. Diese wirtschaftliche Abhängigkeit führt laut Paheroo dazu, daß viele Polynesier die Atomtests der Franzosen stillschweigend dulden, obwohl sie wissen, welche Bedrohung von ihnen ausgeht.

Lange sprechen wir über die verheerenden Folgen der französischen Atombombenversuche auf dem von Mangareva nur 230 Seemeilen entfernten Mururoa-Atoll. Wir teilen Paheroos Empörung, denn mit der Ignoranz und der Menschenverachtung früherer Kolonialherren zündeten die Franzosen in den Jahren 1966 bis 1974 über diesem und dem Nachbaratoll Fangataufa 41 Atom- und Wasserstoffbomben. Weder die grausamen Folgen, die der Atombombentest der Amerikaner über dem Bikini-Atoll 1954 hatte, noch der Protest der Polynesier hielten die »Grande Nation« von ihrem verbrecherischen Vorhaben ab.

Erst der mutige Einsatz des Kanadiers David McTaggart, des späteren Greenpeace-Chefs, und seiner Freunde im Jahre 1973 und 1974, der weltweit große Beachtung fand, und der darauf folgende internationale politische Druck auf Frankreich zwangen den Nachfolger de Gaulles, Präsident Giscard d'Estaing, die Tests von der Atmosphäre in den Basaltkern des Atolls zu verlegen. Doch damit war die tödliche Gefahr einer atomaren Verseuchung des gesamten Südpazifiks keineswegs gebannt, denn wenn ein Ort für unterirdische Atombombenexplosionen ungeeignet ist, dann ein so fragiles Gebilde wie ein Korallenatoll, das bekanntlich nicht aus Felsen, sondern aus den Kalkablagerungen organischer Lebewesen besteht. Auch der Sockel 800 bis 1000 Meter darunter ist kein Granit, sondern poröses Lavagestein, durch das radioaktive Gase aus den Höhlen, die durch den gewaltigen Explosionsdruck entstanden sind, nach außen gelangen und das Meer verseuchen.

Die größte Gefahr aber besteht in dem möglichen Auseinanderbrechen des Atolls, das bereits heute Risse und Spalten aufweist. Die mehr als 100 Bombentests haben es zerlöchert und zerbrechlich gemacht. Ein Seebeben, nicht unwahrscheinlich in dieser Region, oder der Wahnsinn weiterer Tests könnten eine unvorstellbare Katastrophe auslösen, die weite Teile des Pazifiks für Jahrhunderte unbewohnbar machen würde. Die Meeresströmungen würden überdies dafür sorgen, daß auch entferntere Kontinente wie Afrika und Südamerika betroffen wären. So ist Mururoa eine tickende Zeitbombe und wird es bei einer Halbwertzeit des Plutoniums von 24000 Jahren auch noch lange bleiben. Der Wahnsinn aber nimmt kein Ende, wie die neuen Tests unter Präsident Chirac beweisen.

Schon ihre bisherigen Folgen sind schlimm genug. So ist die Krebsrate bei der polynesischen Bevölkerung dramatisch gestiegen, und auch die Verbreitung der durch Fische übertragenen gefährlichen Nervenkrankheit Ciguatera kann möglicherweise auf die durch die Bombenexplosionen verursachten Erderschütterungen zurückgeführt werden. Paheroo jedenfalls ist davon überzeugt, daß die auch auf den Gambierinseln aufgetretene Krankheit, an der 1981 über 80 Menschen starben (bei einer Gesamtbevölkerung von 500!), mit den Tests zusammenhängt. Das Besondere an der Ciguatera ist, daß sie durch die an den Riffen lebende Fische übertragen wird, die normalerweise nicht nur ungiftig, sondern ausgesprochen wertvolle Speisefische sind. Unter den mehr als 400 befallenen Arten befinden sich so edle Fische wie der Zackenbarsch, der Rote Schnapper oder die Königsmakrele. Die Fische selbst erkranken nicht und zeigen auch keinerlei Vergiftungs-Symptome.

Ursache für die pötzlich und lokal auftretende Kontamination ist eine bestimmte Algenart, deren chemische Substanzen in der Nahrungskette vom pflanzenfressenden Fisch über den Raubfisch zum Menschen einen Prozeß durchlaufen und erst im Menschen das gefährliche Nervengift bilden. Die ersten Symptome sind Taubheit der Lippen und der Zunge und gestörte Empfindungen, d.h. kalt wird als heiß und heiß als kalt empfunden. Im weiteren Verlauf der Krankheit wird das gesamte Nervensystem zerrüttet, bis hin zu Koma und Herzstillstand. Die Behandlung ist langwierig und kann Monate oder sogar Jahre dauern.

Über den Anlaß des plötzlichen Auftretens und auch wieder Verschwindens der Ciguatera ist noch wenig bekannt. Möglicherweise werden die sonst nur in größeren Tiefen lebenden giftigen Algen durch Erschütterungen, die nicht nur durch Atombombentests, sondern auch durch Seebeben oder Wirbelstürme ausgelöst werden, nach oben geschwemmt und geraten dann in den Nahrungskreislauf der Korallenfische. Der Gegensatz könnte nicht größer sein: Die tropischen Inseln und das kristallklare Wasser der Lagune, in der wir vor Anker liegen, gaukeln ein Südseeparadies wie aus dem Bilderbuch vor, aber dahinter lauert unsichtbar die tödliche Bedrohung von Mensch und Natur.

Wir sind bedrückt, und auch das fröhliche Lachen Paheroos erscheint erst wieder, als wir das Thema wechseln und er uns von seiner Perlenfarm und den berühmten schwarzen Perlen der Gambiers erzählt. Wir berichten ihm von unserer Reise und erwähnen dabei auch das Problem unseres von Algen und Entenmuscheln überwucherten Rumpfes. Sofort bietet er uns seine Hilfe an. Sogar einen Hochdruckreiniger will er organisieren. Durch entsprechende Erfahrungen in der Karibik gewarnt, fragen wir ihn behutsam nach dem Preis. Darüber zeigt er sich fast empört, denn es widerspräche polynesischer Sitte, für Freundschaftsleistungen dieser Art Geld anzunehmen.

Selbst in dem 28° warmen Wasser wird die Arbeit am Unterwasserschiff kein Vergnügen. Stundenlang schuften Paheroo und ich, um mit Spachteln den wild wuchernden Unterwassergarten vom Rumpf zu kratzen. Der recht altersschwache Hochdruckreiniger, den er tatsächlich anbringt, erweist sich leider als ungeeignet, deshalb bleibt uns nur die mühsame Handarbeit.

Paheroo ist ohne Zweifel der bessere Taucher und übernimmt wie selbstverständlich den tieferen Kielbereich. Mit einem Abendessen und einigen Kleidungsstücken, die wir zu Tauschzwecken schon in Venezuela eingekauft haben, bedanken wir uns bei ihm. Er will unsere Geschenke kaum annehmen, revanchiert sich mit zwei Perlen und lädt uns ein, ihn auf seiner Perlenfarm zu besuchen, die genaugenommen nur aus einer Holzhütte auf Pfählen und einigen klapprigen Stegen besteht, an denen die Gestelle mit den Austern hängen.

Der kleine Lebensmittelladen in Rikitea hat nur wenig zu bieten, haupsächlich Konserven, tiefgefrorene Hühnerteile und etwas Gemüse. Als wir den Kaufmann fragen, wo es all das schöne Obst gibt, das hier auf der Insel wächst, weist er mit einer weiten Armbewegung in Richtung der Gärten und Plantagen entlang der Dorfstraße. Doch kaufen können wir auch dort nichts, wir müssen es uns schenken lassen. Auf Mangareva hat der Tourismus wahrhaftig noch keine Spuren hinterlassen. Den Einheimischen scheint es selbstverständlich, Fremden von dem abzugeben, was sie selbst im Überfluß haben. So erleben wir die schon von den alten Entdeckern gepriesene Freundlichkeit der Polynesier, die leider von uns Europäern bis heute ausgenutzt wird. Es ist schwer, angesichts dieser Gastfreundschaft kein schlechtes Gewissen zu bekommen, wissen wir doch nur zu gut, wie bei uns in Deutschland Fremde behandelt werden. Nachdenklich fragen wir uns, wie wir selbst reagieren würden, wenn eines Tages in Hamburg ein Polynesier, Afrikaner oder Kuna-Indianer an unsere Tür käme. Würden auch wir so bereitwillig mit ihm teilen? Bisher hätten wir das vermutlich kaum getan, doch vielleicht gelingt es uns nach dieser Erfahrung, wenigstens ein Stück der polynesischen Gastfreundschaft mit nach Hause zu nehmen.

In den Tuamotus

5. Mai, wieder auf See

Zwölf Tage lang haben wir das friedliche und beschauliche Leben auf den Gambierinseln genossen und sind nun auf dem Weg zu dem 700 Seemeilen entfernten Tahanea-Atoll in den südlichen Tuamotus. Beim Start zusammen mit ELENA und FALLADO hat es mit sechs Windstärken noch kräftig aus Südwest geblasen, aber jetzt gegen Abend läßt der Wind mehr und mehr nach. Unter Genua und Groß versuchen wir, hart am Wind zu laufen, doch der immer noch hohe Seegang nimmt uns Fahrt und läßt die Segel schlagen. Es wird eine ungemütliche Nacht mit ständig wechelnden Winden, Regenschauern und starken Böen, denn hier auf 23° Süd sind wir noch immer im Bereich westlicher Winde.

Fluchend arbeiten wir die ganze Nacht an den Segeln und fragen uns, ob es auf diesem Pazifik überhaupt noch den berühmten Passat gibt. Doch trotz aller Flüche ist unsere Stimmung besser, als die Umstände es vielleicht glauben lassen, denn unsere 4 500 Meilen seit Panama und die fast drei Monate auf See lassen die 700 Meilen zu den Tuamotus zu einem Kurztörn zusammenschrumpfen. Der Pazifik hat unsere Maßstäbe für Entfernungen und Zeit verändert. Es macht uns wenig aus, ob wir nun sieben oder 14 Tage unterwegs sind. Auch wenn es nicht immer ganz leicht war – letzten Endes haben wir alle kritischen Situationen gut überstanden, haben unsere Ziele heil erreicht und erleben nun, wovon viele ihr Leben lang nur träumen: Segeln in der Südsee.

7. Mai, aus Johannas Logtagebuch

Heute ist ein Festtag, denn mein Schnuffelchen hat Geburtstag! Mit einer Kerze, einer von mir selbst genähten, rot-weiß gestreiften Mütze und einem üppigen Frühstück locke ich ihn aus der Koje ... Plätschernde Wellen und kleine weiße Kumuluswolken sind unsere Geburtstagsgäste ... Nachmittags gibt es Pampelmusen-Fruchttorte und Kakao auf dem Vorschiff unter der Sonne der Tuamotus ...

Am zweiten Tag schläft der Wind gegen Abend ganz ein. Da unsere Autohelm nach wie vor nicht funktioniert, lassen wir uns, statt den Motor anzuwerfen, einfach treiben, denn keiner hat Lust, die Nacht über am Ruder zu stehen. Obwohl wir Wache gehen, ist das hier in der Nähe etlicher kleiner Atolle ein nicht ganz ungefährliches Verfahren, denn wir haben keinerlei Ahnung von der Stärke und Richtung der Strömungen. Zudem ist die Nacht rabenschwarz, keine der Inseln befeuert, und zu allem Überfluß liefert unser Satnav schon seit Stunden keinen brauchbaren Standort. Doch wir machen uns keine Sorgen, denn das nächste Atoll mit dem unpolynesischen Namen Maria ist nach unserem aktuellen Koppelort in nordnordöstlicher Richtung mehr als 20 Meilen entfernt.

Es ist Mitternacht und unter Deck nahezu dunkel. Nur der schwache Schein des Fünf-Watt-Strahlers am Kartentisch erzeugt einen ovalen Lichtfleck, der gerade ausreicht, um den Politthriller zu beleuchten, in den ich mich vertieft habe. Friedliche Stille umgibt mich, kleine Wellen gurgeln leise an der Bordwand, und ich höre die gleichmäßigen Atemzüge Johannas. Sie schläft, vom Leesegel gesichert, auf der Salonkoje, denn trotz Flaute läßt die Pazifikdünung das Schiff stark rollen.

Der Thriller fesselt mich, deshalb versehe ich meine Wache recht nachlässig. Gerade will ich mich nach einem flüchtigen Rundumblick wieder in die Kajüte begeben, um mit der Lektüre fortzufahren, als mich ein ungewohntes Geräusch zögern läßt. Sind es Tiere, vielleicht Wale, die dieses an- und abschwellende, dumpfe Rauschen erzeugen? Ich starre in die Nacht hinaus, und plötzlich erkenne ich das Geräusch: Brandung! Verdammt, das gibt's doch nicht! Als sich meine Augen an das Dunkel gewöhnt haben, sehe ich nun auch einen dunklen Schatten voraus, bedrohlich hoch für ein flaches Atoll. »Ein Riff vor uns!« wecke ich Johanna und starte gleichzeitig den Motor. Sofort hellwach, erscheint sie im Niedergang und schaltet Echolot und Radar ein, während ich die Ole Hoop auf Südkurs bringe. »Eine halbe Meile Abstand!« ruft sie mir zu und beobachtet weiterhin das Radarbild. Erst nach drei Meilen trauen wir uns, wieder auf unseren Kurs Nordwest zu gehen, und beschließen, in dieser Nacht den Motor nicht mehr abzustellen.

Als wir uns später fragen, was uns in diese gefährliche Lage gebracht hat, ergeben sich zwei Ursachen: Ein etwa zwei Knoten starker Strom hat uns mindestens zwölf Meilen nach Norden versetzt; außerdem ist die in den Seekarten und im englischen Seehandbuch angegebene Position des Atolls falsch, es liegt rund fünf Meilen weiter südlich. Auch wenn die ungenaue Satnav-Position mit zu der Situation beigetragen hat, auf jeden Fall sind wir gewarnt, die Navigation in der Südsee nicht auf die leichte Schulter zu nehmen.

Auch in den nächsten Tagen geht es mit leichten westlichen Winden und Flauten nur langsam voran. Am fünften Tag endlich setzt zögernd ein schwacher Passat ein. Bei strahlendem Sonnenschein und fast wolkenlosem Himmel zieht die Ole Hoop mit ausgebaumten Vorsegeln ihre Bahn durch das tiefblaue Wasser. »Der schönste Segeltag seit Monaten«, schreibt Johanna ins Logbuch. Auch die Delphine, die uns am Nachmittag besuchen und uns wie immer mit ihren eleganten Sprüngen begeistern, scheinen uns sagen zu wollen, daß nun endlich Schluß ist mit den widrigen Winden aus West.

Zum erstenmal seit langem bleibt der Wind auch in der Nacht konstant. Unter dem glitzernden Sternenhimmel und in der selbst Stunden nach Sonnenuntergang noch warmen Luft sitzen wir entspannt im Cockpit, suchen den Himmel nach Sternbildern ab und reden über all das, was uns gerade beschäftigt. An Gesprächsstoff mangelt es uns nie. Von der Bordtechnik, an der es immer etwas zu verändern oder zu reparieren gibt, über Erlebnisse und Erfahrungen mit uns und anderen bis hin zu den großen Fragen der Ökologie und der Weltpolitik gibt es kein Thema, über das wir nicht stundenlang miteinander reden könnten. Auch wenn nicht immer ein greifbares Ergebnis dabei herauskommt, verhelfen uns diese Gespräche doch oft dort zu gedanklicher Klarheit, wo bei einsamer Grübelei allzu leicht nur ungeordnete Assoziationen entstehen.

Hier, in der Nähe einiger bewohnter Atolle, können uns nicht nur Strömungen versetzen, sondern gelegentlich auch Frachter oder französische Kriegsschiffe begegnen. Deshalb lassen wir unsere Blicke besonders aufmerksam über den dunklen Horizont wandern. Wie immer: nichts.

Doch dann bemerkt Johanna an Backbord querab einen hellen Widerschein am Himmel, zu hell für ein fahrendes Schiff. Er erinnert eher an eine ferne, noch hinter der Kimm liegende größere Hafenstadt. Aber hier gibt es weit und breit keine Stadt, und auch der Mond kann es nicht sein, denn der steht bereits mit seiner schmalen Sichel über uns. Langsam dämmert es uns: Das sind die Militäranlagen auf Mururoa, die mit ihren 3 000 Menschen, Bohrtürmen und Montagehallen schließlich auch eine kleine Stadt sind. Ein Blick auf die Karte und das Radarbild bestätigen es: Keine 20 Meilen entfernt passieren wir das berüchtigte Atombombentestgebiet. Auch wenn anzunehmen ist, daß es nicht gerade in diesem Augenblick auseinanderbricht und seine todbringende Strahlung zu uns herüberschickt, läuft es uns doch kalt über den Rücken – sicher eine irrationale Angst. Trotzdem sind wir froh, den »Ort des großen Geheimnisses«, wie die Polynesier dieses Atoll schon vor Jahrhunderten nannten, hinter uns zu lassen.

Der Passat bleibt uns treu. Auch in den nächsten Tagen weht es, obwohl manchmal sehr schwach, aus östlichen Richtungen, und am elften Tag tauchen die ersten Palmwipfel über der Kimm auf. An Steuerbord gleiten nun die Korallenriffe und kleinen, palmenbewachsenen Motus von Tahanea schnell vorbei. Wir haben uns für die mittlere und sicherste der drei Passagen im Nordwesten des 25 mal acht Meilen großen Ringatolls entschieden. Im Gegensatz zu manch anderen Passagen in den Tuamotus, in denen sechs bis sieben Knoten Strom laufen können, strömt es hier laut Seehandbuch nur schwach. Dennoch haben wir die Gezeitentafeln gewälzt, um die Hoch- und Niedrigwasserzeiten zu errechnen – nicht ganz einfach, denn natürlich enthalten die Tafeln für den gesamten Pazifik nicht die Anschlußwerte jeder kleinen Passage. So müssen wir interpolieren. Außerdem können auch die spezifischen Bedingungen eines jeden Atolls starke Zeitverschiebungen der Tiden bewirken.

Gegen Mittag erreichen wir die gut erkennbare, breite Passage. Es stellt sich heraus, daß wir uns in der Tat verrechnet haben, denn statt des erwarteten auflaufenden Wassers strömt es uns entgegen. In diesem Fall kein Problem, doch bei schwierigeren Einfahrten muß man unter Umständen bis zum nächsten Stillwasser warten, am besten bis kurz vor Niedrigwasser, denn dann sind Untiefen und

der Verlauf des Fahrwassers leichter zu erkennen. Die gefährlichste Situation entsteht, wenn man von einem starken Strom in das Atoll hineingetrieben wird, wenig Ruder im Schiff hat und Riffs und Korallenköpfen nicht mehr ausweichen kann. Da hilft dann nur noch die Notbremse in Form eines blitzschnellen Ankermanövers.

Als wir die weiß brechenden, kabbeligen Stromschnellen der Passage durchfahren, steht schon ein ganzes Empfangskomitee am Strand und begrüßt uns winkend: die ELENA- und die FALLADO-Crew. Wir winken heftig zurück und freuen uns schon auf die vier, die uns mittlerweile wie alte Freunde vorkommen.

Der Sonnenstand ist günstig, und wir sind durch unseren langen Aufenthalt auf den Los Roques schon zu erfahrenen Eyeball-Navigatoren geworden. Problemlos erreichen wir unseren Ankerplatz hinter dem kleinen, unbewohnten Motu westlich der Passage. Wieder umgibt uns eine absolute Bilderbuch-Südsee. Wir können es kaum erwarten, uns in das glasklare, warme Wasser der Lagune zu stürzen. Schnell machen wir unser Dingi bereit, um dieses Paradies über und unter Wasser zu erkunden.

Es hält, was es verspricht: blühende Unterwasserlandschaften und einen Fischreichtum ohnegleichen. Die Sicht unter Wasser ist enorm – in 20 Meter Entfernung können wir noch jedes Detail erkennen. Auf den Los Roques war in zehn Meter Entfernung nur noch schemenhaft Hell und Dunkel zu unterscheiden. Die meisten Fischarten sind uns schon vertraut, doch scheinen hier alle eine Nummer größer zu sein, besonders die bis zu eineinhalb Meter messenden, riesigen Papageienfische, die mit ihren kleinen Mäulern an den Algen und Korallen knabbern wie grasendes Vieh, so daß wir sie »Seekühe« taufen.

Von einheimischen Fischern haben wir erfahren, daß es innerhalb des Atolls weder gefährliche Haifische noch Ciguatera gibt – beides sehr beruhigend. Für uns als leidenschaftliche Fischesser ist damit die Versorgung für die nächste Zeit gesichert. Im Gegensatz zu den Los Roques ist hier das Schießen mit der Harpune erlaubt, während wir dort nur mit Angelhaken und selbstgebasteltem Spieß bewaffnet waren. Doch schon am nächsten Tag merken wir, daß wir uns die tägliche Jagd sparen können, denn etwas Angelsehne und ein kräftiger Haken mit einem Stück Fisch als Köder reichen aus, um binnen Minuten genug für Topf oder Pfanne an Bord zu ziehen. Hauptsächlich sind es die offenbar immer gefräßigen Grouper (Zackenbarsche), die schnell aus ihren Korallenhöhlen gelockt werden und gierig Köder und Haken verschlingen.

Zwei weitere Yachten, eine französische und eine amerikanische, liegen in unserer Nähe vor Anker. Von dem Franzosen erfahren wir, daß die Tuamotus ihren Namen »gefährliche Inseln« wohl doch zu recht tragen. Er lebt seit Monaten auf diesem Atoll und mußte schon oft sehr schnell seinen Ankerplatz verlassen, um bei plötzlich einsetzendem stürmischem Westwind nicht auf Legerwall zu geraten. Die Idylle kann also trügen, deshalb holen wir uns täglich Wetterinformationen über Amateur- und Seefunk und aus Helmuts Wetterfaxkarten auf der FALLADO.

Noch etwas lernen wir von dem reviererfahrenen französischen Einhandsegler: wie man auf fünf bis zehn Meter Wasser zwischen Korallenköpfen ankert. Besonders bei schwachem Wind bewirkt der ein- und auslaufende Tidenstrom, daß man innerhalb von zwölf Stunden sozusagen einen Vollkreis um seinen Anker fährt und die Ankerkette sich nach ein paar Tagen mehrmals um eine der meterhohen Hirnkorallen geschlungen und daran hoffnungslos vertörnt hat. Dabei beschädigt man nicht nur die Korallen, sondern kann auch bei Winddrehungen nicht schnell genug ankerauf gehen. Mühsame Tauchgänge oder stundenlange Manöver sind dann nötig, um den Anker wieder frei zu bekommen. Der Trick, dies zu verhindern, ist einfach: Je nach Länge der Ankerkette befestigt man in gleichen Abständen zwei bis drei Fender daran, die sie dann so weit anheben, daß sie über den Korallen »schwebt« – eine simple Methode, die wir von nun an mit Erfolg anwenden.

Johanna, Meryle, Helmut und ich erkunden Teuakiri, die kleine, im Innern dicht mit Mangroven und Kokospalmen bewachsene Insel an unserem Ankerplatz. Hoch oben in den Palmkronen locken uns Büschel riesiger grüner Trinknüsse. Wer als ungeübter Europäer schon einmal versucht hat, ohne Hilfsmittel eine Kokospalme zu erklimmen, wird es kaum ein zweites Mal versuchen. Zu schmerzhaft sind die furchtbaren Hautabschürfungen an Armen und Beinen, die man erhält, wenn einen nach zehn Metern die Kräfte verlassen und man unaufhaltsam am rauhen Stamm hinunterschrammt. Ungeachtet aller Warnungen versuche ich, eine etwas schräg stehende und relativ niedrige Palme zu erklettern, und erreiche tatsächlich die Krone. Aber das war's denn auch. Um nicht abzustürzen, umklammere ich mit Armen und Beinen den dicken Stamm und kann nur für einen Moment einen Arm lösen, um die begehrten Nüsse anzufassen. Aber einhändig kann ich sie unmöglich von ihrem kräftigen Stiel abreißen. Alle Versuche der drei, mich von unten anzufeuern, helfen nichts, denn nur mit beiden Händen bekäme ich eine der Nüsse, würde dann aber mit meiner Beute fünf Meter tief abstürzen. Schon fast am Ende meiner Kräfte, muß ich den Versuch ergebnislos abbrechen und lande mit nur leichten, aber doch recht schmerzhaften Abschürfungen wieder auf dem sicheren Boden.

Wir ersinnen neue Methoden. Doch weder das Schütteln der Palme noch das Werfen mit Stöcken, mit denen wir als Kinder die Kastanien aus den Bäumen holten, bringen den ersehnten Erfolg. Aber die Aktion unter tropischer Sonne hat uns durstig und geradezu süchtig nach dem kühlen Saft dieser Kokosnüsse gemacht, und wir geben nicht auf. Das Ergebnis unseres »Brainstorming« ist ein aus zwei krummen Ästen zusammengebundenes, langes Gebilde, mit dem wir eine Schlinge über die Nüsse legen, sie am Stiel zusammenziehen und dann mit einem kräftigen Ruck daran reißen. Durch den Ruck enorm beschleunigt, donnern die kiloschweren Früchte in einer nicht zu kalkulierenden Flugbahn wie Geschosse zu Boden. Größte Aufmerksamkeit und schnellste Reaktion ist nötig, um nicht getroffen zu werden.

Und dann passiert es doch: Nur den Bruchteil eine Sekunde kommt mein Warnruf zu spät. Die Kokosbombe trifft Helmuts Kopf, der mit einem Aufschrei zu Boden geht. Aus einer tiefen, klaffenden Wunde über seiner linken Augenbraue strömt beängstigend viel Blut. Erschrocken schieben wir ihm unseren kleinen Rucksack und mein T-Shirt unter den Kopf und überlegen fieberhaft, was jetzt zu tun ist. Die Wunde müßte unbedingt genäht werden. »Vielleicht kann Lou helfen«, schlägt Meryle vor. »Ich glaube, sie ist Krankenschwester.«

Johanna springt auf. »Bleibt hier, ich werde sie holen!« Sie läuft zum Dingi, schiebt es ins Wasser und düst in Gleitfahrt zur Yacht der Amerikaner. Zehn Minuten später kommen der Deutschamerikaner Willy und seine Frau Lou über den Strand gelaufen. Sie hat ihren Arztkoffer dabei und untersucht die immer noch stark blutende Wunde.

»Das muß ich nähen«, sagt sie schließlich. »Doch wir machen es besser auf der FALLADO.«

Wir sind erleichtert, eine Fachfrau gefunden zu haben, und bringen Helmut, dem beim Aufstehen schwindlig wird, gemeinsam zum Dingi. Auf dem breiten Achterdeck des großen Katamarans haben sich mittlerweile auch Yvonne und Guido eingefunden, und wir alle verfolgen gespannt die Vorbereitungen.

Lous Koffer enthält wahrhaftig alles, was ein Operateur braucht: diverse Scheren, Messer, Klammern, Pinzetten, Nadeln, Catgut, Spritzen zur örtlichen Betäubung und Verbandsmaterial in Mengen. Als ehemalige OP-Schwester hat Lou zwar tausendmal dabei zugesehen, selbst aber noch wenig genäht. Dafür geht sie erstaunlich sicher zu Werke und schließt nach gründlicher Desinfektion mit sechs Stichen die häßliche Wunde. Mit einem Cognac stoßen wir auf Helmuts baldige Genesung an. Nur der Patient selbst bekommt keinen Tropfen, und auch eine Zigarette verbietet ihm Lou so energisch, daß er keinen weiteren Versuch wagt.

Schon drei Tage später ist die Wunde geschlossen. Welch ein glücklicher Zufall, daß wir in der Nähe einer OP-Schwester vor Anker lagen! Niemand von uns hätte die Platzwunde so gut versorgen können, und den nächsten Arzt gab es erst in dem 300 Seemeilen entfernten Papeete.

Hier in den Tuamotus trennen sich die Wege der drei Osterinselfahrer. Die anderen können sich noch Zeit lassen, denn sie werden in Neuseeland überwintern, während wir in sechs Monaten, Mitte November, schon in Südafrika sein wollen; noch fast 12000 Seemeilen sind bis dahin zu segeln. Nur mit der FALLADO können wir über Amateurfunk weiterhin Kontakt halten, während Yvonne und Guido jenseits der UKW-Reichweite entschwinden werden. »Zum erstenmal bedaure ich, keinen Kurzwellenfunk zu haben«, sagt Guido beim Abschied, und das will viel heißen bei ihm, der schon jahrelang unterwegs ist und bislang nichts von so einer Funkkiste gehalten hat.

Das andere Polynesien: Die Gesellschaftsinseln

22. Mai, vor Raiatea

Tiefhängende Wolken und Regenschauer lassen die mächtigen Vulkangebirge Tahitis an unserer Backbordseite nur ahnen. Wieder einmal hat der Passat uns verlassen, und wir kreuzen gegen westliche Winde auf. Nach allem, was wir über die lärmende Großstadt Papeete und deren Touristenrummel gehört haben, reizt es uns wenig, hier vor Anker zu gehen. Unser Ziel ist das 120 Seemeilen weiter westlich liegende Raiatea mit seiner Zwillingsinsel Tahaa. Beide Inseln sind von einem einzigen großen Barriere-Riff und einer inneren Lagune mit vielen geschützten Ankerbuchten umgeben. Doch nicht nur die landschaftlichen Reize haben diese Inseln zu unserem Ziel gemacht, sondern auch die Tatsache, daß sich auf Raiatea in unmittelbarer Nachbarschaft einer dort angesiedelten Charterflotte eine modern ausgerüstete Bootswerft befindet. Angesichts der noch zu segelnden Meilen brauchen wir dringend einen neuen Unterwasseranstrich.

Als wir zwei Tage später die breite und sogar betonnte Einfahrt in die Lagune Raiateas passiert haben, steuern wir gleich die Werft an, um möglichst schnell einen Termin zu bekommen. Es dauert eine Weile, bis wir die zwei Meilen nördlich des Hauptorts Uturoa liegenden Gebäude am flachen, von Bäumen dicht bewachsenen Ufer entdeckt haben. Vorsichtig verlassen wir das betonnte Fahrwasser, um in unmittelbarer Nähe der Werft vor Anker zu gehen. 50, 40 und noch immer 30 Meter Wassertiefe kurz vor dem Ufer. Auf dieser Tiefe können wir doch unmöglich schon ankern! Im Schleichgang fahren wir näher heran und haben plötzlich nur noch zwei Meter Wasser unter dem Kiel. Bei dem tiefen Sonnenstand und dem trüben Wetter können wir die Wassertiefe nur schwer schätzen, sehen aber rundum Korallenbuckel, über denen höchstens noch knietiefes Wasser steht. Ein Alptraum – nichts wie raus hier! Aber für ein Wendemanöver gibt es keinen Raum mehr. In Rückwärtsfahrt versuche ich, die Ole Hoop dorthin zu steuern, woher wir gekommen sind: eine doppelte Schwierigkeit, denn als Langkieler läßt sie sich rückwärts kaum geradeaus steuern, und außerdem spiegelt das Wasser in dieser Richtung so stark, daß keine Untiefe mehr zu erkennen ist.

Ich stoppe wieder auf und glaube nun, an Steuerbord einen passierbaren Weg aus dem Riff entdeckt zu haben. Vorsichtig tasten wir uns weiter. Dann ein dumpfes Geräusch, ein leichter Stoß, und wir sitzen fest. Ich gebe volle Kraft rückwärts, das Schraubenwaser quirlt auf, doch nur sehr, sehr langsam schiebt sich der Kiel über die harte Korallenplatte nach achtern. Nur gut, daß nahezu Flaute herrscht und auch keine starken Ströme die Situation gefährlich machen.

Ein paarmal haben wir noch leichte Grundberührung, dann schwimmen wir endlich wieder in tiefem Wasser und sind um eine Erfahrung reicher. Die hier überall ausgelegten, doch leider besetzten Muringtonnen sprechen für sich, denn die steil abfallenden Ufer bieten im Innern der Lagune wenig Ankermöglichkeiten und zwingen oft dazu, 20 bis 30 Meter Wassertiefe in Kauf zu nehmen, wo es dann ganz unmöglich ist, noch den Sitz des Ankers zu kontrollieren.

Es ist schon fast dunkel, als wir entnervt an den Schwimmstegen der erst halbfertigen Marina von Uturoa festmachen. Statt mit dem Dingi werden wir uns morgen nun auf dem Landweg zur Werft begeben müssen.

»Das ist ja eine richtige Stadt!« staunen wir, als wir uns am nächsten Morgen von der Marina auf den Weg zur Gendarmerie machen, um unsere Pässe und die vorläufige Aufenthaltserlaubnis, die wir in Raiatea bekommen haben, dort vorzulegen (offiziell einklarieren kann man nur in Papeete). Der freundliche Gendarm wirft nur einen flüchtigen Blick in unsere Pässe, stempelt unseren »Laufzettel« ab und wünscht uns eine schöne Zeit auf der Insel.

Die Stadt mit ihrem kleinen Industriehafen, den zwei- bis dreistöckigen, zumeist älteren Gebäuden, den Geschäften und Banken strahlt weniger den Zauber der Südsee als vielmehr den des Kolonialzeitalters aus. Sie erinnert an Städte auf den Kleinen Antillen, wirkt aber fast noch europäischer. Auffallend sind die vielen chinesischen Geschäfte, denn die Chinesen gehören nach den Franzosen zu der in Wirtschaft und Handel erfolgreichsten Volksgruppe Ostpolynesiens.

Nachdem wir in einer der Banken gegen US-Dollars ein Bündel polynesischer Francs eingetauscht haben, sehen wir uns auf dem Markt und in den Geschäften um. Vor allem Johanna zieht es in die vielen Ferreterias, denn sie hat ein besonderes Faible für blanke Schrauben und Bolzen. Ginge es nach ihr, würden wir wahrscheinlich ein riesiges Ersatzteillager mit uns herumfahren. Falsch wäre das natürlich nicht, doch der begrenzte Stauraum auf der OLE HOOP zwingt uns zum Kompromiß. So erstehen wir lediglich Blei für unsere Schleppangel und ein paar Ankelhaken.

Das Angebot in den Supermärkten ist europäisch, doppelt so hoch allerdings sind die Preise, und wir fragen uns, wie ein polynesischer Arbeiter oder gar Sozialhilfeempfänger hier überhaupt noch einkaufen kann (das haben wir uns in Deutschland allerdings auch schon gefragt). Die uns in Mangareva geschenkten, fast fußballgroßen Pampelmusen, von denen wir noch immer zwei Dutzend an Bord haben, kosten hier umgerechnet zwei US-Dollar. Auch wir könnten uns auf Dauer Französisch-Polynesien nicht leisten, und wäre es überall auf der Welt so teuer, wäre bei unserem knappen Reisebudget jetzt, nach zwei Jahren, die Bordkasse vermutlich längst leer.

Fünf Kilometer sind es bis zur Werft, die wir am Nachmittag aufsuchen wollen. Dazu stehen uns drei Möglichkeiten zur Verfügung: im Taxi, zu Fuß oder per Anhalter, denn öffentliche Verkehrsmittel gibt es hier so gut wie nicht. Wir entscheiden uns für letzteres, denn wie wir bei unseren Fragen nach einer Busverbindung erfahren, ist Autostopp hier die übliche Art, sich fortzubewegen. Überall sehen wir Einheimische an der Straße stehen, und ganz selbstverständlich hält jeder, der noch Platz in seinem Auto hat.

Auch wir müssen nicht lange warten, und schon kurze Zeit später stehen wir auf dem kleinen Werftgelände am Wasser. Viel Platz gibt es hier neben den schon aufgepallten Yachten nicht; doch alles sieht sauber und aufgeräumt aus, und auch der nagelneue Travellift flößt Vertrauen ein. Im Vergleich zu der Werft in Venezuela ist dies ein wahrer Musterbetrieb, wie er auch in Neustadt an der Ostsee stehen könnte – kein Wunder, denn der Werftmanager Bernard ist natürlich Franzose.

In der oberen Etage des zweistöckigen Werkstattgebäudes hat sich eine französische Segelmacherin etabliert: eine günstige Gelegenheit, unsere stark mitgenommenen Segel überholen zu lassen. Besser könnten wir es gar nicht treffen. Nicht einmal lange warten müssen wir, denn noch in dieser Woche kann alles über die Bühne gehen. Nur als Bernard uns den Preis nennt, müssen wir schlucken, denn umgerechnet 800 Mark fürs Slippen und drei Landtage sind auch für europäische Verhältnisse nicht gerade preiswert. Doch dafür dürfen wir ohne Aufpreis alle Arbeiten selbst erledigen und sogar unser eigenes Antifouling von der holländischen Firma Sigma, das wir schon in Curaçao gekauft haben, verwenden.

Eigentlich ist es Johanna, die bei der OLE HOOP immer den größeren Anspruch auf Ästhetik hat. Doch auf einmal ist ihr das rotbraune Antifouling, 15 Zentimeter über die Wasserlinie hochgezogen und ohne Wasserpaß, gut genug. Ich rebelliere: »Ohne eine Wasserpaßlinie und einen ersten halben Meter blaues Antifouling verlasse ich nicht die Werft!« Johanna gibt schnell nach, ich organisiere das fehlende Blau, und als nach drei Tagen anstrengender Schleif- und Malarbeit die OLE HOOP im neuen Unterwasserkleid und mit einem bildschönen blauen Wasserpaß in den Gurten des Travellifts hängt, sind wir uns einig: Das waren wir unserer alten Dame schuldig, die sich bei allem, was wir ihr bisher zugemutet haben, tapfer geschlagen hat.

Auf der Werft lernen wir Horst und seine Frau kennen, die ihre MARAMU, eine 14-Meter-Yacht, hier für ein halbes Jahr abstellen. Sie gehören zur Spezies der Fahrtensegler, die die Welt etappenweise umsegeln und zu Hause das Geschäft, die Firma oder Fabrik so organisiert haben, daß sie für ein paar Monate entbehrlich sind, die Geschäfte aber weiterlaufen. So wenig wir etwas gegen eine »Umverteilung« zugunsten unserer Bordkasse hätten, so wenig möchten wir doch mit ihnen tauschen. Für uns ist die Weltumsegelung eine Einheit, die wir nicht zerstückeln wollen. Die riesigen Entfernungen, die wir bisher unter Segeln zurückgelegt haben oder die noch vor uns liegen, würden durch einen Rückflug von nur wenigen Stunden in ihrer Bedeutung verringert. Ein Stück des Sinns unserer Reise ginge damit verloren, denn bewußt haben wir alle materiellen Bindungen und Sicherheiten aufgegeben, um uns ohne Einschränkung drei Jahre lang auf eine ganz andere Lebensform einlassen zu können. Selbst wenn uns jemand die Tickets schenkte, würden wir nicht nach Hause fahren, denn unser Zuhause ist die OLE HOOP und unser Ziel, mit ihr nach drei Jahren wieder in Hamburg anzukommen. Aber selbstverständlich hat jeder das Recht, Segeln in der Form zu betreiben, die seinen individuellen Möglichkeiten und Bedürfnissen am besten entspricht.

Gleich nach den Werftarbeiten verlassen wir Raiatea, durchfahren die Lagune und ankern vor einer kleinen Insel des Außenriffs, westlich von Tahaa im nördlichen Teil des Atolls. Das grüne Wasser der Lagune, der weiße Strand, die mit Palmen und tropischen Bäumen dicht bewachsene Insel und dahinter das tiefblaue Wasser des Pazifiks – das ist eine regelrechte Postkarten-Südsee. Doch der Eindruck relativiert sich, als wir den Strand betreten: Im Wasser treibt Zivilisationsmüll, und 20 Meter hinter dem Strand steht ein Schild: »Privat! Betreten verboten!« Wir sind eben nicht mehr auf den Tuamotus.

Wir haben uns hier mit Christian von der PASO DOBLE verabredet. Er und seine Freundin Eva sind mit ihrer 20-Meter-Slup auf einer zweijährigen Weltumsegelung. Sie sind sozusagen geschäftlich, mit zahlenden Gästen unterwegs. Der auf zwei Jahre im voraus geplante Crewwechsel rund um den Globus verlangt viel Organisation und ein exaktes Timing, denn weder technische Pannen noch schlechtes Wetter dürfen die festgelegten Termine gefährden. Eine so spontane Reise wie die unsere könnten sich die beiden nicht leisten, doch als echte Profis mit langjähriger Erfahrung im Chartergeschäft konnten sie bisher ihre Zeitplanung immer einhalten.

Über Amateurfunk haben wir schon seit Wochen Kontakt mit Christian und sind nun gespannt darauf, die beiden kennenzulernen. Doch die Verabredung hat noch einen anderen Grund: Christian bringt uns nicht nur unsere Post der letzten Monate, die nach Papeete gegangen war, sondern auch unsere neuen Kreditkarten mit, die von der Bank an unsere Hamburger Adresse geschickt worden waren. Wie diese Karten an Bord der PASO DOBLE gelangt sind, ist eine Geschichte für sich: Nachdem wir, noch auf dem Weg zur Osterinsel, über Günther in Frankfurt erfahren hatten, daß die dringend benötigten Karten bei meiner Mutter in Hamburg lagen, machte uns Christian das Angebot, sie über seine Agentur in Zürich einem seiner Chartergäste mitzugeben, der in Papeete an Bord gehen sollte. Meine Mutter mußte sie nur mit einem entsprechenden Anschreiben dorthin schicken.

Doch wie konnten wir sie erreichen? Da kam uns der Amateurfunker Jürgen zu Hilfe, der, unterwegs zu den Marquesas, von Bord aus neben normalem Sprechfunk auch AMTOR (Amateur Teleprinting Over Radio, also Amateurfunk-Fernschreiben) betrieb. Wir diktierten ihm einen Brief an meine Mutter, den er über Kurzwelle an seine Heimatstation in Meldorf sandte, wo er ausgedruckt von Jürgens Sohn in einen Umschlag gesteckt und an meine Mutter geschickt wurde. Schon am nächsten Morgen erhielt sie »unsere« Post und konnte die Kreditkarten nach Zürich senden. Vielleicht entsprach dieser Transfer nicht ganz dem deutschen Amateurfunkgesetz, doch wie sonst hätte man dieses Problem von hoher See aus regeln können?

Pünktlich wie nicht anders zu erwarten, geht die im Vergleich zur OLE HOOP riesige PASO DOBLE neben uns vor Anker. Ein Schlauchboot wird zu Wasser gelassen, und kurz darauf kommen Eva und Christian mit unserem Postpaket an Bord. Die beiden sind uns auf Anhieb sympathisch, viel sympathischer als erwartet, denn seit wir – vor allem auf Charterschiffen in der Karibik – eine Reihe frustrierter Skipper kennenlernten, haben wir zugegebenermaßen gewisse Vorurteile gegenüber Berufsskippern. Doch die beiden entsprechen ganz und gar nicht diesem Bild. Ihre offene Art läßt schnell Gespräche entstehen, die über das übliche Woher und Wohin hinausgehen.

Die beiden erzählen von ihren nicht immer nur positiven Erfahrungen mit Gästen und wollen sich nach dieser Reise wieder an Land niederlassen. Eva möchte in Zürich ihre eigene Arztpraxis eröffnen, Christian das Chartergeschäft von dort aus betreiben und für die PASO DOBLE einen Skipper einstellen. Ein Grund dafür ist auch, daß Evas siebenjähriger Sohn David die Schule besuchen und mit Gleichaltrigen aufwachsen soll, eine sicherlich kluge Entscheidung.

Schon am nächsten Morgen segelt die PASO DOBLE weiter nach Bora-Bora, denn schließlich wollen die Gäste in der kurzen Zeit, die sie an Bord sind, möglichst viel erleben. Mit Sicherheit werden wir uns wiedersehen, denn zumindest für die folgenden Wochen sind unsere Reisepläne fast identisch.

5. Juni, bei Tahaa

Wir liegen in der tiefen, von hohen Bergen umgebenen, fjordähnlichen Bucht Hurepiti im Westen von Tahaa. Trotz der starken Böen, die gelegentlich aus Nordost von den Bergen herabheulen, fühlen wir uns hier seit Tagen sicher und machen sorglos auch längere Ausflüge in das tropisch grüne Innere der Insel.

Doch eines Morgens spüren wir eine Wetteränderung. Tiefhängende, dunkle Regenwolken ziehen von Westen schnell heran und hüllen die Berge ein. Die ersten Schauer prasseln aufs Deck, begleitet von Sturmböen, die die OLE HOOP heftig an der Kette zerren lassen. Als dann die neben uns ankernde Charteryacht auf Drift geht und in Minutenschnelle auf dem Flach hinter uns strandet, wird uns mulmig. Wären wir doch nur nicht so weit in diesen »Schlauch« hineingelaufen, zwischen Korallenbänke, deren Lage im trüben Brackwasser nur zu vermuten ist. Immer wieder heulen Sturmböen mit bis zu neun Windstärken in die Bucht, dazwischen nehmen uns wolkenbruchartige Regenschauer jede Sicht.

Eine Pause nutzend, wollen wir auslaufen, bevor es uns so geht wie der Charteryacht, die inzwischen fast am Ufer liegt. Mit unserem Provisorium – denn die Ankerwinsch war bisher nicht reparierbar – holen wir die Kette über die Genuawinsch. Jetzt spannt sich die Kette senkrecht nach unten, und der Anker müßte ausbrechen, doch nichts rührt sich. Der acht Millimeter starke Nirohaken, mit dem wir die Kette zur Winsch holen, biegt sich langsam auf, und das Vorschiff senkt sich, doch der Anker sitzt irgendwo da unten in dem zerklüfteten Grund wie angeschweißt. Wir geben den Versuch auf, lassen wieder ein paar Meter Kette raus und hoffen, daß der Anker auch die nächsten Stunden bleibt, wo er ist.

Regen und Sturm lassen gegen Abend etwas nach, wir messen nur noch acht Beaufort in den Böen; der Wind scheint langsam auf Süd zu drehen. Johanna hantiert mit Mehl, Eiern und anderen Zutaten für einen Nußkuchen, nach dem Motto: Wenn schon Schietwetter ist, dann muß wenigstens was Gutes auf den Tisch! Es ist erst

21.00 Uhr, doch schon tiefdunkle Nacht. Nur ein paar flackernde Lichter an Land und der schwache Schein aus den Kajüten der beiden vor uns liegenden Yachten helfen bei der Orientierung. Da pötzlich ein Ruck – der Anker ist frei! Sekunden danach, noch bevor ich die Maschine starten kann, folgt ein dumpfer Stoß: Wir sitzen auf! Während ich aufs Vorschiff hechte und die Kette mit dem Anker an Bord hieve, versucht Johanna in den peitschenden Regenböen, die Ole Hoop in tieferes Wasser zu manövrieren. Ein paarmal knirscht es noch unter dem Kiel, dann sind wir frei.

Ganz knapp nur will sie die beiden an der Muring liegenden Yachten passieren, denn gleich daneben droht ein Flach. Doch eine Bö drückt uns nach Steuerbord, und ehe die Fahrt aus dem Schiff ist, hat der vorspringende Buganker der Aluyacht zwei unserer Relingsstützen abrasiert. Wir entschuldigen uns bei dem Skipper, dessen Boot zum Glück keinen Schaden genommen hat, und weiter geht es in die stürmische Nacht.

Es wäre zu riskant, bei diesem Wetter und im Dunkeln einen neuen Ankerplatz innerhalb der Lagune zu suchen. Deshalb beschließen wir, auszulaufen und nach Bora-Bora zu segeln. Unter Sturmfock und zur Sicherheit mitlaufender Maschine passieren wir bei Südoststurm die Passage Paipai, was ohne die Gott sei Dank vorhandenen Richtfeuer ein selbstmörderisches Unterfangen wäre. Doch auch so ist es schwierig genug, denn der querab einfallende Sturm drückt uns aus dem Kurs, und um nicht aus der Deckpeilung der beiden Feuer zu laufen, müssen wir bis zu 45 Grad vorhalten. Angst befällt uns angesichts der haushohen, sich donnernd neben uns brechenden Wellenberge. Wenn jetzt die Maschine versagt, sind binnen Minuten von der Ole Hoop nur noch Trümmer übrig. Ich spüre fast körperlich, daß auch Johanna mit der Angst kämpft, doch wie immer in solchen Augenblicken reden wir nicht viel, sondern konzentrieren uns auf das, was zu tun ist: Johanna, indem sie die Richtfeuer achteraus beobachtet, und ich, indem ich das wild tanzende Schiff auf Kurs halte.

Peilungen bestätigen nach einer Weile: Die gefährliche Passage liegt hinter uns. Erleichtert stellen wir den Motor ab und gehen auf Raumschotskurs. Bei über 40 Knoten Wind machen wir mit unserer winzigen Fock noch immer sechs Knoten Fahrt: viel zuviel, wenn wir nicht schon im Dunkeln in die 35 Seemeilen entfernte Lagune von Bora-Bora einlaufen wollen. So packen wir auch das letzte Segel ein und machen vor Topp und Takel noch immer vier Knoten, wobei die Aries ohne Probleme steuert.

Die Gefahr ist nun vorbei, und es wird fast gemütlich an Bord. Um 01.45 Uhr holt Johanna den noch glühend heißen, lecker duftenden Nußkuchen aus dem Ofen, und schließlich tauchen, im hohen Seegang immer wieder verschwindend, voraus die Lichter von Bora-Bora auf.

Mit 80 Meter Kette bei fast 30 Meter Wassertiefe liegt die OLE HOOP in der Lagune von Bora-Bora friedlich vor Anker. Eindrucksvoll ist sie schon, die Kulisse der gut 700 Meter hoch aufragenden, schroffen Basaltfelsen. Doch ob dies der schönste Platz der Welt ist, wie manche meinen, können wir nicht entscheiden. Vielleicht haben wir dafür schon zu viele »schönste« Ankerplätze gesehen. Auch hat die Tourismusindustrie Bora-Bora längst erschlossen und ihm mit klotzigen Hotelbauten seinen Stempel aufgedrückt.

Fast als einzige Gäste sitzen wir auf der Terrasse des Yachtklubs und genießen in der Abendsonne den Blick über die Lagune. Nur von weit her hören wir das Grollen der Brandung am Außenriff, die sich dort noch immer meterhoch auftürmt, während es hier drin friedlich und fast windstill ist.

Plötzlich aber ist die Beschaulichkeit dahin, 20 oder 30 Menschen strömen in die kleine Bar. »Die Neckermänner kommen!« ist unser erster Gedanke. Benehmen und Kleidung der Gesellschaft, die sich nach und nach an dem großen, festlich gedeckten Tisch niederläßt, erinnern allerdings eher an ein Geschäftsessen. Es wird deutsch gesprochen, doch wir nehmen keinen Kontakt auf, sondern halten uns zurück, beobachten das Ganze aus der Distanz und versuchen zu erraten, um was für eine Gesellschaft es sich handelt. Ein Betriebsausflug leitender Angestellter? Aber wieso hier in Bora-Bora?

Später kommen wir dann doch mit einigen Gästen ins Gepräch und erfahren, daß es sich um eine Hochzeitsgesellschaft handelt. Der Bräutigam, den wir bei unserem Ratespiel zum »Chef« gemacht haben, hat sie nach Bora-Bora eingeladen. Natürlich verheimlichen auch wir nicht, wer wir sind, und lösen damit einiges Erstaunen aus. »Was, mit dem kleinen Schiff dort seid ihr um die halbe Welt gesegelt?« Der gutsituierte Geschäftsmann aus Hamburg kann es nicht fassen. Zugegeben, neben den anderen Schiffen hier an den Muringtonnen wirkt die OLE HOOP tatsächlich winzig. Wir erzählen von ihrer Seetüchtigkeit und daß Segeln zwar ein Abenteuer, aber nicht unbedingt lebensgefährlich sei, spüren aber, daß es unmöglich ist, unsere Form des Reisens nachvollziehbar zu machen. Drei Jahre Urlaub in den schönsten Gegenden der Welt, das ist letztlich alles, was bei dem Geschäftsmann hängenbleibt. Dabei hat Fahrtensegeln als eine selbstbestimmte Form, alternativ zu leben *und* zu arbeiten, nur wenig gemeinsam mit einem konventionellen Urlaub. Doch das können wohl nur die wissen, die es selbst ausprobiert haben.

Trotzdem ist unser Gesprächspartner ganz begeistert, bewundert unser »einmaliges« Abenteuer, das heute so einmalig nicht mehr ist, und lädt uns für ein Jahr später, wenn wir wieder in Hamburg sind, zu sich ein. Gern nehmen wir seine Einladung an.

Für unsere beiden in der Ankerbucht von Tahaa abgebrochenen Relingsfüße gibt es auf Bora-Bora keinen Ersatz. So krame ich in unserer Holzkiste und finde auch ein geeignetes Brett, aus dem ich, einmal verleimt, zwei 60 Millimeter dicke Klötze mit einer 25-Millimeter-Bohrung für die Relingsstützen anfertige. Die sauber abgerundeten und lackierten Teakklötze machen einen soliden Eindruck. Nun bleibt nur noch ein Problem zu lösen: In unserem Schraubenkasten gibt es keinen einzigen 100-Millimeter-Bolzen, um die neuen Relingsfüße an Deck zu befestigen. Gut, daß die PASO DOBLE noch neben uns liegt, denn auf einem so großen Schiff finden sich vielleicht auch große Schrauben.

Wir haben uns nicht getäuscht. Als Christian ein Bodenbrett hochnimmt, sind wir sehr beeindruckt. Das ist genau das Schraubenlager, von dem Johanna träumt. Sauber sortiert in Kästen mit Klarsichtdeckeln, liegen da Nirobolzen jeden Formats wie in einem Laden. »100 Millimeter? Kein Problem, wieviel braucht ihr?« fragt Christian und reicht uns die sechs gewünschten Bolzen.

Am 10. Juni steht die Reling wieder, alle Tanks sind gefüllt und die nötigen Lebensmittel gebunkert. Wir haben ausklariert. Von den Bergen weht ein leichter Südost über das in der Sonne grün leuchtende Wasser der Lagune. Gemeinsam mit der PASO DOBLE werden wir heute Französisch-Polynesien verlassen und die 690 Seemeilen weiter westlich liegende, zu den Cook Islands gehörende Insel Suwarrow ansteuern, das Atoll des Neuseeländers Tom Neale, der hier zwischen 1952 und bis kurz vor seinem Tod 1978 insgesamt 16 Jahre freiwillig als Einsiedler verbrachte. Sein Buch (Tom Neale: *Meine Trauminsel*, Köln 1980) über das Leben auf dem »schönsten Atoll der Südsee« haben wir mit großem Interesse gelesen und sind nun gespannt darauf, ob Traum und Wirklichkeit übereinstimmen.

Auf den Spuren Tom Neales: Suwarrow

Am 16. Juni liegen wir bei schwachem Ostwind einige Kabellängen vor der einzigen Passage, die nach Suwarrow hinein führt, und dümpeln in der tiefblauen See. Über Funk haben wir einen Fototermin mit der PASO DOBLE vereinbart, die jetzt langsam von achtern aufkommt. Trotz ihrer doppelt so langen Wasserlinie hat sie genau wie wir sechs Tage für diese Etappe gebraucht. Auch wenn es bei dem leichten Passat nicht gerade dramatische Fotos werden können, nutzen wir doch gern die Gelegenheit, auf diese Weise einmal Bilder von der OLE HOOP auf »hoher« See zu bekommen. Nach der Fotosession, für die wir extra unsere leuchtend rote Sturmfock setzen, laufen wir gemeinsam ein und lassen unsere Anker vor Anchorage Island, der größten Insel dieses Ringatolls, in den Sandgrund fallen.

Hier also lebte Tom Neale. Vor uns sehen wir die von ihm aus Korallenbrocken gebaute und vom letzten Wirbelsturm noch immer halb zerstörte Pier, vor den dichtstehenden, hoch aufragenden Kokospalmen seinen Unterstand am Strand und hinter Büschen und Bäumen fast versteckt seine Wohnhütte. Wir spüren, was ihn hier immer wieder hergetrieben hat: Diese dicht bewaldete Insel ist nicht nur wunderschön, das sind viele andere auch, sondern strahlt eine Atmosphäre der Ruhe und des Friedens aus, wie wir sie auf anderen Südseeatollen nicht empfunden haben.

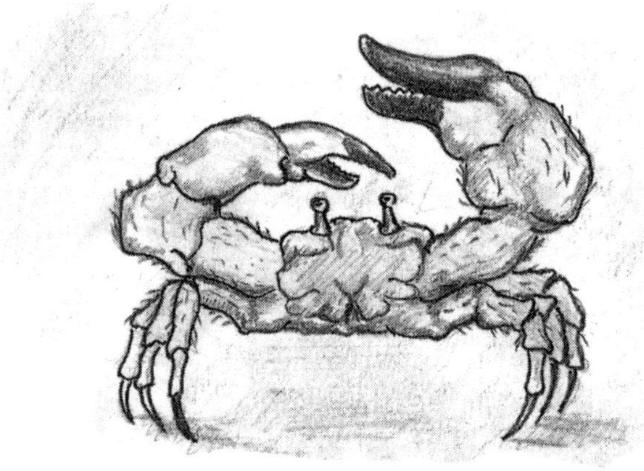

KOKOSNUßKRABBE Nö/'96

Ein großes Aluminiumboot mit zwei Männern darin löst sich von der Pier und kommt auf uns zu. Die beiden begrüßen uns überschwenglich und freuen sich ganz offensichtlich über unseren Besuch. Dem älteren der beiden, einer hageren Gestalt mit tiefbraunem, wettergegerbtem Gesicht, sieht man den Fischer an. Es ist Tákapo, der im Auftrag der Regierung der Cook Islands den Naturschutzpark Suwarrow überwacht. Der jüngere – kleiner, untersetzt, mit einem runden Gesicht – ist sein Freund Jessy, der hier lebt, um Perlen zu züchten. 14 Tage dürften wir offiziell bleiben, als ihre Freunde aber so lange wir wollen, erklären uns die beiden lächelnd. Unsere Einladung an Bord nehmen sie nicht an: »Wir haben noch zu tun. Doch heute abend seid ihr unsere Gäste.«

Sie nehmen Kurs auf die PASO DOBLE, um auch deren fünfköpfige Crew zu begrüßen. Bald danach sehen wir, was sie noch zu tun haben: Sie brausen mit ihrem Boot zum Außenriff, um dort mit der Schleppangel das Abendessen zu fangen.

Mit unserem Gastgeschenk – einem selbstgebackenen Marmorkuchen, darin aufgepflanzt unseren Klubstander, betreten wir am späten Nachmittag die Insel. Unterwegs haben wir das Gefühl, im Schatten der hohen Palmen und Bäume wie durch einen Park zu schreiten. Nach der Begrüßung und noch vor dem Abendessen besichtigen wir das Anwesen. Die kleine Kochhütte mit dem selbstgemauerten Herd, der Garten, der Geräteschuppen und die zwei Wassertanks sind alle noch so, wie von Tom Neale beschrieben. Nur seine Wohnhütte ist jetzt in einem Neubau verschwunden. Seine Hühner haben sich enorm vermehrt, und wir amüsieren uns darüber, daß es den beiden Bewohnern heute genauso geht wie einst Tom Neale: Nie finden sie die Eier dieser frei herumlaufenden Hühner. Die schwarzgraue Katze, die uns um die Beine streicht, sei noch Tom Neales Haustier, beteuern die beiden. Wir zweifeln natürlich nicht daran, obwohl man ihr das hohe Alter nicht so recht ansieht.

Zusammen mit Brigitte und Hans-Peter, den beiden Langzeitgästen der PASO DOBLE, sind wir neun Personen, die alle auf selbstgezimmerten Bänken und alten Gartenstühlen an dem kleinen Tisch unterm Wellblechdach Platz finden. Tákapo serviert im Erdofen gebackene Regenbogenmakrele, riesige Kokosnußkrabben und Reissalat. Getränke haben wir von Bord mitgebracht, doch für den, der ihn mag, gibt es mit Zucker und Hefe angesetzten Kokosnußwein, der, wie wir später merken, es durchaus in sich hat.

Bis spät in die Nacht sitzen wir zusammen. Unsere beiden Gastgeber fühlen sich etwas einsam hier, denn nur alle paar Monate kommt ein Versorgungsschiff von der Hauptinsel Rarotonga und beliefert sie mit dem Notwendigsten. Ansonsten leben sie wie einst Tom Neale von dem, was das Meer und die Insel bieten. Wir fragen sie, was sie brauchen, und bringen ihnen am nächsten Tag, was wir von unseren eigenen Vorräten entbehren können: Zucker, Mehl, Reis, Kaffee und Benzin für den Außenborder.

Christian hat noch ein besonderes Geschenk für die beiden: mehrere Säcke Muttererde für den Garten. Wir überzeugen sie, daß wir als Fahrtensegler an Bewegungsmangel leiden und ganz wild auf Gartenarbeit sind. Zögernd nehmen sie unser Angebot an und erklären uns, was zu tun ist. Einen ganzen Tag lang arbeiten wir schwitzend im Garten, graben ihn um, bringen die Muttererde ein, pflanzen Hunderte von Salat- und Tomatenstecklingen aus und betrachten am Abend stolz das Ergebnis: Damit haben wir uns für alle Zeit einen Anteil an der Tomatenernte in Tom Neales Garten gesichert.

Täglich kurz vor Sonnenuntergang fahren wir mit Tákapo und Jessy zum Fischen ans Außenriff. Am zweiten Tag übernehme ich eine Schleppangel und trage leichsinnigerweise dabei keine Handschuhe. Jessy steuert mit voller Fahrt dicht an der Riffkante entlang

– da reißt es mir fast den Arm weg, und die zwei Millimeter dicke Sehne schneidet schmerzhaft in meine Hand. 30 Meter hinter uns tobt ein riesiger Fisch am Haken. Jessy stoppt auf, doch noch immer ist ein mörderischer Zug auf der Angelschnur, die ich nun mit zusammengebissenen Zähnen Meter für Meter einhole. In der beginnenden Dämmerung ist der Fisch nicht deutlich zu erkennen. »Ein Blue Jack!« freut sich Tákapo, doch als ich das Vieh dann mit schmerzverzerrtem Gesicht ins Boot schleudere, lacht er schallend: Es ist ein Schwarzflossenhai, den niemand essen will. Enttäuscht betrachte ich die blutenden Einschnitte in meiner Hand – für heute fasse ich keine Angel mehr an. Es ist schon dunkel, als wir mit einem kleinen Thun für das gemeinsame Abendessen vom Riff zurückkommen.

Das Schwimmen und Schnorcheln in der Lagune ist nicht ganz ungefährlich, denn es wimmelt hier von bis zu eineinhalb Meter langen Schwarzflossenhaien. Dennoch wage ich es, gemeinsam mit Tákapo zu den Gestellen hinabzutauchen, an denen die 20 Zentimeter großen Austern hängen, in denen Jessy Perlen züchtet; genauer gesagt Halbperlen, die fest mit der Innenschale verbunden sind. Nachdem wir ein halbes Dutzend Austern im Boot haben, öffnet Tákapo mit seinem kräftigen Fischmesser die erste davon, und wir alle sind gespannt auf das Ergebnis. Ganz langsam, um die Spannung noch zu steigern, öffnet er sie, und dann liegt die Pracht vor uns: Aus der hell schimmernden Perlmuttfläche erheben sich vier wunderschöne, zehn Millimeter große Halbperlen. Wir staunen.

Jessy lacht schelmisch und erklärt uns sein Geheimnis: Die Perlen sind hohl und bestehen unter der Perlmuttschicht aus einer Plastikschale, die er der Auster implantiert hat. Aber den Trick, wie man verhindert, daß diese relativ großen Teile von der Auster wieder abgestoßen werden, behält Jessy für sich. Denn er träumt davon, einmal ganz groß ins Geschäft zu kommen. Vielleicht gelingt es ihm ja eines Tages – wir wünschen es ihm.

Wenn Tákapo und Jessy nicht gerade fischen, gärtnern, die Hühner oder ihre Schildkrötenbabys füttern, dann sägen und schleifen sie an den perlenbewachsenen Austernschalen herum und fertigen daraus Anhänger und anderen Schmuck. Ihre Werkzeuge sind spärlich, und der kleine Schraubstock, die Laubsäge und Schraubzwingen, die wir ihnen ausleihen, sind eine große Hilfe. Gern würden wir ihnen das Gerät dalassen, aber wir brauchen es selbst an Bord. Doch es gibt ja noch den Amateurfunk. So geben wir eine Bestellung an Helmut auf der FALLADO und Wolfgang auf der DIXI durch, die noch in Papeete liegen und in zwei Wochen in Suwarrow sein wollen. Später, als wir schon auf dem Weg nach Fiji sind, hören wir erfreut, daß alles Gewünschte angekommen ist.

Die Tage auf Suwarrow vergehen wie im Flug. Wir durchstreifen Anchorage, besuchen die kleineren Motus, die von einigen tausend Seevögeln bewohnt sind, gehen auf Muschel- und Schneckensuche, fangen im Dunkeln auf dem Riff Lobster und jagen die riesigen Kokoskrabben, vor deren gewaltigen Scheren sich schon Tom Neale fürchtete. Die Abende verbringen wir mit der PASO-DOBLE-Crew bei den beiden Einsiedlern an Land. Bei gebackenem Fisch, Krabben und Kokoswein erzählt uns Jessy von den Mythen, die sich noch immer um die geheimnisvolle Geschichte Suwarrows ranken. Und wie immer spielt dabei natürlich auch ein Goldschatz eine Rolle, der auf der Insel vergraben sei und von den Geistern der alten Piraten bewacht werde. Schon Tom Neale habe vergebens danach gesucht. Auch Jessy hat an verschiedenen Stellen gegraben, bisher ohne Erfolg. 1855 allerdings fand man hier tatsächlich einen Schatz, eine Kiste mit 15000 US-Dollar, zu jener Zeit ein riesiges Vermögen. Auch weisen Reste früherer Besiedlungen darauf hin, daß Suwarrow zumindest zeitweise bewohnt war – von wem, weiß niemand. Als der russische Seefahrer Michail Lazarew das Atoll 1814 entdeckte und es nach seinem Schiff SUWAROW benannte, war es jedenfalls unbewohnt.

So schnell wie immer in den Tropen ist die Nacht hereingebrochen. Der schwache gelbe Schein der Petroleumlampen fällt auf unsere Gesichter und den Tisch mit den Resten des Abendessens. Die Umgebung ist in tiefes Dunkel gehüllt, und nur über uns, zwischen den hohen, dichten Wipfeln der Palmen, glitzern einige Sterne. Es ist unser letzter Abend auf Suwarrow. Jessy hat seine Ukuléle hervorgeholt, gemeinsam singen die beiden Cookländer etwas wehmütig klingende polynesische Lieder. Auch Johanna hat ihre Gitarre mitgebracht, und wir revanchieren uns mit europäischem Liedgut. Die von Johanna gesungenen griechischen Weisen summen und spielen sie schon bald mit, scheinen sie doch ihrer Musik geradezu verwandt zu sein.

Aus den mit der Machete aufgeschlagenen Kokosnüssen trinken wir mit einem Strohhalm den Saft heute mit einem Schuß Gin, den Christian zur Feier des Tages spendiert hat. Dann sind die Kokosnüsse irgendwann alle; während wir schon befürchten, den Gin nun pur trinken zu müssen, klettert plötzlich Tákapo mit einer geradezu verblüffenden Geschwindigkeit ohne jedes Hilfsmittel bis in die Krone einer 15 Meter hohen Palme, und schon regnet es Kokosnüsse. Tief beeindruckt denke ich dabei an meinen schmerzhaften Versuch auf den Tuamotus, bei dem es mir nicht gelang, von der viel niedrigeren Palme auch nur eine einzige Nuß zu pflücken.

Morgen, am achten Tag nach unserer Ankunft auf Suwarrow, werden wir Richtung Fiji weitersegeln. Auch die PASO DOBLE wird mit uns auslaufen, aber Kurs auf West-Samoa nehmen – ein doppelter Abschied also, der uns schwerfällt. Dafür haben nicht nur die Menschen gesorgt, mit denen wir hier zusammentrafen, sondern auch der Zauber, der über dem Atoll und über Tom Neales Insel liegt.

Fiji – Bürokraten und Kannibalen

23. Juni, auf See

Der schwache Passat hat uns, wenn auch mit manchmal klappernden Segeln, in den eineinhalb Tagen seit Suwarrow immerhin 150 Seemeilen vorangebracht; knapp 1000 liegen bis Fiji noch vor uns. In der letzten Nacht konnten wir schlecht schlafen, die schlagenden Segel und die Hitze unter Deck machten uns zu schaffen. Doch gegen Abend nimmt der Wind etwas zu, und unter Genua, deren Schot wir über die Großbaumnock geschoren haben, unter ausgebaumter Fock an Backbord und dem Try als Stützsegel rauschen wir auf unserem Sollkurs von 252 Grad mit sechs Knoten dahin. Auch für die kommenden Tage haben Günther und Christoph uns stetigen Passat vorhergesagt. Zufrieden und glücklich sitzen wir im Cockpit, freuen uns über den herrlichen Wind, unseren Reichtum an Kokosnüssen, Brotfrüchten und Papayas und warten auf das abendliche Schauspiel des Sonnenuntergangs. So oft es sich auch wiederholt, wir können uns nicht sattsehen an diesem Farbenrausch von Azurblau über alle Töne von Violett, Grün und Gelb bis hin zum leuchtenden Kupferrot. Nie gleicht ein Abendhimmel dem anderen, und keine Logbucheintragung wiederholt sich so oft wie: »Wunderschöner Sonnenuntergang«.

200 Seemeilen voraus liegt Samoa, das wir südlich passieren werden. Ansonsten gibt es weit und breit kein Land, also auch keinen Küstenverkehr und keine großen Schiffahrtsrouten. Deshalb beschließen wir, keine Nachtwachen zu gehen.

Wir sitzen noch im Cockpit und beobachten versonnen das schnell schwindende letzte Licht am westlichen Horizont, über dem schon die Sterne funkeln, als uns ein häßliches Knacken im UKW-Gerät aufschreckt. Irgendjemand in der Nähe hat die Sendetaste gedrückt. Andere Schiffe hier? Konzentriert halten wir Ausschau. Da, im Süden, ein winziger Lichtpunkt an der Kimm! Tatsächlich, ein Dampfer. »Was macht der denn hier?« überlege ich verblüfft. »Frag ihn doch einfach selbst«, kontert Johanna trocken. Stimmt, schließlich sind wir in UKW-Reichweite. Ich bin ganz aufgeregt, denn seit Monaten, genauer gesagt, seit wir die Bucht von Panama verlassen haben, sind wir keinem Schiff auf See begegnet.

Das Radarbild bestätigt unsere Schätzung: ein Echo in fünf Seemeilen Abstand, fast auf Kollisionskurs! Ich drücke die Sendetaste: »Vessel on my port side. This is sailing boat OLE HOOP. How do you read me? Over.« Nichts passiert. Ich wiederhole meinen Anruf, da kommt plötzlich die Antwort: »Sailing boat on my starboard side. This is COLUMBUS VIRGINIA. I read you very well. Please change to channel 72. Over.«

Während ich auf Kanal 72 umschalte und erneut rufe, überlege ich, warum mir das Englisch des anderen so eigenartig vorkommt. Plötzlich weiß ich, warum: Es klingt deutsch. Als sich die COLUMBUS VIRGINIA wieder meldet, frage ich deshalb, ob er deutsch spricht. »Ja, einigermaßen«, lautet die Antwort. In dem nun folgenden Gespräch mit dem deutschen Kapitän erfahren wir, daß die für die

Reederei Hamburg Süd fahrende Columbus Virginia Stückgut geladen hat und auf dem Weg von Wellington (Neuseeland) nach Seattle (USA) ist, ein sogenanntes Tramp-Schiff, das den Heimathafen Bremen nie sieht und ständig im Pazifik bleibt. Zum Schluß tauschen wir noch unsere Schiffsdaten aus. Ole Hoop: 11,5 x 3 m, 8 t, Besatzung 2 »Mann«, Columbus Virginia: 164 x 24 m, 14000 t, Besatzung 14 Mann.

Noch etwas erfahren wir in dem Gespräch: Unsere Position 13°53′ Süd, 165°22′ West liegt genau auf der Großkreisroute Neuseeland – nördliche USA. So ist es wohl doch besser, wenn wir Wachen gehen.

Am Dienstag, dem 29. Juni, um 21.50 Uhr Ortszeit passieren wir auf 18°16′ Süd den 180. Längengrad, die Datumsgrenze. Wir segeln damit sozusagen in den nächsten Tag hinein, das heißt, wir haben nun Mittwoch, den 30. Juni, bei gleicher Ortszeit. Für unsere Navigation spielt das natürlich keine Rolle, denn dafür gilt nach wie vor die Weltzeit UTC, die in diesem Moment 09.50 Uhr am 30. Juni lautet. Denn da ich vorher zur Ortszeit 12 Stunden addieren mußte, um zur UTC zu gelangen, war ich ja bereits ab 12.00 Uhr im neuen Tag, dem 30. Juni. Von nun an muß ich 12 Stunden abziehen und komme dann wieder auf dieselbe UTC. Eigentlich ist alles ganz einfach, doch nicht nur für uns ist dieser Datumsprung immer wieder verwirrend.

Schlechte Sicht und starke Schauerböen aus Süd – mit einem Wort: Nordseewetter empfängt uns, als wir Viti Levu, die größte der Fiji-Inseln, querab haben. Die hohen Berge der umliegenden Inseln sind im Grau verschwunden, und ohne unser Radar würden wir die Hauptstadt Suva jetzt nicht anlaufen können. Erst als wir die zwischen zwei Riffen liegende schmale Einfahrt zum Hafen passieren, reißt der Himmel auf. Wir folgen den Fahrwassertonnen bis zur Einklarierungspier, die mit ihren verrosteten Spundwänden und öligen Fendern nicht gerade yachtfreundlich aussieht. Doch es hilft alles nichts: Mit Fenderbrettern und langen Leinen müssen wir hier festmachen, denn die Behörden erlauben erst nach dem Einklarieren das Ankern vor dem Suva Yacht Club.

Schon sind vier Uniformierte an Bord, holen Bündel von Formularen aus ihren Aktentaschen, und die Prozedur beginnt. Nicht übermäßig freundlich, doch höflich und korrekt helfen die einen uns beim Ausfüllen der Formulare; die anderen prüfen Schiffspapiere und Pässe. Die schmucken Uniformen können wir natürlich nicht zuordnen und erfahren erst durch Nachfrage, wen wir vor uns haben: den Gesundheitsinspektor sowie die Einwanderungs- und Zollbeamten. Alles scheint dem Ende zuzugehen – der Gesundheitsinspektor erklärt uns gerade, wo das Gesundheitsministerium liegt, bei dem wir 33 Fiji-Dollar Gebühren für die »Inspektion« entrichten müssen –, als der Einwanderungsbeamte mit ernster Miene nach unserem letzten Hafen fragt. Unsere Antwort: »Suwarrow, Cook Islands«, befriedigt ihn nicht. Darüber existiere kein Ausklarierungspapier. Den Dienststempel Tákapos, den wir uns selbst in den Paß drücken durften, will er nicht gelten lassen. »Dann eben Bora-Bora in Französisch-Polynesien«, schlage ich vor und zeige ihm den einzigen Stempel, den wir dort in Mangareva bei der Einreise bekommen haben. »Und wo ist der Ausreisestempel?« fragt er hartnäckig. Wir versuchen, ihm zu erklären, daß wir trotz unserer Bitte einen solchen Stempel bei der Gendarmerie in Bora-Bora nicht bekommen hätten. Das sei dort nicht üblich, schließlich gehöre Französisch-Polynesien ja fast zu Europa. Doch unsere Argumente fruchten nicht.

»Dann bleibt nur noch die Osterinsel«, sage ich und zeige ihm die bildschönen Ausklarierungspapiere, die der Hafenkommandant uns am letzten Tag mit dem Rettungskreuzer in die Ankerbucht von Anakena hatte bringen lassen. Doch auch davon will er nichts wissen, schließlich läge es auf der Hand, daß wir danach andere Länder besucht hätten. Guter Rat ist nun wirklich teuer. Ohne gültige Ausklarierungspapiere können wir nicht einklarieren, also das Land nicht betreten; und was hier nicht geht, das geht womöglich auch in Australien und Afrika nicht. Sind wir nun dazu verdammt, 20000 Seemeilen nonstop bis nach Hamburg zu segeln, um wieder an Land gehen zu dürfen? Ironisch stelle ich ihm diese Frage, doch Ironie scheint bei ihm nicht recht anzukommen. Das Problem muß viel ernster sein, als wir begreifen. Nachdem er mehrmals gefragt hat, ob wir denn wirklich nicht in Amerikanisch-Samoa waren, möchte er unsere Logbücher und Seekarten sehen, mit denen wir navigiert haben. Doch darin findet er offenbar nicht so schnell, was er sucht.

»Darf ich sie mitnehmen? Sie bekommen sie mit Sicherheit morgen wieder.« Wir zögern – nur ungern geben wir diese für uns wichtigen Dokumente von Bord. Aber nachdem er nochmals versichert hat, daß wir sie auf jeden Fall morgen zurückbekämen und er sie nicht aus der Hand gäbe, stimmen wir schließlich zu. Was bleibt uns auch anderes übrig, wenn wir jemals etwas von Fiji sehen wollen? Anschließend müssen wir die Nacht an dieser ungastlichen und durch den Schwell der vorbeifahrenden Boote unruhigen Pier verbringen. Lieber säßen wir jetzt im Suva Yacht Club bei einem kühlen Bier, das wir uns nach dieser schnellen Reise mit einem Durchschnittsetmal von mehr als 140 Seemeilen redlich verdient haben.

Suva scheint wirklich ein Regenloch zu sein. Zwischen den Schauern huschen wir morgens zur Einwanderungsbehörde, um unsere Einklarierung voranzutreiben. Erst mal Fehlanzeige, der Chef ist nicht da. Als er nach einer Stunde endlich kommt, sind Logbuch und Seekarten verschwunden. Unsere Mienen verdüstern sich. Nachdem er einen Bediensteten losgeschickt hat, um die Unterlagen zu holen, kommt ihm plötzlich eine Idee: Ich muß ein Schriftstück aufsetzen, in dem ich erkläre, warum wir in unserem »Last Port of Call« weder Ausklarierungspapiere noch Ausreisestempel bekommen haben. Damit scheint das Problem gelöst zu sein. Seekarten und Logbuch, die nach einer Weile wieder auftauchen, spielen plötzlich keine Rolle mehr. Als wir ihn fragen, was er darin eigentlich gesucht habe, gibt er eine ausweichende Antwort. Nun müssen wir am Nachmittag nur noch unsere Gebühren beim Gesundheitsministerium bezahlen, erhalten unsere Einklarierungspapiere (sieben Dokumente) und dürfen die Pier verlassen. 24 Stunden hat das Ganze gedauert – in Anbetracht unseres wirklich ernsten Problems eine doch recht kurze Zeit.

Schon unser erster Besuch Suvas, das 120000 Einwohner hat, macht deutlich, daß wir nicht mehr in Polynesien sind. Ein buntes Völkergemisch belebt die Straßen und Märkte: zierliche Inder und ihre in bunte Saris gekleidete Frauen, große, dunkelhäutige Fijis, Asiaten, Polynesier und einige wenige europäisch aussehende Menschen. Ebenso vielfältig ist auch die bewegte Geschichte dieses Landes. Ursprünglich von Polynesiern, dann von Melanesiern und Tonganern besiedelt, entwickelte sich hier im Gegensatz zu Polynesien eine sehr kriegerische und nach heutigen Maßstäben grausame Kultur. Besonders der Kannibalismus verbreitete durch Berichte der ersten Entdecker seinen Schrecken bis nach Europa und bewirkte, daß Amerikaner und Europäer sich bis ins 19. Jahrhundert von diesem Archipel fernhielten.

In einer Ausstellung auf Viti Levu wird uns der Kannibalismus, der bis ins 20. Jahrhundert hinein überlebte, mit Texten, Bildern, Waffen und Geräten ausführlich dokumentiert. Beim Anblick der alten Stiche und Zeichnungen läuft es uns kalt über den Rücken. Da werden die Frauen eines gestorbenen Häuptlings erdrosselt, da werden Gefangene, bevor sie selbst verzehrt werden, gezwungen, ihre eigene abgeschlagene und gebratene Hand zu essen; Menschen werden bei lebendigem Leib kopfüber in riesige Töpfe mit kochendem Wasser gehängt, Leichenteile genüßlich verspeist und was dergleichen Scheußlichkeiten mehr sind.

Neben religiösen Motiven gab es auch einen durchaus irdischen Grund für den Verzehr von Menschen. Die von rache- und machtgierigen Stammesfürsten in den Krieg geschickten Männer hatten keine Zeit mehr, sich Nahrung durch das Jagen von Tieren zu beschaffen. Deshalb aßen sie einfach ihre menschliche Jagdbeute, um den Hunger zu stillen. So etwas soll unter »zivilisierten« Menschen auch schon vorgekommen sein. Ebenso sind Verstümmelungen und Folterungen aller Art wahrhaftig keine Spezialität dieser »Wilden«, werden sie doch bis heute von Mitgliedern sogenannter Kulturnationen praktiziert, oft sogar im Auftrag moderner Potentaten.

Es gibt also keinen Grund, sich über die Kannibalen moralisch zu empören – dennoch würden wir ungern in einem dieser großen Töpfe schmoren und hören erleichtert, daß der letzte bekannte Fall von Kannibalismus auf Fiji über zehn Jahre zurückliegt.

Nur zwölf Tage bleiben uns für das vielfältige und interessante Fiji. Tage, in denen wir mit Bussen durch das vulkanische Bergland, die Savannen und Bambuswälder fahren und uns nebenbei auf die nächste, 3 050 Seemeilen lange Etappe nach Darwin in Australien vorbereiten. Gern hätten wir noch andere Inseln besucht, besonders die kaum bewohnte Lau-Gruppe im Osten Fijis. Doch dies müssen wir uns wie so manches andere auch für die nächste Reise aufheben.

Durch Korallensee und Torres-Straße – ein Seglertraum

Der Bleistiftstrich – unsere beabsichtigte Kurslinie –, den wir auf dem Übersegler einzeichnen, zieht sich fast über ein Drittel des Südpazifiks hinweg: von Suva aus zunächst mit 294 Grad zwischen den Inseln des nördlichen Vanuatu (Neue Hebriden) hindurch und mit 280 Grad an den Salomonen und der Küste von Papua-Neuguinea entlang zum Eingang der Torres-Straße am berühmten Leuchtfeuer von Bramble Cay. Von da an bestimmt dann der Fahrwasserverlauf durch das Gewirr von Koralleninseln und Riffen unseren Kurs auf den letzten 880 Seemeilen bis Darwin an der Nordküste Australiens. Bis auf neun Grad Süd nähern wir uns dabei wieder dem Äquator. Das bedeutet für diese Jahreszeit zunehmend stetigere Passatwinde, zumindest versprechen es die Windpfeile auf den Monatskarten.

Am 13. Juli holen wir unseren Anker auf und verlassen Suva bei strahlendem Sonnenschein und kräftigem Wind aus Südost. Wir freuen uns auf die lange Zeit auf See. Wenn das Wetter hält, was es verspricht, wird es ein versöhnlicher Abschied vom Pazifik, der uns anfangs so hart zugesetzt hat.

Aus Johannas Logtagebuch

Sechster Tag auf See (18.7.93), Position 14°46′ Süd, 168°09′ Ost. Seit vier Tagen und Nächten absolut herrlicher Passat zwischen vier und sechs Beaufort aus Ostsüdost. Wir geigen auf der Welle und werden manchmal durchgeschüttelt, setzen das Try als Stützsegel – hilft auch nicht viel. Doch wir kommen prima voran, mit sechs bis acht Knoten! Ein dickes Hoch steht stationär über Neuseeland und Australien, berichtet Christoph. Er kann außer Meteosat jetzt auch japanische Satellitenbilder vom gesamten Pazifik und Indik empfangen. Toll, er guckt sozusagen auf uns runter!

Wir duschen jeden Tag. Heute Wäsche gewaschen und Salonkoje freigeräumt, so haben wir die Koje endlich wieder zum gemütlichen Liegen und Lesen frei. Klaus spannt die Steuerleinen der Aries nach, wechselt die Lifeline an Deck aus und macht jeden Tag köstliche Mahlzeiten. Drei Tage leckere Goldmakrele: in Ei paniert und gebraten, in Curry-Sahne-Sauce und am dritten Tag in Tomatensauce. Heute Kartoffelsalat mit selbstgerührter Mayonnaise, Apfel, Orange und Gurke, dazu Würstchen (Schleppangel ist wieder draußen).

Wir packen die Karten von Polynesien weg, sichten alle anderen bis Darwin ... Im Vorschiff stank es seit Tagen nach toter Ratte, haben endlich die Ursache entdeckt: Versteckte Uralt-Bierdose aus Venezuela war ausgelaufen. Schweinerei beseitigt. Wir passieren mit neun Meilen Abstand die letzten Inseln von Vanuatu, imposante Vulkanberge ...

Morgen werde ich einen Zitronenkuchen backen.

Anders als noch auf dem Atlantik, nehmen wir das Segeln jetzt viel gelassener. Nicht daß wir keine Freude mehr dabei empfinden, aber wenn Segelstellung und Kurs stimmen, kümmern wir uns manchmal stundenlang nicht um Wind und Wellen und lassen die Ole Hoop allein segeln. In Suva haben wir mit anderen Seglern eine Menge Bücher getauscht, Stapel gegen Stapel, nicht unbedingt große Literatur, aber zumeist lesbar und spannend.

Versunken in die fiktive Welt eines Romans, blicke ich auf und kehre fast überrascht in die Wirklichkeit zurück: Die Wellen rauschen noch immer an der Bordwand entlang, auf den naß glänzenden Scheiben funkelt das Sonnenlicht, und dort, wo es die dunklen Mahagoni-Einbauten trifft, erzeugt es einen warmen, leuchtenden Rotschimmer. Johanna hat es sich mit einem Berg Kissen auf der Koje gemütlich gemacht und sich in ihren Roman vertieft. Von meinem Lieblingsplatz, der Navigationsecke aus, betrachte ich nachdenklich dieses stille und friedliche Bild. Kaum zu glauben, daß wir unterdessen mit fast sieben Knoten durch den Pazifik preschen.

Johanna, die wohl gemerkt hat, daß ich sie beobachte, blickt auf. »Sollten wir nicht mal raussehen, Klaus?«

»Na gut, ich guck' mal.«

Draußen ist alles so wie schon vor Stunden: rundum das tiefblaue, bewegte Meer, dessen Wellen die Ole Hoop von einer Seite auf die andere rollen und die Aries unentwegt kräftig arbeiten lassen; darüber ein fast wolkenloser Himmel. Kompaßkurs und Segeltrimm stimmen, und auch kein Fisch hängt inzwischen an der Schleppangel. Eine Weile betrachte ich die heranrauschenden, drei bis vier Meter hohen Wellen, die Fliegenden Fische, die von uns aufgeschreckt in eleganten Kurven über das Wasser segeln, und das sich hin und her drehende, wie von Geisterhand bewegte Steuerrad. Dann begebe ich mich wieder nach unten.

»Alles klar«, melde ich und schlage mein Buch wieder auf.

Unsere größere Gelassenheit schlägt sich auch in der Gestaltung des Logbuchs nieder. Zwar hat vor allem Johanna schon immer regelmäßig Tagebuch geschrieben, doch die Datenseite mit Wind-, Wetter- und Navigationsangaben war für uns beide eher eine Pflichtübung. Entsprechend trostlos sahen die Seiten anfangs aus. Erst im Pazifik beginnen wir, sie zu gestalten, anfangs nur mit kleinen Bleistiftzeichnungen zum jeweiligen Wetter, später dann mit größeren, farbigen Zeichnungen zu Tagesereignissen. Unsere Talente sind unterschiedlich. Während Johanna gern spontane, bunte und nicht ganz der Natur entsprechende Bilder zeichnet, bemühe ich mich um Wirklichkeitsnähe. Auch die Textseiten verschönern wir und schreiben viel ordentlicher als vorher. Das Ergebnis ist ein Logbuch, das uns nicht nur unterwegs, sondern auch beim späteren Durchblättern viel Spaß macht.

Aus Johannas Logtagebuch

16. Tag auf See, Position 9°18' Süd, 144°13' Ost. Rabenschwarze Nacht nach Monduntergang, bewölkt, kein Stern zu sehen. Wind sieben Beaufort aus Südsüdost. Bin nervös und aufgeregt, rechne aus, daß wir zu früh bei Bramble Cay sind. Doch die OLE HOOP *denkt nicht daran, weniger Fahrt zu machen; nur mit Sturmfock sind wir noch immer über vier Knoten schnell ... Kann nicht lesen, habe trockenen Mund und Angst, im Dunkeln in die Torres-Straße einzulaufen. Eigentlich lächerlich mit Satnav und Radar – die Kochs hatten nur ihren Sextanten. Klaus beruhigt mich, findet es spannend und erinnert mich ans Nordseesegeln, bei dem wir auch mit starken Tidenströmen und schmalen Fahrwassern klargekommen sind. Er hat ja recht ...*

20.7.93, Di Suva-Darwin 8. Tag

LT	UTC	Wetter	QTH etc.	MgK	KdK	Log
00-00	12-00	SSE 5-6 3/8 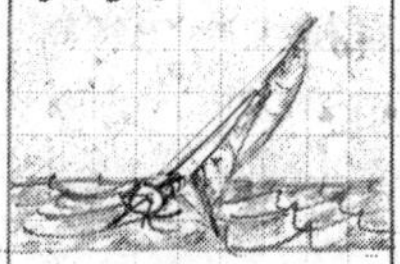	s.o. 5,9 kn (2Std 45')278°	266°	278°	3819
5-02	17-02	SE 4 0/8 1013 Wolkenlos, sonst auch nix los SE Kante für die	Fix: 14°13S 163°56E (3,9kn) 266° Segel, Groß klappert			
8-00	20-00	SE 4	Segelwechsel, Genua/Stb Fock/Bb, Groß			
10-00	22-00	ESE 4(+) 4/8 1014 leichte dunstig, Cumulus + Cirren !Goldmakrele! 1,10m 	14°12S 163°32E WP5: 751nm Etmal: 120 sm Sanfte Nacht, zusamme ins Vorschiff	268°	280°	3871
24-00	12-00	ESE 5 0/8	keine Bewölkung, wir schlafen	268	280	3955

10-00 Uhr gesamt: 959 sm

DER KÖDER

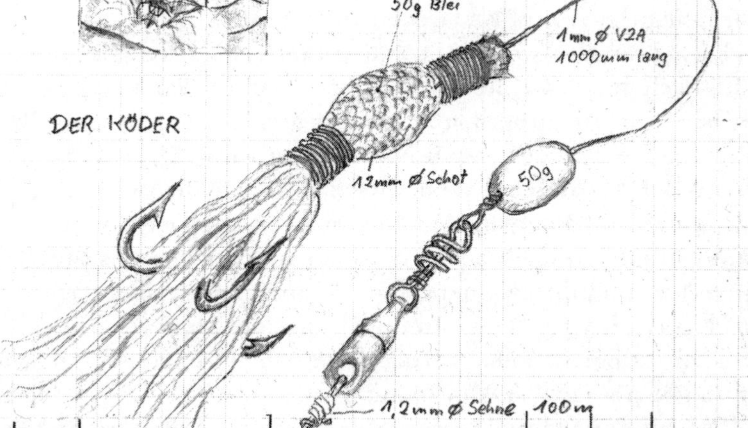

Tatsächlich würde ein bißchen weniger Wind unsere Nerven schonen. Es ist noch stockdunkel, als wir gegen 03.00 Uhr morgens das Leuchtfeuer von Bramble Cay fast querab haben und, noch immer nur unter Sturmfock, in die Torres-Straße einlaufen. Aufregend und spannend ist es schon, wenn man, vom tiefen Ozean kommend, bei Nacht in ein flaches Riffgebiet segelt, doch nicht gefährlich, zumindest nicht hier in der acht Seemeilen breiten Bligh Entrance. Bramble Cay und zwei weitere, aber unbefeuerte Inseln geben gute Radarechos. So können wir Abstandskreise in die Seekarte zeichnen, deren Schnittpunkt einen sehr genauen Schiffsort ergibt, mit dem wir unseren Sollkurs von 236 Grad ständig kontrollieren.

Die dunklen Wolken haben sich verzogen, der Wind hat auf sechs Beaufort abgenommen, und als nach drei Stunden die Sonne aufgeht, segeln wir durch leuchtend grünes Wasser wie im Innern einer Lagune. Auch der Seegang hat merklich nachgelassen. Bei strahlendem Sonnenschein rauscht die OLE HOOP unter Try und Klüver mit sechseinhalb Knoten durch das ungewohnt glatte Wasser. »Wie im IJsselmeer!« jubeln wir. »Nur viel, viel schöner!«

Auch wenn wir es mit unseren Navigationsmitteln wagen könnten, die Torres-Straße nachts zu durchfahren, beschließen wir doch, auf der 150 Seemeilen langen Strecke nach alter Tradition nur tagsüber zu segeln, denn es wäre schade, von diesem einmaligen Revier nur Leuchtfeuer und Radarechos zu sehen.

Die ersten von weißen Stränden und von Riffen gesäumten Inseln tauchen auf; wir lassen Stephen's Island an Backbord, Dalrymple Island an Steuerbord, und schon gegen Mittag haben wir Rennel Island, wo wir in der ersten Nacht ankern wollen, zehn Seemeilen voraus. Ich klariere auf dem Vorschiff gerade den Anker, als plötzlich die leeren Dosen an der Schleppangel scheppern. So schnell ich kann, stürze ich nach achtern. Johanna hat schon das Steckschott eingesetzt und ihre Kamera in der Hand, um diesmal das Ereignis auf Film zu bannen. Gespannt blickt sie dorthin, wo 80 Meter hinter uns ein silberfarbener, torpedoförmiger Fischkörper in wilden Sprüngen aus dem Wasser schießt.

Die auf der Klampe belegte Sehne ist gespannt wie eine Klaviersaite. Hastig streife ich meine schon bereitgelegten Arbeitshandschuhe über, verkeile mich gut zwischen Kajütaufbau und Winsch, halte mit der linken Hand die Angelrolle und löse die Sehne vorsichtig von der Klampe. Bei unvermindert sechs Knoten Fahrt entsteht ein enormer Zug; nur mühsam kann ich die Leine Stück für Stück einholen. Obwohl dies mindestens schon der 15. Fisch ist, den ich auf diese Weise an Bord ziehe, sind meine Nerven aufs äußerste gespannt, denn ich fürchte den Augenblick, in dem die Angelsehne nach einem kräftigen Ruck schlaff ins Wasser fällt und die begehrte Beute unwiederbringlich verloren ist. Aber die Kräfte des Fisches scheinen nachzulassen, und ich nutze die Gelegenheit, die Sehne schneller aufzuwickeln. Dann endlich habe ich ihn längsseits, und nun kommt der kritische Moment. Mit einem einzigen Schwung muß ich das noch immer wild tobende Tier aus dem Wasser ziehen und hoch über die Reling ins Cockpit schleudern. Zweimal schon hatte sich genau in diesem Augenblick der Fisch vom Haken befreit – eine riesige Enttäuschung, nachdem ich meinem Ziel so nahe gewesen war.

Ein Schlag noch mit der Schwanzflosse gegen die Reling, dann über das Steuerrad – wir haben ihn! Diesmal ist es keine Goldmakrele und auch kein Bonito, sondern eine ganz besonders edle Makrelenart: ein 1,20 Meter langer Wahoo, den Ernest Hemingway den »wohlschmeckendsten aller Seefische« genannt hat. Und er hatte recht. Als wir im Leeschutz Rennels vor Anker liegen und uns genüßlich die ersten Bissen frischgebratenen Filets in den Mund schieben, glauben wir, Putenbrust zu essen: zart und saftig und im Geschmack mit keinem Fisch vergleichbar.

Bei unserer abendlichen Funkrunde auf dem Intermar-Netz gratuliert uns Christoph zum erfolgreichen Einlaufen in die Torres-Straße und zu unserem Wahoo. Er erinnert sich, auf seiner eigenen Weltumsegelung vor sieben Jahren in der Torres-Straße das gleiche Bilderbuchwetter gehabt zu haben, und gerät dabei ins Schwärmen. Wiederholen will er eine solche Reise nicht mehr, doch durch die Gespräche mit uns und anderen Fahrtenseglern wird sie ihm immer wieder lebendig – sicher ein starkes Motiv für ihn, so zuverlässig seinen täglichen Funkdienst zu versehen. An der gesamten Nordküste Australiens bis weit in den Indischen Ozean hinein sieht Christoph auf seinem Satellitenbild nur wolkenlosen Himmel – wir können also auch weiterhin schönes Wetter erwarten.

Die zweite Etappe nach Sue Island führt uns tief ins Innere der Straße. Bei sechs bis sieben Windstärken rauschen wir am nächsten Morgen mit sieben bis acht Knoten durch das grüne Wasser. Trauminseln und märchenhafte Strände gleiten schnell vorbei, doch auch wenn wir wollten, dürften wir nirgends an Land gehen, denn in Australien ist es strengstens verboten, selbst eine unbewohnte Insel zu betreten, solange man nicht offiziell einklariert hat. Daß dies auch überprüft wird, erfuhren wir gleich nach unserem Start von Rennel Island, als uns ein einmotoriges Flugzeug der Coast Guard im Tiefflug umkreiste: Der Pilot rief uns auf Kanal 16 an, fragte Personen- und Schiffsdaten ab und ermahnte uns eindringlich, ja nicht irgendwo an Land zu gehen.

Schon am frühen Nachmittag haben wir unser Tagesziel erreicht und gehen im Nordwesten von Sue vor Anker. 56 Seemeilen sind es noch bis Bobby Island, dem Ansteuerungsfeuer des Prince of Wales Channel, dann haben wir die Torres-Straße hinter uns. Vor allem auf dem letzten Abschnitt wird das von Riffen im Norden und Felsenküsten im Süden begrenzte Fahrwasser wirklich schmal. Hier begegnen uns auch zum ersten Mal große Schiffe. Eigentlich hatten wir mit viel dichterem Verkehr gerechnet. Insgesamt sind uns in den drei Tagen nur fünf Frachter begegnet, dafür aber viele Seeschlangen, Schildkröten, springende Mantas, riesige Fischschwärme – und als Abschiedsgeschenk der Torres-Straße fangen wir bei Bobby Island noch einen zweiten stattlichen Wahoo.

730 Seemeilen bis Darwin durch die flache und häufig sehr windarme Timorsee liegen jetzt noch vor uns. Doch die gefürchteten Flauten bleiben aus, und bei Südostwind zwischen vier und sechs Beaufort wird es eine schöne Reise entlang der australischen Küste.

IV. Der Indische Ozean

Australien und das Ashmore-Riff

5. August, in der Clarence Strait

Nur Fliegen kann schöner sein! Zwar zeigt unser Log lediglich fünf Knoten Fahrt durchs Wasser an, doch Querabpeilungen zu den blitzschnell vorbeigleitenden Fahrwassertonnen ergeben eine Geschwindigkeit von elf Knoten über Grund. Das heißt, wir werden von einem sechs Knoten starken Tidenstrom geschoben. Unsere Gezeitenrechnung für die 50 Seemeilen vor Darwin liegende, zwischen zahlreichen kleinen Inseln hindurchführende Clarence Strait stimmt also. Ansonsten müßten wir jetzt einen Umweg von 60 Seemeilen segeln.

Bevor wir morgen das Land der Känguruhs und Salzwasserkrokodile betreten werden, steht uns erst einmal die vermutlich sehr umständliche Einklarierung bevor. Einen kleinen Vorgeschmack auf die Gründlichkeit der australischen Behörden bekommen wir schon durch die täglichen Anflüge der Coast Guard, die uns immer wieder dieselben Daten abfragt. Zuletzt schalten wir einfach das UKW-Gerät aus und reagieren nicht mehr.

Unter Seglern besonders gefürchtet sind die sehr rigiden Einfuhrbestimmungen für Lebensmittel, die dazu führen, daß sämtliches Obst, Gemüse, alle Eier und Fleischkonserven, die nicht aus

Australien stammen, beschlagnahmt werden und im großen Sack des Gesundheitsbeamten verschwinden. Da wir wenig Lust haben, fast unsere gesamten Lebensmittelvorräte zu verlieren, treffen wir entsprechende Vorbereitungen für den Landfall.

Für alles gewappnet, laufen wir kurz nach Sonnenaufgang in Darwin ein, gespannt auf den für uns früher so fernen, fremden Kontinent auf der anderen Seite des Globus. Westlich des Fahrwassers erstreckt sich bis zum Horizont eine von flachen, grün bewachsenen Inseln durchsetzte Wattenlandschaft (Tidenhub drei bis vier Meter); östlich tauchen jetzt die Hochhäuser und Hafenanlagen der Stadt auf. Während sich die OLE HOOP bei dem schwachen Wind nur langsam durch das graubraune Wasser schiebt, nehmen wir über Funk Kontakt zu den Hafenautoritäten auf. Ein Zollbeamter dirigiert uns in das Innere der Stokes Hill Wharf, eines Fährhafens. Als wir diesen »Hafen« sehen, der nur aus einer auf mindestens fünf Meter hohen Pfeilern ruhenden Landebrücke besteht, sind wir ratlos. Hier können wir nicht festmachen, wenn wir uns nicht mit dem Mast »abfendern« wollen.

Wir erklären dem Beamten das Problem. Der aber zeigt wenig Verständnis und fordert uns mit dem Hinweis, daß im Moment kein Boot zur Verfügung stünde, erneut auf, in den »Hafen« zu gehen. Wir lehnen ab und erklären, daß wir statt dessen gegenüber der Wharf ankern und dort auf die Behördenvertreter warten werden. Das sei gegen die Vorschrift, herrscht er uns an. Ankern dürften wir nur im Quarantänefeld der Außenreede. Mit der Begründung, daß unsere Ankerwinsch defekt sei, lehnen wir auch das ab, denn bei 25 Meter Wassertiefe würde das bedeuten, 80 Meter Kette nach ein paar Stunden mühsam wieder aufholen zu müssen.

Als wir gegen alle Vorschrift unseren Anker östlich der Wharf auf sieben Meter Wassertiefe in den Schlick fallen lassen, sind wir gespannt, wie lange sie uns hier wohl schmoren lassen werden. »Na, siehst du, es klappt doch!« kommentiere ich, als sich nach drei Stunden ein großes Schlauchboot mit den Offiziellen nähert. Einwanderungs-, Zoll- und Quarantänebeamte kommen an Bord. Den nochmaligen Hinweis, daß wir an der falschen Stelle ankern, ignorieren wir, begrüßen sie freundlich und bitten sie unter Deck. Da wir gut »aufgeräumt« haben, gibt es weiter keine Probleme.

Doch plötzlich entdeckt der Quarantänebeamte den Blumentopf mit unserer Aloe Vera, die wir schon um den halben Globus geschippert haben; der desinfizierende und heilende Saft ihrer fleischigen Blätter hat uns bei kleinen Verletzungen oft geholfen. Schon öffnet er seine Tasche, um sie darin verschwinden zu lassen. Wir protestieren so vehement, daß er vor Schreck ganz blaß wird. Dann entnimmt er seinem Ordner ein Formular, bestätigt darin, daß Pflanze und Topf unter Quarantäne zu halten sind, und verpaßt unserer Aloe zum Schluß noch eine wunderschöne Bauchbinde mit der Aufschrift *Under Quarantine*.

Darwin ist enttäuschend: öder Beton und baumlose, kahle Straßenzüge, eine Mischung aus Märkischem Viertel und Damp 2000. Der Grund, warum es in dieser 50000-Einwohner-Stadt so gut wie kein älteres Gebäude gibt, ist ein Hurrikan, der Weihnachten 1974 über Darwin hinwegraste und nicht nur Hunderte von Toten forderte, sondern auch fast alle Häuser zerstörte.

Überall, wo wir uns in den letzten eineinhalb Jahren aufhielten, bestimmten braun- oder dunkelhäutige Menschen das Straßenbild, deshalb müssen wir uns erst wieder an den Anblick der vielen uns fast ausdruckslos erscheinenden »Bleichgesichter« gewöhnen. Nur die glühende Sonne und die Treibhaustemperaturen lassen darauf schließen, daß wir uns hier, auf zwölf Grad südlicher Breite, in einer tropischen Region befinden. Der Stadt und den Menschen haftet nichts von südlicher Heiterkeit an. Alles wirkt eher britisch, auch die Pubs, in denen es um 21.30 Uhr »Last order!« heißt. Doch worüber sind wir eigentlich enttäuscht? Daß die Tropensonne die eingewanderten Nordeuropäer nicht zu Polynesiern gemacht hat? Sind wir selbst es denn, oder wären wir es geworden? Bleiben wir nicht oft genug nur Zuschauer, zwar angezogen von der Exotik fremder Kulturen, selbst aber unfähig, unsere eigene kulturelle Herkunft abzustreifen, auf die wir womöglich auch noch stolz sind? Daß die Australier uns Europäern ähneln, können wir ihnen wohl schlecht vorwerfen. Und irgendwie ist es auch wieder angenehm, auf der Straße, beim Schiffsausrüster oder selbst bei den Behörden Gesprächspartner zu haben, deren Denkweise uns vertraut ist.

Auf den Bänken der Einkaufsstraße hocken kleine Gruppen von fast schwarzhäutigen, finster blickenden und zumeist abgerissen wirkenden Gestalten – Aborigines, Ureinwohner der Torres-Straße und der angrenzenden Festlandküste. Sie scheinen hier so geduldet zu sein wie bei uns die Obdachlosen auf den Bahnhöfen. Ebenso schlecht sind ihre sozialen Chancen. Fast ausgerottet, auf wenige Reservate zurückgedrängt, erhielten sie erst Ende der sechziger Jahre volle Bürgerrechte und teilen damit das Schicksal vieler Ureinwohner früherer Kolonialländer.

Australien hat gewiß noch viele andere und schönere Seiten. Doch einen Kontinent, der dreißigmal so groß ist wie die Bundesrepublik, in nur 14 Tagen kennenlernen zu wollen – das nehmen wir uns erst gar nicht vor. Um zumindest etwas von der einzigartigen Tierwelt zu erleben, besuchen wir per Reisebus einen Wildpark, wo wir unter anderem einem Känguruh die Hand schütteln und einem sechs Meter langen Salzwasserkrokodil ins furchteinflößende, riesige Maul blicken können.

Lange haben wir gezögert, doch nun legen wir uns doch noch für den letzten Teil der Reise einen GPS-Navigator zu (Global Positioning System), der aus den Signalen von Satelliten alle paar Sekunden den Schiffsort auf wenige Meter genau errechnet. Davon konnten Navigatoren einst nur träumen, denn ein mit dem Sextanten ermittelter Schiffsort ist bestenfalls auf eineinhalb Seemeilen genau; auch unser Satnav der älteren Generation ist kaum genauer, außerdem vergehen manchmal Stunden zwischen den Satellitendurchgängen, mit denen er einen neuen Schiffsort errechnen kann.

Daß wir den GPS-Navigator mehrwertsteuerfrei ausführen wollen, hat einen größeren bürokratischen Aufwand zur Folge. So lernen wir außer den uns schon bekannten Behörden auch noch das Finanzamt kennen und müssen uns in englischen Fachdiskussionen über die Auslegung von Steuergesetzen und Bestimmungen üben. Notgedrungen ignorieren wir die Vorschrift, das Gerät im Originalkarton verpackt auszuführen, denn wir haben wenig Lust, erst nach dem Einbau auf See einen Defekt festzustellen. Dann müßten wir entweder umkehren oder hätten erst in Südafrika wieder Zeit und Gelegenheit, das Gerät zurückzuschicken und auf Ersatz zu warten.

Als wir nach zweieinhalb Wochen mit unserer banderolenverzierten Aloe, eingebettet in 20 Kilo australischer Kartoffeln, und mit dem fertig eingebauten und funktionierenden GPS-Navigator Darwin verlassen, sehnen wir uns nach freiem Meer und unberührter Natur.

Unser nächstes Ziel ist das nur 450 Seemeilen westlich liegende Ashmore-Riff, ein Geheimtip einheimischer Segler. Glaubt man ihren begeisterten Schilderungen, ist es das einzigartigste Tierparadies aller australischen Gewässer und über wie unter Wasser artenreicher als selbst das berühmte Barriere-Riff.

26. August, in der Timorsee

Nun wird die Timorsee ihrem Ruf doch noch gerecht. Völlige Windstille und bleierne See umgeben uns, nachdem wir die ersten zwei Tage unter Segeln noch einigermaßen vorangekommen sind. Doch wir nehmen es gelassen. Denn erstens konnten wir in Darwin unseren elektrischen Autopiloten reparieren lassen und haben nun beim Motoren die Hände wieder frei; und zweitens könnten wir mit unseren randvollen Tanks die restlichen 300 Seemeilen bis zum Ashmore-Riff zur Not auch motoren. Auch für ein Fünf-Sterne-Essen ist gesorgt, denn nachdem es zwei Tage Haisteaks mit leckeren Salaten gab, ist uns heute ein 60 Zentimeter langer Schwarzflossenthun an die Angel gegangen.

Unser neues Spielzeug, der GPS-Navigator, zeigt uns nicht nur ständig die genaue Position an, sondern ist auch ein kleiner Computer, der noch eine Menge anderer Fragen beantwortet. So sagt er uns den gesteuerten Kurs, die Geschwindigkeit über Grund, die zurückgelegten oder noch zu segelnden Meilen bis zum nächsten Wegpunkt und vieles mehr. Abgesehen davon, daß es Spaß macht, die vielen Möglichkeiten des Geräts auszuprobieren, verleiht die damit kinderleichte Navigation auch ein sehr viel größeres Maß an Sicherheit. Einziger Nachteil: Die teilweise veralteten Seekarten, die wir benutzen, besitzen noch kein sogenanntes Kartendatum, mit dem der Unterschied zwischen den Koordinaten der Seekarte und denen des GPS korrigiert werden kann. Gerade in abgelegen Gebieten, die manchmal seit Jahrhunderten nicht neu vermessen wurden, müssen wir mit weitaus größerer Ungenauigkeit rechnen, als uns die metergenaue Positionsangabe des GPS-Navigators glauben machen will. So sind einige Riffe und Atolle in unseren Südseekarten mit der Bemerkung versehen, daß ihre wirkliche Position vermutlich um eine oder drei Seemeilen südöstlicher liegt als eingezeichnet. Hier hilft dann zuletzt doch nur die Sichtnavigation, und sei es mit Radar.

30. August, vor dem Ashmore-Riff

Wieder mal laufen wir unter Motor. Nur der Fahrtwind bringt ein wenig Abkühlung, unter Deck herrschen tagsüber Saunatemperaturen von 35 Grad. 90 Seemeilen sind es noch bis zum Ashmore-Riff, und nur knapp die Hälfte der bisherigen Strecke haben wir unter Segeln zurückgelegt. Erst westlich des Riffs, wo die nur 50 bis 100 Meter tiefe Timorsee endet und der Indische Ozean mit Wassertiefen von über 3000 Meter beginnt, können wir wieder mit Wind rechnen.

Seit Tagen sind wir keinem einzigen Schiff begegnet. Deshalb reiben wir uns verwundert die Augen, als voraus plötzlich einige Segel am Horizont auftauchen. Yachten sind es nicht, das erkennen wir beim Näherkommen schnell. Aber Fischerboote, fast 200 Seemeilen von der Küste Indonesiens entfernt, hier auf offener See?

Es sind tatsächlich indonesische Fischer, die dort mit ihren nur acht Meter langen, zerbrechlich wirkenden Holzbooten in der Flaute dümpeln. Wir sind neugierig und beschließen, eines der Boote anzusteuern. Interessiert, doch nicht sonderlich freundlich, blicken uns die fünf dunkelhäutigen, unrasierten und fast in Lumpen gekleideten Männer entgegen. Uns kommen Zweifel. Wenn sie uns nun entern? Sind die in den indonesischen Gewässern gefürchteten Piraten nicht auch Fischer? Obwohl unsicher geworden, bleiben wir doch bei unserem Entschluß und stoppen neben ihnen auf. Aus der Nähe wirken sie eigentlich nicht bedrohlich, einer lächelt sogar, als er unseren Gruß erwidert. Wir schleppen einen Wasserkanister an Deck und fragen mit Gesten, ob sie Wasser wollen. Und ob sie wollen! Alle werden plötzlich aktiv und nehmen die beiden 20-Liter-Kanister gerne an, um sie unter Deck in ihren Tank zu entleeren.

Wir möchten wissen, woher die Flotte kommt. Den Namen, den einer der Fischer immer wiederholt, entschlüsseln wir später als Kupang, einen Hafen von Timor, 160 Seemeilen entfernt. Die an ihren hüttenähnlichen Aufbauten zum Trocknen aufgehängten Haifischflossen zeigen, wonach sie auf der Jagd sind. Diese Flossen, so erfahren wir später, verkaufen sie an chinesische Restaurants, von dem Rest des Hais leben sie unterwegs. Ihre spartanisch ausgestatteten Boote haben keinen Motor, und ihr einziges Navigationsgerät ist ein Kompaß. Dagegen wirkt unsere OLE HOOP geradezu wie ein Luxusliner.

Das Eis scheint gebrochen, als wir aus unserem Tauschwarenbestand zum Schluß noch fünf bunte Shorts hinüberreichen. Winkend verabschiedet sich die ganze Crew, während wir wieder ablegen, um unseren Weg nach Westen fortzusetzen.

Dank GPS treffen wir die Nordostecke des 15 Seemeilen großen Ringatolls auf den Punkt genau und segeln nun mit zwei Seemeilen Abstand an der von weißen Brandungswellen umsäumten Riffkante entlang zu der Passage im Westen. Plötzlich knackt es im UKW-Radio: »Sailing boat approaching Ashmore Reef. This is AURELIA THREE. Come in please!« Wir hatten in Darwin schon von Captain Murray gehört, der hier im Auftrag des »Australian National Parks and Wildlife Service« zusammen mit seiner Frau und einem Helfer auf einer großen Motoryacht stationiert ist, um dieses Naturreservat zu kontrollieren. Wir vereinbaren einen Treffpunkt in der Einfahrt, von wo aus er uns abholen will, um uns zu unserem Ankerplatz in der Lagune zu lotsen.

»Toller Service«, denke ich und bin, als wir seinem von einem kräftigen Außenborder angetriebenen Arbeitsboot in Zickzacklinien fünf Seemeilen lang durch das Gewirr von Korallenriffen folgen, heilfroh, daß wir uns diesen Weg nicht selbst suchen müssen. An der Westinsel, unweit der AURELIA III, fällt unser Anker in den von Korallen durchsetzten Sandgrund. Murray, der in den nächsten Stunden noch zu arbeiten hat, lädt uns für den Nachmittag auf die AURELIA ein. Bis dahin haben wir Zeit für eine erste Erkundung des Reviers.

Manches ist hier anders als auf den uns bisher bekannten Atollen. Vor der flachen, nur spärlich bewachsenen Insel hat sich durch den starken Tidenhub, den es in der Südsee nicht gibt, eine regelrechte, von Prielen durchzogene Dünenlandschaft gebilden. Als wir den Strand betreten, sind wir überrascht von den Unmengen an Nautilusgehäusen, die hier herumliegen, teilweise fast unversehrte, wunderschöne Exemplare. Tiefe Schleifspuren, als hätte man ein Boot über den Strand gezogen, machen uns neugierig und veranlassen uns, hinter den Büschen und Sträuchern nach den riesigen Schildkröten zu suchen, die hier an Land gegangen sein müssen. Natürlich entdecken wir keine, denn bekanntlich kommen sie nur nachts aus dem Wasser, um an Land ihre Eier abzulegen. Scharen von Seevögeln fliegen über uns hinweg, unter ihnen ein Schwarm storchgroßer schneeweißer Vögel, die wir noch nie zuvor gesehen haben. Ein Naturparadies, doch nicht nur über, sondern auch unter Wasser.

Als wir zwischen Korallen hindurch zur OLE HOOP zurück paddeln, sehen wir in dem türkis leuchtenden Wasser außer Mengen bunter Korallenfische auch zwei Seeschlangen, gelb-schwarz geringelt die eine, tiefschwarz glänzend die andere. Seeschlangen sind ausnahmslos hochgiftig. Ihr Gift wirkt stärker als das der Kobra, ein einziger Tropfen davon genügt, um drei Menschen zu töten. Manche Arten können bei nur einem Biß ihrem Opfer das Achtfache dieser Menge injizieren. Auch wenn wir wissen, daß die Schlangen selten aggressiv sind und überdies ein so winziges Maul haben, daß es ihnen kaum gelingt, ihren Giftzahn in die Haut eines Menschen zu senken, wird unsere Lust auf Schnorchelausflüge doch ein wenig gedämpft.

Bei Kaffee und Kuchen auf dem Achterdeck der AURELIA erzählen uns Murray und seine Frau Pam noch eine Menge über die außergewöhnliche Fauna dieses Atolls: Nirgendwo sonst auf der Welt gibt es mehr Arten von Seeschlangen. 78 Vogelarten, unter ihnen die seltenen Fregattvögel, brüten zu Zehntausenden hier; 255 Arten riffbildender Korallen, 747 Fischarten und unzählige Weich- und Krustentiere bevölkern die Riffe. Von Jahr zu Jahr wächst auch die Anzahl der Schildkröten, die ihre Eier zumeist an den Stränden von West Island ablegen. All dies aber kann nur durch strenge Überwachung erhalten bleiben, denn vor allem indonesische Fischer haben sich hier früher nicht nur mit Trinkwasser versorgt, sondern auch die Nester der Schildkröten und Vögel geplündert. Noch immer dient den Fischern aus Indonesien das Ashmore-Riff als Zwischenstation für ihre langen Fangfahrten; der Anblick ihrer hier ankernden urigen Boote läßt für uns ein wenig die Zeit stillstehen.

31.8.93 Dienstag Darwin-Ashmore-Reef 8. Tag — B: 255° B: 260°

LT	UTC	Wetter	OTH, Segel, etc.	MgK	Ktk	Log
00-00	14-30	S3 1/8 	D 54 sm Groß+Genua 4-6 sm querab 4 Radarechos und 4 sm 170° Bb querab helles Feuer fest	250	255	6362
2-20	16-50	S3 1/8 1012	groß, genua 1-5 sm querab 3 Radarechos, alle 3 Festfeuer weiß grell mit Anlage	250	255	6371
9-00	23-30	 SSW 2 1015 1/8	genua, groß + Motor Etmal 76 sm D: 21 sm Ashmore-Reef	255°	260°	6396
16-30	7-00	SSW 1-2 2/8	Ankern vor West I. Ashmore Reef. Parkwächter mit Motorboot lotst uns rein			6436

			Unter Motor 264 sm unter Segeln 270 sm 7 Tage 7½ Std			

9-00 gesamt: 494 sm
+ 44 sm = 534 sm Darwin-Ashmore-Reef

Pam und Murray, beide etwa in unserem Alter, sind begeisterte Segler, bauen zur Zeit eine zwölf Meter lange Ketsch aus und wollen in zwei Jahren zu einer Weltumsegelung starten. Deshalb haben sie viele Fragen über Bordtechnik, Ausrüstung, unsere Erfahrungen auf langen Seestrecken und mit dem Leben an Bord. Leider bleibt uns für die Gespräche nicht allzu viel Zeit, denn die beiden sind etwas im Streß. Noch vor dem Beginn der Hurrikansaison müssen sie nach sieben Monaten das Ashmore-Riff verlassen, bis dahin Berge von Protokollen und Abschlußberichten schreiben und die AURELIA nach der langen Liegezeit wieder seeklar machen. Doch für einen Gegenbesuch reicht es noch. Ganz begeistert besichtigen sie die OLE HOOP und staunen, was man doch alles in einem so kleinen Schiff unterbringen kann.

Nachdem Murray uns versichert hat, daß die Giftschlangen keine Gefahr darstellen, wagen wir nun doch ein paar Schnorchelausflüge in die Unterwasserwelt, die tatsächlich farbiger und vielfältiger ist als selbst auf den Tuamotus. Neben den Seeschlangen, die vor uns das Weite suchen, sehen wir nun endlich auch die großen Meeresschildkröten, die unter Wasser geradezu riesig wirken. Schön, daß wir diesen Ausflug trotz der Schlangen noch gewagt haben, denn der Abschied vom Ashmore-Riff wird auch unser endgültiger Abschied von der traumhaft schönen Welt der tropischen Korallenriffe sein. Auf dem langen Weg durch den Indischen Ozean, den wir nun vor uns haben, werden wir zwar bis Mauritius die tropischen Breiten noch nicht verlassen, doch auf der 4 000 Seemeilen langen Strecke werden wir kaum Zeit und Gelegenheit finden, noch einmal in diese Welt hinabzutauchen. Tschüs also allen Grunzern, Snappern, Groupern und den vielen bunten Fischen, deren Namen wir nie gelernt haben, die uns aber so vertraut wurden wie die Tauben und Spatzen zu Hause.

4000 Meilen bis Mauritius

3. September, erster Tag auf See

30 Knoten Wind haben uns vom Ankerplatz vertrieben und schon heute, früher als geplant, aufbrechen lassen. 1530 Seemeilen westlich von hier, auf ziemlich genau 12 Grad Süd und 97 Grad Ost, liegt mitten im Indischen Ozean Cocos (Keeling) Island, wo wir einen kurzen Zwischenstopp einlegen wollen. Die anschließenden 2400 Seemeilen nach Mauritius werden uns dann langsam bis auf 20 Grad Süd bringen. Zumindest bis dahin können wir noch mit dem Passat rechnen, danach aber geht es weiter südwärts in das Gebiet wechselnder Winde. Nach dem Atlantik und dem dreimal so großen Pazifik liegt nun das dritte Weltmeer vor uns. Allmählich fühlen wir uns schon wie alte Salzbuckel, die nichts mehr erschrecken kann. »Das bißchen Indik«, denken wir übermütig, »kann uns nun auch nichts mehr anhaben.«

Diese heitere, fast euphorische Stimmung wird offensichtlich auch von unseren Freunden, den Delphinen, geteilt, denn sie geben uns eine ganz ungewöhnliche Galavorstellung. Statt uns wie sonst mit ihren wundervoll eleganten und harmonischen Sprüngen zu beeindrucken, haben sie sich heute eine total verrückte Nummer ausgedacht: Senkrecht aus dem Wasser schießend, bleiben sie auf ihrer Schwanzflosse stehen und surfen darauf ins Wellental, um dann, wenn ihnen der Schwung ausgeht, mit einem wilden Bauchplatscher im Wasser zu landen. Wieder und wieder zeigen uns Dutzende großer Delphine ihre neue Kunststücke, die wir vom Bugkorb aus mit kräftigem Beifall und Bravorufen begleiten. Schelmisch lächeln sie uns und der Ole Hoop zu – und auch wir lachen und nehmen ihre fröhliche Vorstellung, mit der sie uns von der Timorsee verabschieden, als gutes Omen für unsere weitere Reise.

Aus Johannas Logtagebuch

Elfter Tag auf See, Position 12°00′ Süd, 99°22′ Ost, Ostwind Stärke fünf. Nachts Tintenfisch an der Angel – 30 cm lang! Schöner Tag, herrliches Mittagessen: Tintenfisch in Ei paniert und ausgebacken, dazu Kartoffelsalat. 138 Seemeilen noch bis Cocos Keeling. Laufen sechs Knoten. Unser Timing kommt gut hin, können morgen mittag da sein. Leider haben wir keine Karte vom Atoll – hoffentlich finden wir die Passage. Die ganze Zeit keine Flauten, weder Regen noch Gewitter. Wir sind gut gelaunt und blicken uns über unsere neuen Lesebrillen fröhlich an.

Es wird eine schöne, bei viel Seegang manchmal etwas anstrengende, aber auch sehr schnelle Reise mit einer Durchschnittsgeschwindigkeit von sechs Knoten und Spitzenetmalen von 165 Seemeilen. Zum erstenmal haben wir von einem Atoll, in das wir einlaufen wollen, keine genaue Karte, wissen nicht einmal genau, wo die Passage liegt. Ich blättere im Leuchtfeuerverzeichnis für den Indischen Ozean – vielleicht gibt es auf diesem bewohnten Atoll ja Leuchtfeuer oder zumindest befeuerte Fahrwassertonnen? Tatsächlich gibt es sogar beides. Auf einem selbstgezeichneten Gradnetz trage ich die auf eine Zehntelgradminute genauen Positionen aller Feuer und Tonnen ein und erhalte so die ungefähre Lage der Einfahrt und des Fahrwasserverlaufs; den Rest können wir dann getrost der Sichtnavigation überlassen.

Vorsichtig haben wir uns vor Direction Island, der unbewohnten, nördlichsten Insel des Atolls, an den Ankerplatz der anderen Yachten herangetastet. Das unglaublich leuchtende Türkis des Wassers, der blendend weiße Strand und die von Palmen und regelrechtem Dschungel bewachsene Insel bieten den Anblick einer Postkartensüdsee, wie wir sie hier nicht erwartet haben. Eine Überdachung am Strand, zwei große Zisternen, einige Liegestühle und Hängematten zwischen den Palmen verstärken noch den Eindruck eines Urlaubsparadieses.

Andere Ankerplätze und die beiden bewohnten Inseln des Atolls dürfen von Besuchern nicht angelaufen werden; doch die australische Verwaltung hat einen kostenlosen Fährdienst eingerichtet, mit dem wir das von moslemischen Malaien bewohnte Home Island und West Island, auf dem es einen Flughafen und einige Geschäfte gibt, erreichen können. Mit Rucksäcken, Einkaufstaschen und Dieselkanistern beladen, sammeln sich am Nachmittag auf der kleinen Pier die Crews der acht anderen Schiffe und warten offensichtlich auf das Fährboot. Spontan schließen wir uns ihnen mit unseren leeren Dieselkanistern an und lernen so unsere Nachbarn kennen: Engländer, Dänen, Schweden, Holländer und Jugoslawen, alle aus Europa und wie wir auf Weltumsegelung. Die meisten wollen etwa zur gleichen Zeit wie wir über Südafrika weiter, so daß wir davon ausgehen können, ihnen in den nächsten Monaten noch häufiger zu begegnen.

Die einzige Ausnahme bildet der deutsche Einhandsegler Norbert, der mit seiner AMATEUR über Sri Lanka und durchs Rote Meer zurücksegeln will. Sein Handicap: Während seiner siebenjährigen Reise hat sich der 69jährige eine der Multiplen Sklerose ähnliche Krankheit zugezogen, die seine Beine schon fast gelähmt hat. Dennoch hat er den Ergeiz, sein Schiff selbst nach Hause zu segeln – ein gefährliches Unternehmen, von dem wir ihm abraten.

Ein kräftiger Südostpassat weht mit sechs Beaufort über die Lagune von Cocos Keeling, als wir nach sechs Tagen »Ferien« als eine der ersten den Anker aufholen, um uns auf die zweite Etappe zu begeben. Nur die holländische ZEVALK mit Addi und Ben laufen gleichzeitig mit uns aus, alle anderen lassen sich noch ein paar Tage Zeit. Wir haben mit der ZEVALK ein tägliches Funktreffen vereinbart, um Wetter und Position auszutauschen. Skipper Ben hat sich entschlossen, seinem GPS folgend, auf dem Großkreis nach Mauritius zu segeln, während wir länger in nördlicheren Breiten bleiben wollen, um nicht zu früh in den Bereich der Tiefdrucksysteme zu geraten, die mit ihren Fronten bis 15 Grad Süd hinaufreichen und unangenehme Südwestwinde mit sich bringen. Wir hoffen, daß sich unsere Taktik als richtig erweist.

Noch immer ohne genaue Karte, tasten wir uns durch die Lagune zur Passage. Plötzlich bekommen wir überraschend Gesellschaft: Delphine – ganz ungewöhnlich in so flachem Wasser. Sie umspielen den Bug der OLE HOOP, doch anders als sonst schwimmen sie nicht quer zum Bug oder ans Heck, sondern bleiben auf unserem Kurs und schwimmen uns voraus. Es ist, als wollten sie uns zwischen den Riffen und Korallenköpfen hindurchlotsen. Jedenfalls führt der Weg, auf dem wir ihnen folgen, an allen Untiefen vorbei zum Ausgang der Lagune. Dort verabschieden sich die Delphine, nun wieder in alle Richtungen springend, von ihrem großen Bruder, den sie aus den gefährlichen Flachs in sicheres, tiefes Wasser geleitet haben.

Aus Johannas Logtagebuch

22. September, dritter Tag seit Cocos. Position 13° Süd, 92° Ost. 03.00 Uhr: Ein greller weißer »Ball« fällt zischend vom Himmel – ungeheuer hell. Ich bekomme einen richtigen Schrecken. Starre in den Himmel. Seenotrakete, denke ich, doch die macht keine Geräusche und fällt nicht grün leuchtend ins Meer. Ich rufe Klaus, der wühlt sich aus der gemütlichen Koje und beneidet mich um mein Erlebnis. Wir kommen zu dem Schluß, daß es ein abstürzender Meteorit war ... Die Sonne geht zwischen dunklen Kumuluswolken auf, der Wind nimmt auf sechs Beaufort zu. Seegang vier bis fünf Meter. Es wird ungemütlich, ab 13.00 Uhr acht Windstärken! Funkfreund Christoph sagt, er habe dort damals 14 Tage lang sechs bis acht Beaufort gehabt. Welche Aussichten! Laufen nur mit gerefftem Klüver noch sechs Knoten. Sehr böig – bis neun Windstärken –, Regen, rauhe See. Ein »Einsteiger« von der Seite spritzt bis auf den Kartentisch. Wir schließen alle Luken und schalten ab und zu Radar ein: keine Dampfer ... Klaus macht Spiegeleier mit Zucchini-Tomaten-Gemüse. Wir lassen es rauschen, gurgeln, heulen und schlafen beide tief und fest bis 07.00 Uhr. Dann Sonnenschein!

So kräftig haben wir den Passat bisher noch nicht erlebt. Immer wieder türmen sich bedrohlich wirkende, dunkle Wolken auf, in denen nicht nur kräftige Schauer, sondern auch Sturmböen stecken. In den vier bis fünf Meter hohen Wellen rollt das Schiff heftig, trotzdem müssen wir, an Handläufen und Wanten mühsam Halt suchend, auf das Vorschiff krabbeln, um die Segel zu reffen oder zu bergen. Kräftige Salzwasserduschen decken uns dabei ein. Damit wir nicht ständig unsere Kleidung entsalzen und trocknen müssen, ziehen wir sie einfach vorher aus, denn selbst bei bedecktem Himmel sind Luft und Wasser noch angenehm warm.

Der ständig zwischen fünf und acht Windstärken schwankende Südost hält uns auch in den nächsten Tagen auf Trab. Nun wissen wir, woher der Indische Ozean seinen schlechten Ruf hat. Auch das Satellitenbild und die Wetterkarten von Christoph und Günther, die uns auf dieser Strecke besonders intensiv mit Informationen versorgen, lassen kein beständigeres Wetter erwarten. Bis Madagaskar wechseln dichte Bewölkung mit wolkenlosen Abschnitten.

26.9.93 Sonntag Cocos Islands - Mauritius 7. Tag

LT	UTC	Wetter	QTH, Segel, etc.	Mgk	Rtk	Log
00-00	17-00	SE 6-7 8/8 	13°53'S 83°36'E 0,3 kn W-Strom Seegang 5m WP5 → WP6 948 sm	272	263	8676
2-00	19-00	SE 6-7 8/8 starke Schauerböen bis 9				
10-00	03-00	SE 5-7 8/8 Schauer 	14°02'S 82°36'E	270	260	8734
16-00	09-00	SE 6-7 6/8 1014 Sonne kommt durch See: 4m	13°52'S 81°59'E	270	260	8771

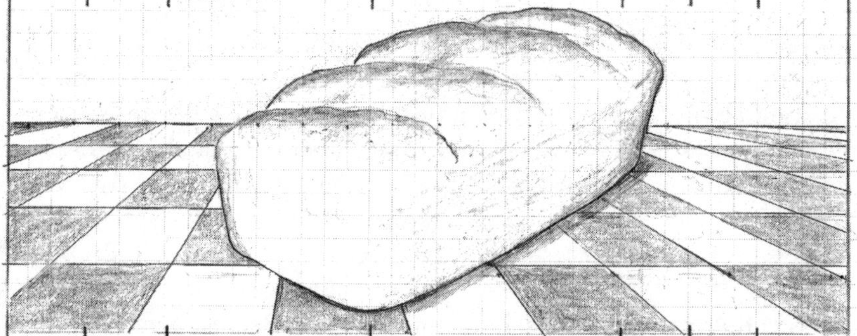

24-00	17-00	SE 6-7 8/8 Schauer, Böen	Klüver,	274	263	8817

10-00 LT	GPS-Log: 2957 sm	Etmal: 149 sm
	seit Cocos: 857 sm	bis Mauritius: 1491 sm

4. Oktober

Seit zwei Tagen wird jede Ruderbewegung von einem lauten Knirschen der Steuerradachse begleitet. Um die Ruderanlage zu prüfen, kupple ich die Seiltrommel aus, über die die Zugkraft der Aries-Steuerleinen auf das Ruder übertragen wird. Bei dem Versuch, selbst Ruder zu legen, stelle ich erschrocken fest, daß sich das sonst sehr leichtgängige Steuerrad kaum noch bewegen läßt. Nur mit Mühe gelingt es mir, Kurs zu halten, und ich staune darüber, daß es die Aries geschafft hat, das Schiff trotz dieses starken Widerstands noch zu steuern.

Die Ursache des Problems ist deutlich sichtbar: Die Kugellager der Achse lösen sich in ihre Bestandteile auf, ölig schwarz kleckert es von der Steuersäule, und auf dem Cockpitboden liegen kleine zermahlene Eisenteile. Das sieht nach einem wirklich ernsten Problem aus, zumal ohne Ersatzteile eine Reparatur auf See auch dann unmöglich wäre, wenn es nicht wie augenblicklich mit sieben bis acht Windstärken kacheln würde. 300 Seemeilen sind es noch bis Mauritius, und so lange muß das Ganze irgendwie zusammenhalten.

So gut es geht, versuche ich, das Lager von außen zu ölen und durch kräftige Bewegungen in beide Richtungen von den verklemmten Kugellagerteilen zu befreien. Nach einer Weile kann ich das Rad etwas leichter bewegen und lasse die Aries wieder steuern. Und sie schafft es! Nur das noch zunehmende, häßliche Geräusch, das jede Ruderbewegung begleitet, werden wir bis Mauritius nicht mehr los.

6. Oktober

Bei strahlendem Sonnenschein und leichter Backstagsbrise laufen wir nach etwas mehr als 16 Tagen in den Hafen von Port Louis auf Mauritius ein und legen uns nahe des Zollgebäudes vor alten Getreidespeichern an die etwas verölte Pier.

Fast gleichzeitig mit uns trifft auch die ZEVALK in Port Louis ein. Auf ihrem südlicheren Kurs hatte sie so ziemlich das gleiche Wetter wie wir, und sieht man einmal davon ab, daß sie als das größere Schiff eigentlich etwas schneller hätte sein müssen, so spricht im nachhinein wenig für unsere Taktik. Allerdings gab es in den

24

25

24 Suwarrow, das Traumatoll Tom Neales, wird heute von zwei Cook-Insulanern bewohnt.

25 Ungewöhnlich große Halbperlen zieren das Innere der Austernschale, ein gelungenes Ergebnis jahrelanger Zuchtversuche.

26

27

28

29

26 Indonesische Fischer in der Timorsee. Ohne Motor und nur mit einem Kompaß als Navigationshilfe segeln sie Hunderte von Meilen auf das offene Meer hinaus.

27 Bedrohlich aufragende dunkle Wolken kündigen Regenböen und Gewitter an.

28 Ein Festessen auf See wird vorbereitet. Die Schleppangel beschert uns häufig Anglerglück.

29 Cocos (Keeling) Island, ein einsames Atoll inmitten des Indischen Ozeans

30 Port Louis (Mauritius): Das bunte Leben auf den Märkten zieht uns immer wieder an.

31 Für uns ungeübte Europäer ist das Erklimmen einer Kokospalme mehr als mühsam.

30

31

32

33

34

35

32 Durban, eine moderne Großstadt mit viel sozialem Sprengstoff

33 Auf See wird nichts weggeworfen. Die schwarzen Käfer lassen sich gut aus dem Mehl heraussieben.

34 Ein gut bestückter Takelsack ist auf langen Reisen unentbehrlich.

36

35 Guter Trimm ist alles!

36 Äußerlich sind die Folgen der Apartheid kaum noch zu sehen. Schwarz und Weiß tummeln sich gemeinsam am Strand von Durban.

28.9.93 Dienstag Cocos Islands – Mauritius 9. Tag

LT	UTC	Wetter	QTH, Segel, etc	Mgk	Kth	Log
00-00	17-00	SE 5 1/8 See wird	Fock + Try	277	263	894
1-30	18-30	SE 5 1/8 ruhiger (See)	Fock weg, Genua 1 + Try	277	263	
			ca 0,46 kn W-Strom neuer WP 5: 18° S 64° E RwK 254° Mw: -13°			
10-00	03-00	SE 5 2/8 1014 See unruhiger (4m)	14° 49' S 77° 35' E	280	263	901
12-30	5-30	ESE 6 4/8 1016	14° 51' S 77° 16' E Der Berg ist erreicht! noch 1170 sm			902
13-00	6-00		Genua weg, Try weg Fock mit Baum u. Sturmfock an Bb mit Baum gesetzt	267	254	903

LT	UTC	Wetter	QTH, Segel, etc	Mgk	Kth	Log
21-30	14-30	SE 6 5/8 1014	gebrochene, Eindecker-Wolken 15° 09' S 76° 02' E	267	254	90
24-00	17-00	SE 6-7 1/8 1012	193 sm seit 10-00 Uhr!	268	254	910

10-00 LT	GPS-Log: 3256 sm	Etmal: 150 sm
	seit Cocos: 1156	Mauritius: 1185

38

39

Unser bebildertes Logtagebuch: Auch nach der Reise macht es Spaß, darin zu blättern.

Der Hafen von Horta ist ein Treffpunkt der Atlantiksegler.

38 Brasilianische Flußfischer: Sie leben und arbeiten fast wie vor hundert Jahren.

40

41

42

40 Segler, die an der Hafenmauer von Horta kein Bild zurücklassen, werden angeblich mit ungünstigen Winden bestraft.

41 Drei Vorstagbrüche - doch der Mast blieb immer oben.

42 Strahlendes „Karibikwetter“ beim Einlaufen in die Elbe

16 Tagen auch keine der befürchteten Frontdurchgänge, und das kann bei einer nächsten Reise durchaus anders sein.

Ein amerikanischer Einhandsegler geht mit seiner 10-m-Yacht bei uns längsseits. Keine einzige Leine ist klar, nur ein einziger Fender hängt draußen. »Kann der nicht, oder will der nicht?« schimpfen wir schon, bis wir merken, daß der Mann völlig erschöpft und am Ende seiner Kräfte ist. Ohne lange zu fragen, springen wir zu ihm an Deck und machen sein Schiff fest. Obwohl er vor Müdigkeit kaum noch die Augen aufhalten kann, erzählt er uns seine Geschichte: 1600 Seemeilen vor Mauritius kollidierte er mit einem vermutlich schlafenden Wal, der ihm nicht nur die Selbststeueranlage zerbrach, sondern auch das Ruder beschädigte. Mit dem nur noch schwer zu bewegenden Ruder mußte er über zwei Wochen lang Tag und Nacht sein Schiff von Hand steuern – eine fast unmenschliche Leistung angesichts der bis zu fünf Meter hohen Seen und der starken bis stürmischen Winde, die auch uns trotz funktionierender Selbststeueranlage schwer zu schaffen machten. Gern würden wir noch etwas für ihn tun, doch Schlaf scheint das einzige zu sein, was er jetzt wirklich braucht. Als er sich unter Deck vermutlich schon im Tiefschlaf befindet, kontrollieren wir später noch einmal die Leinen und binden einen weiteren Fender an die Reling. Uns wird bewußt, daß wir bisher doch sehr viel Glück gehabt haben.

Obwohl Mauritius nur halb so weit von Europa entfernt liegt wie die Südsee, klingt doch sein Name nach Exotik und Ferne. Von unserem Liegeplatz aus, mit Blick auf die Hafenanlagen und Dutzende total verrosteter, uralter chinesischer Fischdampfer, ist von dieser Exotik allerdings noch nicht viel zu erkennen. Doch schon der erste Gang durch die Stadt gibt uns einen lebendigen Eindruck von dem Kultur- und Völkergemisch dieses Inselstaats. Keine Hautfarbe, keine Kultur und keine Religion, die hier nicht vertreten wäre. Inder, Chinesen, Afrikaner und nur wenige europäisch aussehende Menschen prägen das Bild der engen Gassen und Märkte. Zwischen den Wohn- und Geschäftshäusern entdecken wir Moscheen, hinduistische oder buddhistische Tempel und christliche Kirchen in unmittelbarer Nachbarschaft. Die für viele Städte typischen Viertel mit Angehörigen einer bestimmten Hautfarbe oder eines gewissen Herkunftslandes scheint es in Port Louis nicht zu geben.

Wie selbstverständlich hier die Religion anderer toleriert wird, zeigt folgende Geschichte: Vom Hafen aus sehen wir eines Nachts einen leuchtend roten Widerschein über der Stadt. Nur wenig später entwickeln sich daraus hoch auflodernde Flammen, die sich immer mehr ausweiten und zu einem regelrechten Feuermeer werden. »Da brennt ja die halbe Stadt!« rufe ich fassungslos. Beklommen blicken wir auf das brennende Hafenviertel. Die Flammen schlagen so hoch, daß wir befürchten, der Funkenflug könnte uns bei dem kräftigen Wind selbst noch im mindestens 500 Meter entfernten Hafen erreichen.

Ganze Straßenzüge sind den Flammen zum Opfer gefallen. Noch immer steigt Rauch aus den Trümmern, als wir am nächsten Tag die Unglücksstätte besuchen. Ein junger Inder erklärt uns die Ursache des Brandes, bei dem Gott sei Dank keine Menschen umgekommen sind: Chinesische Kaufleute hätten ein Feiertagsgebot verletzt und dadurch ihren »Großen Drachen« so erzürnt, daß er die Schuldigen durch das Abbrennen ihrer Lagerräume und Geschäfte bestraft habe. Wie selbstverständlich akzeptiert der Hindu die Götter der anderen und damit auch deren Religion, und es liegt keinerlei Abwertung oder Spott in seinen Worten, als er zum Beweis seiner These die Tatsache anführt, daß inmitten der niedergebrannten Häuser der Chinesen die ebenfalls aus Holz gebaute moslemische Moschee völlig unversehrt blieb. Auch wenn wir als aufgeklärte Nordeuropäer dies zwar für erstaunlich, jedoch nicht für ein Wunder halten, so sind wir doch beeindruckt von der Toleranz gegenüber anderen Religionen, die in seiner Haltung zum Ausdruck kommt.

So oft wir von den vielen technischen Pannen hörten, die auf manchmal werftneuen Yachten auftraten, schätzten wir uns glücklich, daß wir – abgesehen von unserem Motor – noch nie ein größeres Problem hatten. Aber nun haben wir eins. Das Steuerrad samt Achse wird ausgebaut, die passenden Kugellager werden in England bestellt, eine neue V2A-Achse ist in einer Werkzeugmacherei in Auftrag gegeben, und für mindestens zehn Tage liegen wir in Port Louis fest.

Abgesehen von dem öligen Wasser, das zunehmend Spuren auf der weißen Außenhaut der OLE HOOP hinterläßt, und dem gelegentlichen Lärm von der nahen Werft, hat das Liegen im Hafen auch seine Vorteile. Wir haben die uns immer wieder faszinierenden bunten Märkte und das pulsierende Leben der Stadt direkt vor der »Haustür« und können mit Linienbussen fast jeden Punkt der 2000 Quadratkilometer großen Insel erreichen.

Obwohl der Tourismus auf Mauritius neben dem Zuckerrohranbau und verschiedenen Branchen der Leichtindustrie zu einem wichtigen Wirtschaftszweig geworden ist, sieht man in Port Louis nur wenige Touristen. Wie überall auf der Welt wohnen sie, vom Leben der Einheimischen relativ isoliert, in ihren Hotel- und Ferienanlagen; nur gelegentlich besichtigen sie in Gruppen, mit Kamera und Reiseführer bewaffnet, für ein paar Stunden die Altstadt. Ihnen gegenüber fühlen wir uns schon fast wie Einheimische. Der Souvenirverkäufer versucht gar nicht mehr, uns etwas anzudrehen, die Markthändler grüßen uns, und wenn wir mit vollen Einkaufstaschen die überfüllte kleine Eckkneipe betreten, steht schon ein kaltes Bier vor uns, noch bevor wir es bestellt haben.

Handwerker, Arbeiter und kleine Angestellte trinken hier ihr Feierabendbier und ihren einheimischen weißen Rum. Wir kommen schnell mit ihnen ins Gespräch und erfahren einiges über ihre Lebensverhältnisse. Armut und Arbeitslosigkeit gibt es auf Mauritius nicht, doch die Einkommen sind oft so gering, daß viele noch einen Nebenjob haben. So hat der Postbeamte, der uns später mit drei Kollegen auf der OLE HOOP besucht, nebenbei einen kleinen Friseursalon. Die Mauritianer sind alle mehrsprachig. Neben Französisch, das während der französischen Kolonialzeit zur Volkssprache geworden ist, sprechen sie Englisch, die jetzige Verwaltungssprache, und ihre eigentliche Muttersprache, etwa Indisch oder Kreolisch.

Die präzise auf einen hundertstel Millimeter gedrehte und gefräste neue Achse ist fertig, nur unsere Kugellager lassen auf sich warten. Doch wir sind eigentlich nicht besonders traurig darüber, denn so bleiben uns noch einige Tage, um die Insel kennenzulernen. Vorbei an riesigen Zuckerrohrfeldern, kleinen Dörfern und kreolischen Landhäusern, die manchmal schon Schlössern gleichen, fahren wir mit Bussen durch die üppig grüne, bergige Landschaft. Im Norden der Insel besuchen wir eine der vielen hier ansässigen Werkstätten für historische Schiffsmodelle. Was wir dort sehen, hat wenig zu tun mit den in jedem Souvenirladen herumhängenden Hansekoggen und SANTA MARIAS. Die bis ins kleinste Detail präzise und sauber gebauten Modelle sind höchster europäischer Standard. Wir sind so begeistert von diesen schönen Stücken, daß wir drauf und dran sind, ein kleineres Modell, in einer soliden Transportkiste verpackt, auf unserer Salonkoje zu stauen. Nur schweren Herzens schlagen wir uns diese Idee wieder aus dem Kopf, denn während der nächsten zehntausend Meilen werden wir unsere Seekojen wohl noch brauchen.

21. Oktober, Port Louis

Mit einem Finger wirble ich das Steuerrad drei Umdrehungen weit von hart Backbord nach hart Steuerbord – geräuschlos und leicht bewegt sich der Mechanismus. Damit könnten wir getrost noch zwei weitere Weltumsegelungen machen, denke ich. Nun schnell noch den Kompaß auf die Steuersäule geschraubt, dann können wir auslaufen. An den uns mittlerweile vertraut gewordenen chinesischen Rostdampfern entlang, auf denen unentwegt gehämmert, entrostet und gemalt wird, motoren wir am Nachmittag aus dem Hafen.

Addi und Ben sind mit ihrer ZEVALK schon auf dem 140 Seemeilen weiter westlich gelegenen Réunion, wo auch wir uns noch ein paar Tage aufhalten wollen, bevor es auf die letzte und gefährlichste Etappe des Indischen Ozeans geht: um die Südküste Madagaskars herum nach Durban in Südafrika.

Das über 3000 Meter hohe Gebirge auf Réunion ist schon beeindruckend: schroff und wild, mit 1000 Meter tief abfallenden Schluchten und einer alpinen Landschaft, die wir in diesen Breiten nicht vermutet hätten. Um bei Sonnenaufgang die Schönheit dieser Bergwelt zu erleben, brechen wir in unserem Leihwagen schon um fünf Uhr morgens auf und werden belohnt mit einem großartigen Naturschauspiel. »Ja, es war schön«, finden wir beide, als wir am Abend wieder auf unserer OLE HOOP sind. Doch damit erstirbt schon das Gespräch darüber. Es war wirklich schön, aber eben nur ein Schauspiel, und wir waren die Zuschauer.

Dieses Erlebnis macht uns deutlicher als alles zuvor, daß uns die Zuschauerrolle letztlich nicht genügt. Nicht das Betrachten eines großartigen Naturpanoramas, womöglich noch durch die Scheibe eines klimatisierten Reisebusses, ist es, was wir suchen, sondern wir wollen uns in die Natur hineinbegeben, uns ihren Bedingungen und Gesetzen unterwerfen und uns in der aktiven Auseinandersetzung ein Stück dieser Außenwelt aneignen, ja, uns als ein Teil von ihr fühlen. Wir finden diese Erlebnisse beim Segeln, beim Entdecken der Unterwasserwelt und würden sie im Gebirge nur dann finden, wenn wir die Berge selbst bestiegen.

Die Kauri, eine Porzellanschnecke des Indischen Ozeans, war einst Zahlungsmittel

Angst vor der Monstersee

27. Oktober, unterwegs nach Durban

Noch im Windschatten der in tiefhängende Wolken gehüllten Berge von Réunion laufen wir unter Motor gegen einen leichten Südwest an. Es wird einige Stunden dauern, bis wir aus der Abdeckung der Berge heraus sind und den angekündigten Südostwind finden. Die Großwetterlage scheint ideal zu sein: Bis zur afrikanischen Küste zeigte die Wetterfaxkarte, die wir uns tags zuvor beim Bordmeteorologen einer französischen Fregatte angesehen haben, keine Sturmtiefs und keine hochreichenden Kaltfronten. Doch eine Garantie für schönes Wetter während der zwei Wochen, die wir unterwegs sein werden, ist das natürlich nicht. Es gibt wohl kaum einen Weltumsegler, der die 1450 Seemeilen lange Strecke von Réunion nach Durban nicht mehr fürchtete als alle vorherigen Etappen seiner Reise. Dafür gibt es gleich mehrere Gründe: Erstens führt der Kurs südlich von Madagaskar durch ein Gebiet, in dem die Zugbahnen tropischer Wirbelstürme liegen, die theoretisch ab November auftreten können. Zweitens besteht gleichzeitig immer noch die Gefahr verspäteter Frühjahrsstürme, der gefürchteten »Südwester«. Drittens verursacht das Zusammentreffen des Südweststurms mit dem bis zu sechs Knoten schnell entgegenlaufenden Agulhas- und Mosambikstrom die berüchtigten Monsterseen oder »Killerwaves«, die eine Höhe von 30 Metern erreichen können und – glaubt man den Berichten der wenigen, die diese Seen überlebt haben – senkrecht aufsteigende, haushohe Wasserwände bilden.

Selbst das im allgemeinen nicht zur Übertreibung neigende Seehandbuch der britischen Marine nennt als abschreckende Beispiele mehrere in solchen Seen gesunkene große Frachtschiffe. Unsere kleine OLE HOOP würde darin mit Sicherheit wie ein Modellbötchen in Stücke geschlagen. Doch auch die bei Südwestwind auftretende normale See kann gefährlich werden. Alljährlich werden Yachten in diesem Seegebiet entmastet, und auch Christoph ist hier bei seiner Weltumsegelung in einer riesigen Welle fast durchgekentert und hat eine Menge Schäden am Boot davongetragen.

Auch wenn man bei einer 14tägigen Reise die Wetterentwicklung nicht vorhersagen und einem Südweststurm auch kaum ausweichen kann, so kümmern wir uns auf dieser Etappe doch besonders intensiv um Wetterinformationen. Unsere Amateurfunkfreunde Christoph und Günther werden uns noch gründlicher beraten als sonst, und Günther verspricht sogar, zusätzlich Törnberatungen mit Fünf-Tage-Prognosen beim Seewetteramt Hamburg einzuholen. Darüber hinaus werden wir versuchen, Wetterberichte aus Afrika und Madagaskar zu empfangen. Die Wahrscheinlichkeit, auf dieser Strecke in einen Südweststurm zu geraten, ist größer als die Möglichkeit, ganz ungeschoren davonzukommen.

Wir haben die OLE HOOP so seefest gemacht, daß wir möglicherweise auch eine Durchkenterung, also eine Rolle um 360 Grad, überstehen könnten. Zusätzlich angebrachte Riegel und Stropps sollen sicherstellen, daß selbst dann keine Klappen aufgehen oder schwere Teile als gefährliche Geschosse durch die Luft fliegen können, wenn das Schiff auf dem Kopf steht. Besonders die Steckschotten des Niedergangs und das Schiebeluk sind mit Riegeln versehen, denn durch einen offenen Niedergang würde in Sekunden so viel

Wasser ins Schiff strömen, daß es nach einer Kenterung sinken könnte. Auch das Deck haben wir freigeräumt: Nur die beiden Spinnakerbäume und die Rettungsinsel sind an ihrem Platz geblieben. Segelsäcke, Schlauchboot und sogar der Buganker sind in den Backskisten verschwunden, denn je weniger der See an Deck Widerstand entgegensetzt wird, desto weniger kann beschädigt oder über Bord gespült werden.

Aus Johannas Logtagebuch

31. Oktober, fünfter Tag auf See. Blöde Situation, in diese schwarzen Wolkenbänke rein zu müssen. Barograph malt Abwärtslinie. Wechseln Fock gegen Klüver aus und binden zweites Reff ins Groß. Gewitterfront zieht von SE nach NE. Ein wildes Blitzen um uns – Donnergrollen. Ich habe fades Angstgefühl und prüfe nochmals Segelstellung und Himmel. Regen prasselt, aber heftige Böen bleiben aus – das beruhigt. Kuschle mich unter die Sprayhood und verziehe mich wenig später in die Kajüte. Beruhige mich – es wird schon werden ...

... 2. November, siebter Tag auf See. Position 25°43' Süd, 48°14' Ost, Südostwind Stärke fünf. Regenfronten ziehen ständig über uns hinweg, mit Schauern und Wind bis sieben Beaufort – eine freudlose Nacht, fühle mich zerschlagen und müde. Gegen neun Uhr klart es auf, Wind nur noch fünf aus Südost. Würden gut vorankommen, wenn wir nicht eineinhalb Knoten Gegenstrom hätten. Mir geht dieses langsame Vorankommen an die Nieren. Wenn wir doch nur schon an Madagaskar vorbei wären! Günther kommt mit guter Wetterprognose vom Seewetteramt Hamburg für die nächsten drei Tage – welche Beruhigung.

Wir befinden uns östlich der Südspitze Madagaskars und haben ein Drittel der Strecke hinter uns. Winde aus allen Richtungen und in allen Stärken zwischen null und acht, heftige Gewitter und Schauerböen halten uns ständig in Atem. Ein Sturmtief allerdings ist zum Glück bisher nicht in Sicht. Obwohl wir Wetter wie dieses schon häufiger hatten, sind wir angespannter als sonst, beobachten den Barographen, malen Wetterkarten und wünschen uns ausnahmsweise, möglichst bald anzukommen. Doch das traurige Etmal von minus elf Seemeilen(!), das ich am Morgen ins Logbuch eintrage, läßt kaum auf eine schnelle Reise hoffen. Ursache für diesen Negativrekord war ein Südwind, der uns auf Steuerbordbug zu nahe an die Küste gebracht hätte; deshalb segelten wir Südostkurs, der durch den Strom zum Ostkurs wurde und uns zurückversetzte.

In dieser Nacht scheint es besser zu laufen; der Südost ist zwar etwas böig und schwankt zwischen vier und sechs Windstärken, doch der Luftdruck bleibt stabil, und die Wolken, die am Horizont aufziehen, sehen nicht bedrohlich aus. Unter Klüver und gerefftem Groß laufen wir hoch am Wind auf unseren Wegpunkt 100 Seemeilen südlich von Madagaskar zu.

Es ist 20.00 Uhr. Gerade überlegen wir, ob wir dem nur noch eine Meile entfernten entgegenkommenden Frachter ausweichen sollten, da erschüttert plötzlich ein dumpfer Schlag die OLE HOOP. »Ein Wal!« denken wir im ersten Schreck, doch achteraus ist nichts zu sehen. Hastig lege ich den Lifebelt an, klinke den Karabinerhaken in die Sicherheitsleine an Deck ein und stürze nach vorne. Der Klüver steht in großem Bogen ungewöhnlich weit außen, und es dauert ein paar Sekunden, bis mir klar wird, was das bedeutet: Das Steuerbordvorstag ist gebrochen! Nur keine Panik jetzt ... Das zweite Vorstag ist noch heil, und auch der gesetzte Klüver sichert weiterhin den Mast. Johanna ist nun ebenfalls nach vorn gekommen, und gemeinsam überlegen wir, was zu tun ist.

Der inzwischen sehr nahe gekommene Frachter hat sich im letzten Moment seiner Ausweichpflicht erinnert, deshalb bleibt es uns erspart, mit dem lädierten Rigg auch noch Manöver fahren zu müssen. Wir bergen zuerst das Groß, dann den Klüver und setzen schließlich das mit einem Schäkel am Vorstagbeschlag befestigte zweite Fockfall mit der Winsch so hart durch, wie wir können. Doch die Spannung des fehlenden Vorstags ist damit nicht zu erreichen. Das Ganze bleibt also ein Provisorium, und vor allem befürchten wir, daß auch das obere Gabelterminal des anderen Vorstags jeden Moment bricht. 1000 Seemeilen und der schwierigste Teil der Strecke liegen noch vor uns, und ausgerechnet sie müssen wir mit einem beschädigten Rigg bewältigen.

4. November, 600 Seemeilen vor Durban

Seit unserem Vorstagbruch vor drei Tagen sind wir trotz verkleinerter Segelfläche mit östlichen Winden gut vorangekommen. Während wir anfangs ständig in Sorge waren, mit einem weiteren dumpfen Knall würde sich auch das zweite und letzte Vorstag verabschieden, haben wir uns mittlerweile an diesen Zustand gewöhnt und vergessen sogar manchmal, daß wir potentielle Havaristen sind.

Während der letzten Nacht schlief der Wind ein; motorend hatten wir endlich einmal eine erholsame Nacht ohne Segelwechsel. Jetzt weht es mit fünf Windstärken aus Südwest, doch da Madagaskar nun hinter uns liegt, haben wir wieder Raum nach Norden und können Westkurs segeln. Die Wetterlage sieht nach wie vor gut aus, kein Sturmtief ist im Anzug, und nach den Windvorhersagen müßte der Südwest bald über Süd auf Südost zurückdrehen.

Wie häufig auch schon in anderen Seegebieten, gelingt es uns nicht, brauchbare lokale Wetterberichte zu empfangen. So ist es wieder mal nur der Amateurfunk, über den wir mit Wetterinformationen versorgt werden. Neben Christoph und Günther, die sich viel Mühe geben, uns heil nach Durban zu bringen, haben wir jetzt auch täglich Kontakt mit Alistair, der das südafrikanische Amateur-Seefunknetz leitet. Seit Jahren schon versorgt er die Segler rund um Afrika mit den Wetterdaten der amtlichen Seewetterberichte und Vorhersagen. Für uns stellen sie eine nützliche Ergänzung zu den übrigen Informationen dar.

9. November, Endspurt nach Durban

Was soll nun noch dazwischenkommen? Bei sieben bis acht Windstärken aus Nordost und strahlend blauem Himmel passieren wir mit schäumender Bugwelle die 100-Faden-Linie, jene imaginäre Grenze des afrikanischen Festlandsockels, wo der Agulhasstrom seine größte Geschwindigkeit erreicht. Eigentlich sollten wir mit unserem defekten Rigg etwas vorsichtiger sein, denn die kurze steile See versetzt der OLE HOOP immer wieder harte Schläge. Doch das nur noch 50 Seemeilen entfernte Ziel und die Geschwindigkeit von zwölf Knoten, zu der uns der Strom verhilft, machen uns übermütig.

Mit abnehmender Wassertiefe wird der Strom schwächer, und auch der Wind läßt etwas nach. 25 Seemeilen voraus würde bei klarer Sicht jetzt die Küste auftauchen. Doch milchig weißer Dunst liegt über dem Wasser, und obwohl die Sicht sich zusehends verschlechtert, brauchen wir uns keine Sorgen zu machen, denn der GPS-Navigator wird uns punktgenau in die Hafeneinfahrt bringen.

Entspannt und glücklich, den gefürchteten Indischen Ozean hinter uns gebracht zu haben, genießen wir das herrliche Segelwetter und die letzten Meilen, die unsere tüchtige Ole Hoop ihrem Ziel entgegenfliegt.

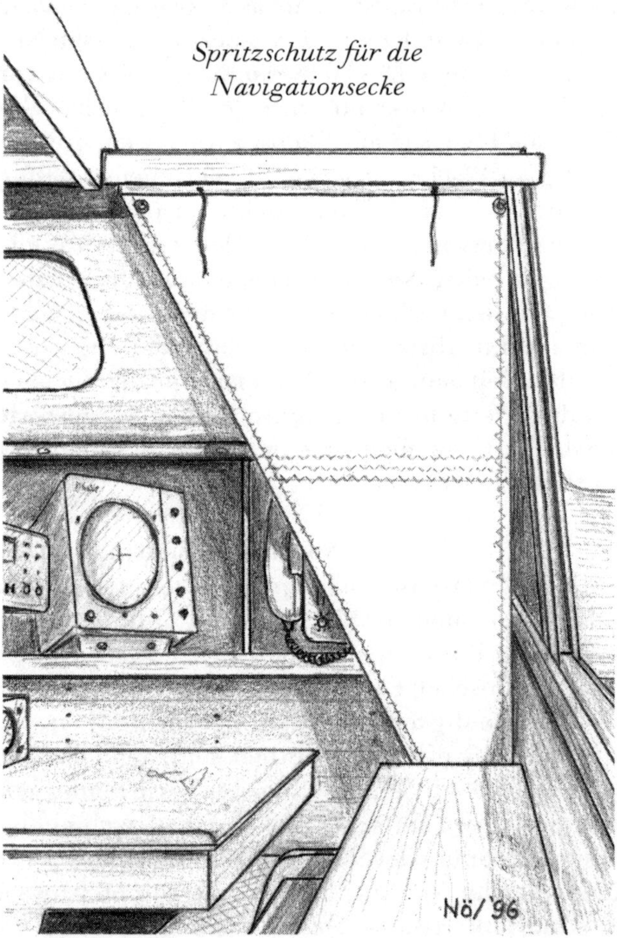

Spritzschutz für die Navigationsecke

Durban und das »Kap der Stürme«

»Hallo, OLE HOOP! Kommt ihr aus Hamburg?« hören wir es plötzlich oben von der Pier rufen. Ein hagerer älterer Herr in kurzer Uniformhose und weißem Hemd grüßt uns freundlich und fragt, ob wir irgendwelche Probleme haben. Die haben wir allerdings, denn seit einer Stunde schon warten wir in dem kleinen Hafenbecken, in das uns irgendwelche Offiziellen gewunken haben, auf die Einklarierungsbeamten. »Moment, das regeln wir gleich.« Er spricht in sein Handfunkgerät, und nach ein paar Minuten ist das Problem gelöst. »Ihr könnt hinüberfahren und an der Gästepier beim Yachtklub festmachen«, informiert er uns. »Die Beamten werden in einer halben Stunde dort sein.« Donnerwetter, so einfach ist das, wenn man die richtigen Leute kennt!

Bevor wir die Leinen loswerfen, bleibt noch Zeit, uns auf der Pier erst einmal per Handschlag zu begrüßen und vorzustellen. Vor uns steht Karl, ein echter Hanseat, der früher als Kapitän bei der Hamburg Süd fuhr und nun seit 20 Jahren als Lotse in Durban arbeitet. Als alter Fahrensmann kennt er die Weltmeere und bewundert unseren Mut, mit so einem kleinen Schiff die Welt zu umsegeln. Als wir ablegen und zu unserem Liegeplatz im Yachtklub fahren, haben wir schon unsere erste Einladung zum »Braai«, der südafrikanischen Grillparty.

In keinem Hafen der Welt haben wir so schnell Kontakt zu Einheimischen bekommen und werden so häufig eingeladen wie hier in Durban. Die meisten Kontakte ergeben sich bei unseren Besuchen in einem der beiden Yachtklubs, deren Anlagen mit Bar, Restaurant und Swimmingpool wenig gemein haben mit unseren Klubhäusern in Deutschland. Auch das Klubleben hat hier einen ganz anderen Charakter und ist keineswegs nur am Segelsport orientiert, der bei vielen Mitgliedern kaum eine Rolle spielt. Vielmehr ist die Mitgliedschaft in einem Reit-, Golf-, Tennis- oder eben Segelklub Voraussetzung für die Teilnahme am gesellschaftlichen Leben der weißen Mittelschicht und ausschließlich ihr vorbehalten. Unsere Gespräche über die Apartheid berühren denn auch oft einen wunden Punkt. Viele wissen, daß sie sich allzu lange ein bequemes und privilegiertes Leben auf Kosten der Schwarzen geleistet haben, und fürchten jetzt, am Vorabend der ersten gleichen und allgemeinen Wahlen in der Geschichte Südafrikas, um ihren Besitzstand.

Auch Karl, unser freundlicher Hamburger Kapitän, bei dem wir einen netten Grillabend im Kreis seiner Familie verbringen, ist in dieser Hinsicht voller Widersprüche, denn er hat sich offensichtlich sehr an die quasi feudalen Verhältnisse gewöhnt. Aber mit Sicherheit werden seine beiden schwarzen Hausangestellten künftig mit einem Tageslohn von umgerechnet zehn Mark nicht mehr zufrieden sein.

Die Millionenstadt Durban hat zwei, eigentlich drei Gesichter. Das eine wird geprägt durch den Handelshafen, die moderne City mit Banken, Geschäftshochhäusern und Einkaufszentren, das zweite durch die »Beach Side«, an der sich nicht nur kilometerlange Badestrände erstrecken, sondern auch ein riesiger öffentlicher Vergnügungspark mit Badelandschaften, Wasserrutschen und Karussells, die eine Disney-Park-Atmosphäre erzeugen, und das dritte durch die ständig wachsenden Slumviertel rund um die Stadt, in denen heute schon mehr Menschen leben als in Durban selbst.

Armut, Unterversorgung in jeder Hinsicht und natürlich Kriminalität herrschen in diesen Massenansiedlungen aus primitiven Bretter- und Blechbuden. Als wir mit David, einem Architekten, der hier neue Schulen baut, durch die Slums fahren, rät er uns, trotz der Hitze im Wagen alle Fenster zu schließen und die Türen zu verriegeln. Auf unsere Frage, wovon denn diese eineinhalb Millionen Menschen eigentlich leben, weiß auch er keine Antwort.

Im Grunde interessieren uns die Menschen dieser Gesellschaft im Umbruch mehr als das berühmte afrikanische Großwild. So reicht uns ein kurzer Besuch in einem kleineren als dem Krüger-Nationalpark, um einen Eindruck von der »Wildnis« dieses Landes zu gewinnen. Wieder einmal empfinden wir Distanz gegenüber einer äußeren Natur, die wir uns nicht aneignen, sondern nur als Zuschauer betrachten können. Tatsächlich, so resümieren wir, stellt ein in geduldiger, monatelanger Arbeit von Kameraprofis gemachter Tierfilm mehr Nähe zum Objekt her, als wir sie uns im Landrover auf vorgeschriebener Piste durch einen Nationalpark verschaffen können.

Unsere OLE HOOP braucht dringend Pflege. Über 17000 Seemeilen haben wir sie in den letzten neun Monaten durch Wind, Wellen, Sonne und Regen getrieben, und entsprechend sieht die Lackierung der Holzaufbauten aus. Mit Ausbessern ist da nichts mehr zu machen, der Lack muß bis auf das rohe Holz abgeschliffen werden. Um besser arbeiten zu können, verlegen wir uns an einen Schwimmsteg des Klubs. Nur wer selbst ein Holzschiff besitzt, hat eine Vorstellung davon, wieviel Arbeit so eine Renovierung bedeutet. Mit Excenterschleifer, Schleifkorken, Ziehklinge und Stecheisen sind wir eine Woche lang damit beschäftigt, Aufbauten, Süll und Cockpit bis in die kleinsten Ecken vom Lack zu befreien: bei über 30 Grad im Schatten eine schweißtreibende Arbeit. Nach einer weiteren Woche aber erglänzt das Mahagoniholz unter sieben Lackschichten. Das waren wir der alten Dame schuldig, die mit ihren 24 Jahren noch immer eine Schönheit ist.

Doch wir sind nicht die einzigen, die an ihrem Schiff arbeiten. Fast an jeder Yacht, die nach dem langen Weg durch den Indischen Ozean in Durban ankommt, gibt es irgend etwas zu reparieren, und keine Hafenstadt an der ganzen afrikanischen Küste ist dafür geigneter als diese, denn Segelmacher, Yachtausrüster und Riggbauer liegen dem Yachtklub direkt gegenüber.

Im Dezember beginnt hier der südliche Sommer. Eine brütende Hitze liegt über der Stadt, ein ungewohnter Kontrast zu den weihnachtlich geschmückten Einkaufsstraßen und Kaufhäusern, durch die sich dichtgedrängt ungeheure Menschenmassen schieben: ein Einkaufsrummel, wie wir ihn um diese Zeit selbst auf der Mönckebergstraße in Hamburg noch nicht erlebt haben. Eigentlich wollten wir Weihnachten schon nicht mehr in Durban sein. Nach sechs Wochen Großstadt drängt es uns weiterzusegeln und die nächste Etappe, das berüchtigte »Kap der Stürme«, in Angriff zu nehmen.

Zehn Yachten aus Europa und den USA sind inzwischen in Durban eingetroffen. Sie alle wollen in den nächsten Tagen weiter Richtung Kapstadt. So ist bei den Grillabenden am Pool des Klubs oder wo immer man sich trifft, das Wetter und die richtige Taktik der Kapumrundung ein Dauerthema. Das Hauptproblem bei der Umsegelung der Südspitze Afrikas ist der ständige Durchzug von Tiefausläufern, die in Abständen von ein bis drei Tagen südwestliche

Winde oder auch Stürme mit sich bringen. Der hohe Seegang, der sich dann in den starken Gegenströmen in Küstennähe aufbaut, macht nicht nur ein Gegenankreuzen völlig unmöglich, sondern kann unter Umständen auch das Schiff kosten. Richtiges Timing ist also am wichtigsten: Man startet unmittelbar nach dem Durchzug eines Tiefs, um bis zum nächsten Tief wieder im Hafen oder in einer Ankerbucht zu sein. Die 800 Seemeilen lange Strecke von Durban nach Kapstadt kann nur ganz selten in einem Stück bewältigt werden. Wir rechnen mindestens 14 Tage dafür, denn unter Umständen könnten wir bei schlechtem Wetter tagelang in irgendeinem Hafen festgehalten werde.

Am problematischsten ist die erste Etappe von Durban nach East London. Auf diesem 270 Seemeilen langen Abschnitt gibt es nicht einen einzigen Hafen oder eine Ankerbucht, die Schutz bieten. Schafft man dieses Stück nicht zwischen zwei Tiefs, bleibt einem nichts anderes übrig, als wieder zurückzusegeln. Gelegentlich kommt es vor, daß Yachten nur wenige Meilen vor East London von einem Südweststurm überrascht werden und dann abgekämpft nach vier Tagen wieder in Durban einlaufen. Wir erleben es selbst, als eine kleine englische Yacht, die drei Tage zuvor Durban verlassen hat, plötzlich wieder uns gegenüber festmacht; sie war offensichtlich zu früh ausgelaufen.

So heißt es eben, geduldig auf den richtigen Zeitpunkt zu warten. Jeden Tag wandern wir zur nahegelegenen Segelschule, studieren die dort ausgehängten Wetterfaxkarten und lassen uns von den reviererfahrenen Seglern beraten. Die Ole Hoop in ihrem neuen Glanz und mit repariertem Vorstag ist seeklar und zerrt schon an den Leinen. Auch wir werden langsam ungeduldig, doch es dauert noch eine ganze Woche, bis es endlich heißt: Auf nach Cape Town, der Wind ist günstig!

28. Dezember, zweiter Tag auf See

Vor 24 Stunden sind wir in Durban gemeinsam mit vier anderen Yachten ausgelaufen. Nach anfangs leichtem Südost haben wir inzwischen Ostnordost und fünf Windstärken. Der Agulhasstrom hat uns kräftig geschoben und ein Etmal von 180 Seemeilen beschert. Vor zwei Stunden ging uns eine meterlange Goldmakrele an den

Haken, und wenn der angekündigte Südwest nicht wäre, könnte die Welt ganz in Ordnung sein.

Alistair vom Südafrikanetz hat uns empfohlen, so schnell wie möglich nach East London zu laufen, denn eine Kaltfront sei im Anmarsch und könne uns schon in zehn Stunden erreichen. Es wird also doch noch ein Wettlauf mit der Zeit. Wir überlegen, ob wir den Motor zu Hilfe nehmen sollen, doch bei den zehn Knoten über Grund, die wir im Moment laufen, müßten wir es eigentlich auch so noch schaffen.

Je mehr wir uns der Küste nähern, desto geringer wird der Strom, und leider läßt in der Nacht auch der Wind nach. Ohne lange zu zögern, werfen wir nun doch den Motor an, denn weniger als fünf Knoten Fahrt können wir uns nicht leisten. Angespannt beobachten wir den Himmel und starren voraus in die Dunkelheit, um die ersten Lichter der Stadt zu entdecken. Nur noch 15 Seemeilen sind es bis East London, doch nicht der kleinste Lichtschein ist zu sehen. Eine Stunde später, bei mittlerweile völliger Flaute, wissen wir auch den Grund: Pottendicker Nebel umgibt uns, so dicht, wie wir ihn bisher nur im Englischen Kanal erlebt haben.

Wir schalten Radar ein und laufen mit unverminderter Fahrt auf die Hafeneinfahrt zu – oder auf das, was wir dafür halten, denn das Radarbild ist noch nicht eindeutig. Zur Sicherheit rufe ich über UKW die East London Port Control, die sich nicht nur prompt meldet, sondern uns auch schon auf dem Radarschirm hat. Der Controller bestätigt unseren Kurs, so daß wir beruhigt weiter mit sechs Knoten durch die graue Suppe dampfen können.

Eine Stunde später, um 02.00 Uhr, stehen wir unmittelbar vor der Hafeneinfahrt. Von nun an lotst uns der Controller mit Hilfe seines Radars metergenau durch den Hafen, von dem wir nur schemenhaft hin und wieder ein schwaches Licht oder den Schatten einer Mole erkennen. Als er sich mit den Worten verabschiedet, daß wir nun festmachen könnten, haben wir Mühe, die nur zehn Meter entfernte Pier zu erkennen, an der unser Liegeplatz sein soll.

Todmüde fallen wir gegen 04.00 Uhr morgens in die Koje. Die erste und schwierigste Etappe ist geschafft! Wir schlafen lange. Erst gegen Mittag werden wir von einem durch das Rigg pfeifenden starken Südwest geweckt.

4. Januar

Alistair hat uns grünes Licht gegeben. Diesmal sind es nur 140 Seemeilen bis zu unserem nächsten Hafen. Wir sind weitaus weniger angespannt als nach unserem Auslaufen aus Durban. Der vier Knoten starke Strom und sechs Windstärken aus Südost lasssen uns auf eine Blitzreise hoffen. Ruppige See und der bis auf Stärke acht zunehmende Wind machen die Nacht ausgesprochen ungemütlich, doch schon nach 18 Stunden surfen wir um 02.00 Uhr morgens durch die Hafeneinfahrt von Port Elizabeth und machen in der Nähe des Yachtklubs an einem Fischer fest.

11. Januar

Die Wetterlage ist diesmal nicht eindeutig. Dennoch sind wir heute morgen ausgelaufen, denn westlich von Port Elizabeth gibt es schon nach 70 Seemeilen die erste Ankerbucht, in der wir Schutz gegen Südwestwinde finden können. Noch weht ein schwacher Nordost, doch Alistair sagt uns für morgen starken Südwest voraus. So setzen wir Kurs auf die 130 Seemeilen entfernte Plettenberg Bay ab und hoffen, daß wir es bis morgen früh schaffen. Je weiter wir gegen Westen vorankommen, desto höher, felsiger und schöner wird die Küste. Gern würden wir ganz nahe daran vorbeisegeln, doch dicht unter Land laufen östliche und auflandige Ströme, die wir nun wirklich nicht brauchen können.

Alistair hat mal wieder recht behalten. Kaum haben wir, gegen einen leichten Westwind anmotorend, gegen 06.00 Uhr unseren Ankerplatz im Schutz der hohen Berge von Plettenberg erreicht, heult es auch schon mit acht Beaufort von den Felshängen herunter. Das war Maßarbeit! Nur eine Stunde später, und wir hätten 50 Seemeilen wieder zurücklaufen müssen.

15. Januar

Laut Wetterbericht haben wir eine gute Chance, die restlichen 300 Seemeilen bis Kapstadt in einem Stück zu schaffen. Noch vor Sonnenaufgang verlassen wir deshalb unseren Ankerplatz und motoren bei völliger Windstille durch die in der aufgehenden Sonne rosa schimmernde, spiegelblanke See. Die Küste wird nun noch wilder und schroffer. Wir setzen Kurs auf Kap Agulhas ab, den mit 35° Süd und 20° Ost südlichsten Punkt unserer Weltumsegelung.

Wir haben es eilig und lassen den Motor weiter mitlaufen, als am Nachmittag ein schwacher Südost die Segel füllt, denn wir wollen die ungastliche Südküste Afrikas endlich hinter uns bringen.

16. Januar,
am Kap der Guten Hoffnung

Um 12.00 Uhr haben wir nach 31 Stunden Motorsegeln das von Klippen und Felsen umsäumte, imposante Kap Agulhas querab. Wir fühlen uns erleichtert und entspannt, denn von nun ab geht es die letzten 120 Seemeilen um das Kap der Guten Hoffnung bis nach Kapstadt allmählich wieder nach Norden. Auch die Strömung wird schwächer; zwar werden wir nun nicht mehr geschoben, doch die Gefahr gefährlicher Seen ist damit vorbei.

Der Südost frischt jetzt auf, und als wir eine Stunde nach Mitternacht das Leuchtfeuer des berühmtesten Kaps Afrikas querab haben, weht es mit satten acht Windstärken.

Die meisten Segler, die wir seit Durban kennen, sind nicht direkt nach Kapstadt, sondern in die zehn Seemeilen davor liegende Hout Bay eingelaufen. Da der Liegeplatz dort sehr viel schöner sein soll als der angeblich ölverschmutzte Hafen von Kapstadt, setzen auch wir unseren Kurs auf diese Bucht ab. Im rötlich warmen Licht der aufgehenden Sonne tut sich vor uns ein gewaltiges Bergpanorama auf. Mehr als 1000 Meter hohe, steil abfallende Berge erheben sich über der dunklen, wild zerklüfteten Felsenküste. Doch die Schönheit hat auch ihren Preis, denn Fallwinde mit über 50 Knoten, also mit zehn Beaufort, heulen in die Bucht und in den Hafen hinein. Uns wird mulmig. Bei einem solchen Wind in den uns unbekannten Hafen und an die enge Steganlage einer Marina zu gehen, erscheint uns zu riskant. Leicht kann es da Kleinholz geben. Eine Meile vor der Hafeneinfahrt drehen wir deshalb ab, um nach Kapstadt weiterzulaufen. 50 Knoten Wind, so erfahren wir später von Einheimischen, sei noch gar nichts; bis zu 75 Knoten, also schweren Orkan, hätten sie schon im Hafen gemessen!

Starke Fallwinde sind offenbar eine Spezialität dieser Küste, denn auch vom hoch über der Skyline von Cape Town aufragenden Tafelberg heult der Wind, als wir drei Stunden später an einem Steg des Royal Cape Yacht Club festmachen. Still und entspannt sitzen wir auf der Terrasse des »königlichen« Yachtklubs von Kapstadt. Johanna lacht und hebt das Bierglas. Ihre braunen Augen blitzen mich über die große Blume hinweg an, sie drückt mir einen Kuß auf und sagt: »Prost, Schnuffelchen! Jetzt haben wir das Kap der Stürme bezwungen – bist du nicht stolz auf uns?«

V. Zweimal über den Atlantik

Auf nach Brasilien!

Wir sind unschlüssig. Das Schönste und Aufregendste unserer Reise haben wir im Grunde hinter uns. Vor uns liegen nun siebeneinhalbtausend Seemeilen Heimweg, mit den wenigen Höhepunkten Lüderitz und Walfischbucht in Namibia, dem ehemaligen Deutsch-Südwestafrika, vielleicht mit St.Helena und dann den Azoren, bevor es weiter gen England geht. Weder die Skelettküste von Namibia mit ihren Nebeln und Stürmen, noch die dort lebenden ehemaligen Deutschen locken uns so richtig. Ein südafrikanischer Segler, mit dem wir über unsere Reisepläne sprechen, fragt kopfschüttelnd, was um alles in der Welt die Deutschen eigentlich alle nach Lüderitz ziehe; da gebe es doch nichts außer Wüste und schlechtem Wetter. »Warum besucht ihr nicht das wunderschöne Brasilien und segelt zum Beispiel nach Salvador da Bahia?«

Je mehr er uns von Salvador vorschwärmt, desto mehr geraten unsere ursprünglichen Reisepläne ins Wanken. Am Ende hat er uns mit seiner Begeisterung angesteckt. Ja, wir segeln nach Brasilien! Was sind schon 3500 Seemeilen Passatstrecke, wenn wir dafür einige Wochen lang ein Land erleben können, das kennenzulernen uns schon immer gereizt hat?

Nachdem wir nun ein so aufregendes neues Ziel haben, kann uns nichts mehr bremsen. Die fehlenden Seekarten sind schnell besorgt und unsere Lebensmittelvorräte ergänzt. Am 26. Januar, zweieinhalb Monate nach unserer Ankunft in Durban, verlassen wir Afrika, um ein zweites Mal den südamerikanischen Kontinent anzusteuern.

30. Januar, fünfter Tag auf See

Position um 08.00 Uhr 30°14′ Süd, 8°59′ Ost. Gut, daß wir nicht soviel Fahrt machen! Was da achteraus an der zum Zerreißen gespannten Angelsehne tobt, ist wohl der dickste Brocken, den wir je am Haken gehabt haben. Selbst durch die Arbeitshandschuhe spüre ich noch schmerzhaft den gewaltigen Zug, als ich beginne, die Angel einzuholen. »Der ist doch viel zu groß für uns!« ruft Johanna aufgeregt. »Den kriegen wir nie über die Reling.« Auch mir zittern vor Anstrengung die Knie, als ich den blausilbernen, torpedoförmigen Leib des kämpfenden Fisches bis an die Bordwand herangeholt habe. Obwohl ich mittlerweile Routine darin habe, stehe ich vor dem entscheidenden letzten Moment noch immer unter Hochspannung. Der glänzende, unglaublich voluminöse Rumpf wirbelt durch die Luft, landet im Cockpit, und ich lege mich beinahe dazu, denn der Schwung bringt mich aus dem Gleichgewicht.

So lang ist der Bursche gar nicht, aber mit seinen 17 Kilo, die wir auf unserer neuen Federwaage messen, wohl der schwerste, den ich bisher über die Reling gewuchtet habe. Es ist ein Albakora, eine Thunfischart, die uns viele köstliche Frischmenüs liefert.

Südliche Winde um fünf Beaufort haben uns in den vier Tagen seit Kapstadt bei entspanntem Segeln schon 550 Seemeilen vorangebracht. Allerdings dreht der Wind manchmal bis auf Südwest, so daß wir unseren Sollkurs nach Salvador von 280° nicht immer halten können. Doch was spielt das bei den 3000 Seemeilen, die noch vor uns liegen, schon für eine Rolle? An diesem Abend schreibt Johanna ins Logtagebuch: *»Herrliches Wetter, es wird jeden Tag wärmer. Wir können den Kurs nicht halten, sind aber trotzdem sehr zufrieden. Freundliche Westwinde. Was hatten wir da sehr viel nördlicher alles auf dem Pazifik! Wunderschöne rosa Wolken vor Sonnenuntergang, mit grauem Überzug und Hellblau drum herum.*

Vor dem Mondaufgang ein wahnsinnig klarer Sternenhimmel – wie diese Sterne leuchten! Delphine springen schnaufend um uns herum und hinterlassen im dunklen Wasser eine hellgrün phosphoreszierende Leuchtspur.«

9. Februar, 14. Tag auf See

Position um 08.00 Uhr 23°54′ Süd, 10°29′ West. Der seit gestern zunehmend schwächere Ostwind scheint langsam ganz einzuschlafen. Schade! Noch in den Tagen zuvor hatten wir Etmale um 140 Seemeilen. Nachdem alle Versuche, mit Blister plus Genua aus dem Hauch von Wind noch etwas herauszuholen, gescheitert sind, starten wir schweren Herzens den Motor, den wir bisher so gut wie nie gebraucht haben.

Heute feiern wir Bergfest, das heißt, die Hälfte der Strecke nach Salvador haben wir hinter uns. Selten war das Segeln so wenig anstrengend wie hier im Südatlantik, den wir bisher eher als rauh eingeschätzt haben.

Entspannt genießen wir uns, das schöne Wetter, die farbenprächtigen Sonnenauf- und Untergänge und finden viel Zeit und Ruhe zum Lesen, Zeichnen, Schreiben und zu Gesprächen, nicht nur miteinander, sondern auch mit Günther in Kronberg, Christoph in Münster und vielen MM-Stationen. In den Pazifik, zu Helmut von der FALLADO und anderen Seglern dort, klappen die Verbindungen manchmal nicht mehr ganz so gut, doch alte Bekannte aus der Karibik tauchen plötzlich wieder auf. »Was, wo kommt ihr denn her? Ihr wart doch gerade noch in Panama«, fragt mancher verblüfft. Stimmt, das ist genau ein Jahr her, ein Zeitraum, in dem so mancher Langzeitsegler in der Karibik sein Schiff nicht weiter als von Martinique nach Trinidad bewegt hat.

Auch zu Fred in Las Palmas, dem wir unsere großartige Antenne verdanken, und zu einigen Mittelmeerstationen bekommen wir jetzt wieder Kontakt. Helmut, der sich mit seiner JOSEPH HAYDN von den Kapverden aus ebenfalls auf dem Weg nach Salvador befindet, wird vermutlich eine Woche nach uns dort eintreffen. In Kontakt bleiben wir auch mit den »Afrikafahrern«, die sich noch an der Küste Namibias herumtreiben und die wir mit Sicherheit auf den Azoren wiedertreffen werden.

14.2.94 Montag CapeTown-Salvador 20. Tag

LT	UTC	Wetter	QTH, Segel etc	Mgk	Rdk	Log
00-00	00-00	NE 1-2 1/8 1015	Genua ↕ + Gross	314	290	11760

8-00	8-00	NE 3-4 1/8 1016	21°08 S 18°28' W "5 1/2 Knoten Fahrt"	314	290	11794 /3821

16-00	16-00	NE 4- 1/8 1017	20°47 S 19°11 W	314°	290°	11836
24-00	24-00	NE 4 1/8 1017	20°28'S 19°52'W D = 1161 sm	314	290	11883 /3906

Der letzte Apfel aus Capetown

8.00 Uhr UTC:	GPS-Log: 11794	Etmal: 110 sm
	seit CT: 2239 sm	Salvador: 1248 sm

Schon am Abend, nach vier Stunden Flaute, kommt der Wind zurück, wenn auch nur schwach und vorübergehend aus Südwest. Doch wir können wieder Segel setzen und den Motor ausmachen. Eine weitere ruhige Nacht liegt vor uns.

15. Februar, 21. Tag auf See

Position um 08.00 Uhr 20°08′ Süd, 20°27′ West. Gemächlich gleiten wir den »Berg« hinab. Unsere Etmale liegen in den letzten Tagen oft unter 100 Seemeilen; damit steht fest, daß wir den berühmten Karneval in Brasilien nicht mehr erleben werden. Auch dies, wie so manches, werden wir uns eben für die nächste Reise aufheben.

Obwohl noch sieben Wochen in Salvador und einige 1000 Meilen dazwischenliegen, wandern unsere Gedanken jetzt schon oft nach Hamburg; in einigen Monaten werden wir dort ankommen. Unsere Gefühle sind zwiespältig: Einerseits freuen wir uns auf das Wiedersehen mit Freunden und Verwandten und auf einen glücklichen Abschluß unserer Reise, andererseits ist dann ganz plötzlich alles zu Ende. Wie werden wir uns fühlen, wenn die OLE HOOP endgültig in Finkenwerder angebunden ist und sich ihr Bug, zumindest für die nächsten Jahre, nicht mehr auf ferne Kontinente richtet?

Lächerlich, jetzt schon daran zu denken. Wir befinden uns noch mitten auf dem Südatlantik, über 1000 Seemeilen von Salvador entfernt, und es gibt keinen Grund, diese wunderbare Reise im friedlichen Passat nicht zu genießen.

Unter strahlend blauem Himmel, bei vier Windstärken aus Ost und mit halb achterlichem Wind laufen wir unter Groß und Genua durch das tiefblaue Wasser des Atlantiks. »Komm, Johanna, wir machen jetzt einen Spaziergang!« Lachend schiebt sie ihr Buch zur Seite, und Hand in Hand schlendern wir über das schwankende Deck nach vorn. Auf dem Vorschiff ist unser »Ausflugsziel« erreicht – nackt liegen wir auf dem sonnenbeschienenen heißen Teakdeck, unter uns die rauschende Bugwelle und über uns die vor dem blauen Himmel strahlend weiß wirkenden, hochgewölbten Segel. Warum haben wir bloß unseren Picknickkoffer nicht mitgebracht? Doch dem kann leicht abgeholfen werden: Mit unserem Nachmittagskakao und einer Schale Kekse genießen wir auf dem Vorschiff die Seereise, als wären wir Gäste auf einem Kreuzfahrtschiff.

21. Februar, 27. Tag auf See

Position um 08.00 Uhr 15°55′ Süd, 30°38′ West. Einige Flauten, heftige Gewitter und Nordwestwinde bis zu sieben Beaufort haben die letzten Tage etwas ungemütlicher gemacht. Seit gestern aber weht wieder ein gleichmäßiger, kräftiger Nordost. 3000 Seemeilen haben wir in 26 Tagen zurückgelegt, das ergibt ein Durchschnittsetmal von 115 Seemeilen: bei den teilweise sehr leichten Winden ein Ergebnis, mit dem wir zufrieden sein können.

Ein schläfriger Nachmittag. Nach Bohneneintopf mit Rindfleisch hat Johanna sich müde ins Vorschiff verkrochen. Die OLE HOOP zieht unter ausgebaumten Vorsegeln und gerefftem Groß ruhig ihre Bahn. Ich sitze am Kartentisch und bastle an einem hübschen Geburtstagsgeschenk für Johanna. Aus durchsichtigen Folien, Pappe und Papier entsteht eine runde Scheibe mit einem Fenster, in das vier unterschiedliche Seewetterlandschaften und die OLE HOOP mit vier verschiedenen Besegelungen eingedreht werden können. Die vielen sehr präzisen kleinen Zeichnungen und das millimetergenaue Zusammenfügen der Einzelteile beschäftigen mich schon seit zwei Tagen, doch das Ergebnis wird uns sicher Spaß machen.

Ich bin ganz versunken in die Arbeit an meinem Spielzeug, da schreckt mich plötzlich ein gellender Schrei aus dem Vorschiff auf. Ich springe nach vorn – etwas Furchtbares muß passiert sein! Johanna steht aufgeregt neben der Koje: »Ein Fisch, ein Fliegender Fisch!« Kaum zu glauben: Durch die nur einen Spalt breit geöffnete Luke hat ein 15 Zentimeter langer Fliegender Fisch zielsicher seinen Weg zu Johanna in die Koje gefunden. Der sie aus tiefem Schlaf weckende, kalte, zappelnde Fischkörper auf ihrer nackten Haut hat ihr natürlich im ersten Moment einen Riesenschreck eingejagt. Ich lache schallend. Auch Johanna hat sich wieder gefangen, und gemeinsam expedieren wir den Unglücksraben zurück in sein nasses Element. Ich beginne gleich, das Tagesereignis in einem Logbuchbildchen festzuhalten. Unterschrift: Alle fliegen auf Johanna!

23. Februar, 29. Tag auf See

Position um 08.00 Uhr 14°14′ Süd, 35°06′ West. Unsere geschätzte Ankunftszeit steht nun fest. Heute abend werden es noch ungefähr 130 Seemeilen bis Salvador da Bahia sein, das heißt, spätestens morgen nacht werden wir dort einlaufen. Ausgestattet mit Leuchtfeuerverzeichnissen, Hafenplänen und den Tips anderer Segler, sollte es kein Problem für uns sein, diesen großen Hafen auch bei Dunkelheit anzusteuern.

Der Wind hat auf drei bis vier Beaufort abgenommen, doch noch immer laufen wir fünf Knoten. Noch bevor heute in der Funkrunde Geburtstagsgrüße für Johanna aus aller Welt über den Äther geschickt werden, haben schon die ersten Gäste, eine Schule Delphine, ihr mit fröhlichem Schnauben gratuliert. Mein kleines Geschenk hat sie begeistert. Auch für ein Festessen habe ich gesorgt und gestern abend einen 1,30 Meter langen Wahoo an Bord gezogen. Höchstens eine Flasche Wein fehlt noch zu unserer Feier, doch Alkohol haben wir schon lange nicht mehr an Bord. Deshalb rühren wir uns zu selbstgebackenem Kuchen unseren obligatorischen Nachmittagskakao an und freuen uns auf Salvador, wo wir sicher reichlich Gelegenheit haben werden, auf unsere Zukunft anzustoßen.

Zwischen ankernden, zu Ausflugsschiffen umgebauten Fischerbooten, einer schwimmenden Tankstelle und einem runden Wasserfort haben wir kurz nach Einbruch der Dunkelheit einen Ankerplatz direkt vor der Altstadt Salvadors gefunden. Auf den buntbemalten Booten und der Hafenmole herrscht schon reges Treiben, als wir uns den Schlaf aus den Augen reiben, um unsere neue Umgebung zum erstenmal bei Sonnenschein zu betrachten. 80 Meter über dem Hafen ragen die Kirchtürme, die palastähnlichen Kolonialbauten und modernen Hochhäuser der Oberstadt empor; darunter, durch einen Fahrstuhlturm mit ihr verbunden, liegt die dagegen ärmlich wirkende Unterstadt, deren teilweise zerfallene Gebäude an den steilen Felshängen kleben. Bunt, lebendig und voller Gegensätze, so erscheint uns diese Stadt mit ihren zweieinhalb Millionen Einwohnern, noch bevor wir sie betreten haben.

Trotz glühender Hitze (35°C) zwänge ich mich in eine lange Hose, denn so wenig Kleiderzwang es auch sonst in Brasilien geben mag, die Einklarierungsbeamten verlangen bedeckte Männerbeine. Am Anleger der Ausflugsboote binden wir unser Dingi an und haben seit über vier Wochen zum erstenmal wieder festen Boden unter den Füßen. Erwartungsvoll machen wir uns auf den Weg.

Ein buntes, bewegtes Straßenbild voller Menschen umgibt uns. Vor uns liegt das Mercado Modelo, ein großer Rundbau, früher Zollgebäude, der jetzt mit seinen Restaurants, Bars, Geschäften und Verkaufsständen von Touristen und Einheimischen bevölkert wird. Am Hafenbecken entlang reihen sich Marktstände, an denen Obst, Gemüse und Fisch verkauft wird. Die heiter wirkenden, oft schönen dunkelhäutigen Menschen ziehen unsere Augen auf sich, und so mancher Grazie schenke ich auch noch einen zweiten Blick (Johanna verzeiht es). Für diese Stadt werden wir uns noch viel Zeit lassen, doch zunächst müssen wir die Einklarierung hinter uns bringen und uns mit Cruzados, der einheimischen Währung, versorgen.

Am nächsten Abend, einem Samstag, schallt laute Musik über den Hafen, Menschenströme schieben sich durch die Straßen, und vor den vier Aufzügen, die in schneller Folge in die Oberstadt rasen, stehen Hunderte Schlange. Unsere Cruzados am Körper gut versteckt (schließlich sind wir in Brasilien), stürzen wir uns in das Getümmel. Eigentlich wollen wir in den alten Teil der Oberstadt, dessen malerische Gassen, Plätze, Straßenmärkte und schöne Barockkirchen wir schon am Tage besucht haben. Doch als wir auf dem großen Platz hinter dem Mercado Modelo ankommen, werden wir wie magisch angezogen von den auf der Straße tanzenden Menschen und der rhythmischen Musik der Band, die ihre Boxen und Verstärker neben einem Kiosk aufgebaut hat. Die Familien aus dem Hafenviertel, die Fischer, Andenkenverkäufer, Straßenkinder, Diebe und Prostituierten feiern hier ihr eigenes Fest, ohne die Touristen, die sich mehr zu den besseren Restaurants und Lokalen der Oberstadt hingezogen fühlen. Doch als wir uns zwischen den Tanzenden hindurchschieben, um am Kiosk eine Flasche Bier zu bestellen, werden wir schnell in ihren Reihen aufgenommen. Schon nach einigen Bieren, die wir uns wechselseitig spendieren, gibt es kaum noch Sprachprobleme. Ein Straßenhändler, den wir schon am Tag zuvor kennengelernt haben, verspricht, uns ein Stück von Salvador zu zeigen, das ein normaler Tourist sonst nie kennenlernt. Wir folgen ihm etwas unsicher – könnte es nicht eine Falle sein?

Vertrauenerweckend sieht das Ganze nicht aus. Vom Eingang eines halb zerfallenen Gebäudes führt eine steile, brüchige Holztreppe in den oberen Stock, in dem sich angeblich ein Restaurant befindet. Zögernd folgen wir unserem Führer. Samba-Reggae-Rhythmen schallen uns entgegen, als wir den überfüllten, großen Raum betreten – hier scheint wirklich der ganze Hafenkiez versammelt zu sein. Eine merkwürdige Mischung: Da springen Kinder um einen Tresen herum, auf dem Kuchen und Torten aufgebaut sind, an den Tischen sitzen aufreizend gekleidete »Damen«, erwartungsvoll nach Kunden Ausschau haltend, und die Drei-Mann-Band heizt lautstark den Tanzenden ein. Manches erinnert uns an die Kneipen auf St.Pauli, doch anders als dort grölen hier keine Betrunkenen herum, die Stimmung ist fröhlicher, und auch die »Damen« lächeln uns freundlich zu.

Zu vorgerückter Stunde fragt Johanna während einer Pause die Musiker, ob sie etwas singen dürfe. Die finden das gut, reichen ihr eine Gitarre und richten das Mikrophon. Beschwingt singt Johanna eins ihrer geliebten griechischen Lieder und bekommt begeisterten Applaus. Wir fühlen uns wohl unter diesen fröhlichen Menschen.

Auch wenn wir von ihrem Alltag wenig wissen, haben wir hier im Hafenviertel von Salvador doch mehr über ihr Lebensgefühl erfahren als in den Touristenlokalen der Oberstadt.

Der vollständige Name der Stadt lautet Salvador da Bahia de Todos os Santos (»Erlöser an der Allerheiligenbucht«), und eben diese 1200 Quadratkilometer große Bucht mit ihren zahlreichen tropischen Inseln, Sandstränden, idyllischen Ankerbuchten und von Dschungel und Mangrovensümpfen umgebenen großen Flußmündungen ist neben Salvador selbst das zweite Ziel unserer Reise. Nach zwei Wochen Großstadt verlassen wir unseren Ankerplatz, um die Inselchen, Dörfer und Flüsse der Umgebung zu besuchen. Als Geheimtip wurde uns die kleine Stadt Maragojipe genannt, zehn Seemeilen flußaufwärts am Rio Paraguaçu. Von Fährschiffen, Ausflugsbooten und alten Lastenseglern umgeben, lassen wir die sonnenbeschienene imposante Skyline Salvadors hinter uns und segeln mit leichtem Südwind durch das glatte, grün leuchtende Wasser der breiten Bucht Richtung Westen.

Nach einigen Stunden taucht vor uns die Flußmündung auf. Wir folgen dem gewundenen Verlauf des anfangs noch breiten Fahrwassers. Auch wenn der Wind in der Abdeckung der steiler und höher werdenden Felsenufer uns manchmal nur dahinschleichen läßt, mögen wir die fast feierliche Stille dieser schönen Flußlandschaft doch nicht durch unseren Motorlärm stören. Von achtern kommen zwei große Lastensegler auf. Mit ihren riesigen Segelflächen sind uns diese flachgehenden Holzboote eindeutig überlegen. All unsere Versuche, durch besseren Segeltrimm etwas schneller zu werden, können nicht verhindern, daß die malerischen Boote mit ihren freundlich winkenden Mannschaften an uns vorbeiziehen.

An Backbord weitet sich der Fluß jetzt zu einem großen See, und dort, ganz am Ende kaum zu erkennen, liegt unser Ziel, das abgelegene Maragojipe. Auch hier, über zehn Seemeilen weit flußaufwärts, herrscht noch ein großer Tidenhub; an den mangrovenbewachsenen Ufern treten jetzt, bei ablaufendem Wasser, schwarzglänzende Schlickböden hervor. Unsere beiden Lastensegler, die dicht an das Dorf herangefahren sind, liegen mit anderen Booten zusammen schon auf dem Trockenen, während wir in respektvollem Abstand ankern, denn zum Trockenfallen eignet sich eine Kielyacht nun einmal nicht. Heute ist es für einen Landgang schon zu spät, deshalb werden wir den Ort und vor allem den urigen Markt, zu dem die Bauern der ganzen Umgebung einmal in der Woche mit Ochsen, Eseln und Pferden anreisen, erst morgen besuchen.

Einen solchen Markt haben wir noch nie erlebt. Als sei das Rad noch nicht erfunden, wird alles, einschließlich der Menschen, auf dem Rücken der Tiere transportiert. Wie anderswo Autos parken, sind hier rund um den Markt die Lasttiere abgestellt. Doch wir sind nicht nur zum Besichtigen hier, denn so frisches, garantiert aus keinem Kühlhaus stammendes Obst und Gemüse bekommen wir nirgends sonst. Wir decken uns mit Mengen ein, die wir nur noch mit Hilfe einer von Kindern organisierten Schubkarre zum Fähranleger schaffen können.

Nach vier Wochen an einsamen Buchten, Stränden und in den verträumten Ortschaften der großen Bucht segeln wir wieder nach Salvador zurück. An unserem alten Ankerplatz zwischen Wasserfort und Tankstelle liegt eine Zwölf-Meter-Stahlsloop unter deutscher Flagge. Es ist die JOSEPH HAYDN mit Skipper Helmut und Mitsegler Hartwig, die inzwischen angekommen sind. Die Begrüßung ist herzlich, denn durch unsere häufigen Gespräche über Amateurfunk sind wir fast schon alte Bekannte.

Die beiden sind auf einer Atlantikreise und wollen von hier aus weiter in die Karibik segeln. Als alte »Bahianer« können wir ihnen eine Menge Tips für schöne Ankerplätze geben, während Helmut sein schon auf dem Atlantik gegebenes Versprechen einlöst, als gelernter Bäckermeister Johanna in die Kunst des Backens von Sauerteigbroten einzuweihen, und uns auch gleich mit den entsprechenden Zutaten versorgt.

Unsere Zeit in Brasilen läuft allmählich ab, und die letzte Woche steht ganz im Zeichen erneuter Reisevorbereitungen. Die mit 3750 Seemeilen längste und durch die zu erwartenden Gegenwinde wohl auch anstrengendste Segelstrecke zu den Azoren liegt vor uns. Nach den üblichen Großeinkäufen und den damit verbundenen Stauproblemen überprüfen wir diesmal das Rigg besonders gründlich. Als die leichtere hat zumeist Johanna das Privileg, in den Mast zu dürfen; mit Werkzeug und Lupe ausgerüstet, kontrolliert sie jeden Beschlag, jedes Terminal, jeden Bolzen und Splint.

Auch diesmal sind es nur zwei Splinte, die erneuert werden müssen – Kleinigkeiten, von denen aber das Überleben abhängen kann. Mit der Lupe lassen sich zwar angebrochene Beschläge und Drähte erkennen, nicht aber die feinen Haarrisse im Material. Deshalb kommt es immer wieder vor, daß blitzblanke und wie neu aussehende Niroteile urplötzlich brechen und aus einem eben noch seetüchtigen Schiff von der einen zur anderen Minute ein Wrack machen. Gegen dieses Risiko hilft auch der oft empfohlene Austausch sämtlicher Niroteile im Abstand von zehn Jahren nicht, denn unser im Indischen Ozean gebrochenes Gabelterminal war gerade erst drei Jahre alt.

Nach fast 30000 Seemeilen müssen auch unsere Segel überholt werden. Viele Nähte, besonders am Großsegel, sind durchgescheuert und werden in mühsamer Handarbeit nachgenäht. Das ist zwar anstrengend, hat aber den Vorteil, daß wir die Stiche in die alten Löcher setzen können und das Segel dabei nicht durch eine zweite Naht geschwächt wird.

Als wir nach sieben Wochen die Allerheiligenbucht verlassen, wissen wir: Dieser Abstecher hat sich gelohnt, und irgendwann werden wir Brasilien, von dem wir nur einen winzigen Teil kennengelernt haben, ein zweites Mal besuchen.

3750 Meilen gegen den Wind

13. April, erster Tag auf See

Position um 06.00 Uhr 13°00'Süd, 38°08'West. Salvador da Bahia verabschiedet sich von uns mit Regenschauern und wechselnden Winden zwischen zwei und sechs Beaufort. Wir sind noch nicht richtig eingestimmt und haben wenig Lust auf ständige Segelmanöver. So laufen wir mit Minimalbesegelung durch die regendunkle Nacht und träumen bei bahianischer Popmusik aus dem Radio von sonnigeren Zeiten.

Der unsteten Winde wegen wollen wir uns möglichst schnell von der Küste entfernen und danach einen Punkt auf dem Äquator ansteuern, an dem der Kalmengürtel, der zur afrikanischen Küste hin breiter wird, noch relativ schmal ist, aber auch so weit östlich liegt, daß wir hoch am Wind, gegen den Nordostpassat, die Azoren erreichen können.

Wir haben uns für den 28. westlichen Längengrad entschieden. Von hier aus hoffen wir, Horta auf 38°30′ Nord und 28°30′ West anliegen zu können. Auch die ersten 1000 Meilen bis zum Äquator werden wir gegen östliche Winde hoch am Wind segeln müssen – das gemütliche Passatsegeln können wir für den Rest der Reise vergessen.

18. April, sechster Tag auf See

Position um 06.00 Uhr 7°48′ Süd, 33°00′ West. Nach einigen Tagen mit ruhigem Passatwetter hat uns in der letzten Nacht das von Christoph angekündigte Regenfeld erreicht. Tiefschwarze, dicke Wolken ziehen mit kräftigen Schauern und starken Böen aus Nordost über uns hinweg. Die OLE HOOP legt sich auf die Seite, schießt mit sechseinhalb Knoten durch die steilen Wellen und schaufelt schäumendes Wasser aufs Leedeck. Kurz danach weht es eine halbe Stunde lang nur noch mit drei bis vier Windstärken aus Südost – bis die nächsten dunklen Wolken über uns sind, der Wind zurückdreht und erneut Schauerböen bis acht Beaufort durchs Rigg heulen. Laut Satellitenbild befinden wir uns bereits am oberen Rand des Regengebiets, doch das ungemütliche Wetter hält noch bis in die Nacht hinein an. Einen Vorteil immerhin hat das Segeln hoch am Wind: Töpfe, Geschirr und wir selbst fliegen nur noch auf eine Seite, und auch beim Schlafen ist es angenehm, nicht mehr hin und her gerollt zu werden.

23. April, elfter Tag auf See

Position um 07.00 Uhr 00°16′ Süd, 28°09′ West. Seit zwei Tagen haben wir strahlend schönes Wetter. Auch der Wind ist einigermaßen stabil geblieben. Unter Groß und Genua segeln wir mit drei Windstärken aus Ostnordost Richtung Äquator, der nur noch wenige Seemeilen vor uns liegt. Diesmal scheint uns ein langer Kampf mit den Kalmen erspart zu bleiben, denn nach den Satellitenbildern von Günther und Christoph können wir schon zwischen ein bis zwei Grad Nord leichten Nordostpassat erwarten.

Zur Äquatorfeier hat Johanna einen Zitronenkuchen gebacken; ich habe unsere vorletzte Flasche Wein zum Kühlen in einem Netz außenbords gehängt. Genau ein Jahr, zwei Monate und elf Tage ist es jetzt her, daß wir den Äquator Richtung Süden überquert haben. Wieviel Neues, Aufregendes und Schönes haben wir in diesen 14 Monaten erlebt! Und selbst die quälenden Flauten im Südpazifik, die wir mehr als einmal verfluchten, haben uns Erfahrungen vermittelt, die wir im nachhinein nicht missen wollen.

Vor uns liegen schon beinahe heimatliche Gewässer, und auch wenn es noch fast 4000 Seemeilen durch den Nordatlantik bis nach England sind, so haben wir doch das Gefühl, das eigentliche Abenteuer unserer Reise bereits hinter uns zu haben. Spätestens wenn wir unsere alte Kurslinie nach Barbados von vor zweieinhalb Jahren kreuzen, befinden wir uns auf der Rückreise, zwar erfüllt von unseren Erlebnissen, doch nicht mehr in Erwartung neuer großer Abenteuer.

Übertrieben genau, auf 28° 1′ West, passieren wir um 11.00 Uhr Bordzeit unter Segeln den Äquator. Unter der fast senkrecht stehenden, sengenden Sonne stoßen wir mit lauwarmem Rotwein auf den Nordatlantik, auf uns und einen guten Verlauf der Heimreise an. Plötzlich tönt lautstark, aber in schlechter Modulation eine Stimme aus unserem UKW-Radio. »Du, da ruft uns einer!« Richtig erschrocken blicken wir uns um. Tatsächlich, keine zwei Seemeilen querab steht ein riesiger Pott. Ich stürze ans Funkgerät und melde mich. Sofort bekomme ich Antwort: Es ist ein Brasilianer auf dem Weg ins Mittelmeer, nach Libyen. Er gratuliert uns zur Äquatorüberquerung und wünscht uns eine gute Reise. Wir sind richtig gerührt. Noch nie haben wir erlebt, daß uns die »Großen« zuerst anrufen, oft melden sie sich nicht einmal, wenn man sie auf Kanal 16 ruft.

Gegen Abend läßt dann doch der Wind nach, und wir werfen den Motor an. Es wäre auch zu schön gewesen, übergangslos von der Konvergenz- in die Passatzone hinüberzusegeln.

25. April, 15. Tag auf See

Position um 07.00 Uhr 5°34′ Nord, 29°13′ West. Mit ingesamt nur 18 Motorstunden haben wir vor drei Tagen die Konvergenzzone hinter uns gelassen. Nördlich unserer Position sehen unsere zuverlässigen Wetterfrösche nur blauen Himmel und Passatwinde. Allerdings ist der Nordost mit sechs bis sieben Beaufort gut zwei Windstärken kräftiger, als alle Vorhersagen annehmen, und auch die mäßige Dichte der Isobaren ließe weitaus weniger Wind vermuten. So will Christoph es anfangs kaum glauben, doch wir messen für ihn gerne noch einmal nach: bis zu 30 Knoten Wind, daran gibt es keinen Zweifel.

Die Seen werden höher und steiler; von Zeit zu Zeit setzt die OLE HOOP so heftig in die Welle ein, daß Rumpf und Rigg wie von einem gewaltigen Schlag erzittern. So können wir unmöglich weitermachen, das halten auf Dauer weder unsere Nerven noch das Schiff aus. Auch wenn es schade um die verlorene Höhe ist, fallen wir um zehn Grad ab und binden ein zweites Reff ins Groß.

Seit gestern liegt eine eigenartige Stimmung über dem Meer. Mir ist, als seien wir in Landnähe. Rötlich schimmernder Dunst verschleiert die Sonne, und die Sicht beträgt höchstens zwei Meilen. Anfangs können wir uns diese merkwürdige Erscheinung nicht erklären, denn sie paßt absolut nicht zum Wetter. Doch als sich an der Luvseite der Wanten, des Masts und der Segel eine feine rotbraune Staubschicht absetzt, haben wir die Erklärung: Ursache ist der Harmattan, ein Wind der Sahara, der den feinen Wüstenstaub kilometerhoch in die Atmosphäre treibt, von wo er dann mit dem Nordostpassat weit über den Atlantik und manchmal bis an die nordbrasilianische Küste getragen wird. Immerhin beträgt unsere Entfernung zur Sahara fast tausend Meilen.

Nach dem Reffen und der Kursänderung sind die Schiffsbewegungen noch immer heftig; die donnernd am Rumpf brechende See geht uns auf die Nerven. Gern würden wir der OLE HOOP und uns diese Tortur ersparen, doch dann müßten wir Richtung Karibik segeln. Ein paar hundert Seemeilen Umweg allerdings bleibt uns auch so nicht erspart, denn bei diesem Wind ist der direkte Kurs nach Horta unmöglich.

5. Mai, 23. Tag auf See

Position um 07.00 Uhr 18°51′ Nord, 33°42′ West. Seit acht Tagen schon kämpft sich die OLE HOOP bei fünf bis sieben Windstärken

7.5.94 Samstag Salvador-Horta 25. Tag

LT	UTC	Wetter	QTH etc.	Mgk	Rtk	Log
00.00	2.00	NE 7-8 4/8	Groß + Sturmfock	360	320	21749
5.00	7.00	NE 7-8+ 3/8	21°56N 34°15W	360°	320°	21763

LT	UTC	Wetter	QTH etc.	Mgk	Rtk	Log
7.00	9.00	ENE 7-8 4/8 1019	22°01'N 34°18W	360	320	21770

LT	UTC	Wetter	QTH etc.	Mgk	Rtk	Log
12.00	14.00	ENE 4-8 7/8 1019	Groß + Sturmfock	360	320	21785
19.30	21.30	ENE 6-8 2/8 1020	22°34'N 34°22'W	30°	00	21803

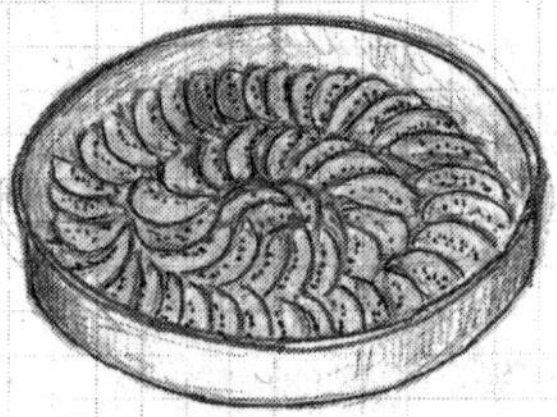

DIE KIWITORTE

LT	UTC	Wetter	QTH etc.	Mgk	Rtk	Log
24.00	2.00	ENE 6-8 7/8	22°46'N 34°21W groß u. Sturmfock	30°	360°	21816

9.00 Uhr UTC	GPS-Log: 21770 sm	Etmal: 98 sm
	seit Salvador: 2537 sm	bis Horta: 1034

durch die rauhe See nach Norden. Wie anstrengend sie auch sein mag, diese letzte Etappe gehört ebenso zu unserer Reise wie die geruhsameren Strecken. Unbequemlichkeit beim Segeln ist nun mal kein Ausnahmezustand sondern Normalität. Johanna backt herrliche Sauerteigbrote, ich erweise mich täglich aufs neue als begabter Bordkoch, und auch bei Windstärke sieben schmücken wir das Logbuch mit hübschen Zeichnungen. Unsere einzige Sorge gilt dem Rigg, denn wenn bei dieser Belastung wieder ein Vorstag brechen würde, könnte das den Mast kosten.

Obwohl es in keinem Kalender erscheint, in unserem Logbuch steht heute ganz groß: FEIERTAG! Denn um genau 10.45 UTC kreuzen wir unsere alte Kurslinie nach Barbados und haben damit die Erde umsegelt. Genau zwei Jahre und vier Monate sind seitdem vergangen. »Na, wie fühlst du dich als Weltumseglerin?« frage ich Johanna und gebe ihr einen dicken Kuß.

Noch 1400 Seemeilen bis Horta.

12. Mai, 30. Tag auf See

Position um 07.00 Uhr 29°29′Nord, 34°47′ West. Ganz so hart haben wir uns die Strecke durch den Nordatlantik doch nicht vorgestellt. Jetzt bläst es schon seit zwei Wochen mit bis zu acht Windstärken aus Nordost. Erst heute läßt der Wind zum erstenmal ein wenig nach, und wenn wir den Wetterberichten noch glauben, können wir bald östliche Winde um fünf erwarten. Ein paar Tage ruhigeres Wetter würden uns und der OLE HOOP gut tun. Vielleicht könnten wir dann die mittlerweile leckenden Fenster und auch den Mastkragen abdichten, denn langsam wird die Feuchtigkeit unter Deck ungemütlich, zumal wir das Schiff schon lange nicht mehr richtig lüften konnten und es inzwischen recht kühl geworden ist. Von tropischen Temperaturen verwöhnt, finden wir es bei 20°C schon unangenehm kalt und ziehen dicke Pullover an. Wir sind nun am Rand der Passatzone, doch noch bleiben die ersehnten Westwinde aus, die wir brauchen, um wieder Richtung Azoren segeln zu können. Auf dem anliegenden Kurs würden wir 400 Seemeilen westlich daran vorbeilaufen, so weit hat uns der starke Nordost versetzt.

18. Mai, 36. Tag auf See

Position um 07.00 Uhr 38°14′ Nord, 28°49′ West, 19 Seemeilen vor Horta. Vor vier Tagen endlich setzten nordwestliche Winde ein, mit denen wir uns den Azoren genähert haben. Um unsere Kurslinie von Salvador da Bahia bis Horta zu zeichnen, brauchen wir schon fast eine Weltkarte. Wie ein großes S zieht sie sich vom Südatlantik über den Äquator bis hoch in den Nordatlantik. Aus der direkten Entfernung von 3200 sind gesegelte 3750 Seemeilen geworden. Es wurde die längste, vor allem aber die härteste Strecke unserer Weltumsegelung. Der starke bis stürmische Passat im Nordatlantik war für diese Jahreszeit eigentlich atypisch. So hatten die Yachten aus Südafrika, die etwa 800 Seemeilen vor uns segelten und mit denen wir in Funkkontakt standen, fast immer zwei Windstärken weniger, also eher leichte Winde.

Voraus an Steuerbord erhebt sich der in Wolken gehüllte, 2500 Meter hohe Pico, an Backbord sehen wir die grünen Hänge von Faial, an dessen Südküste Horta liegt. Der Himmel ist grau bedeckt, es ist naßkalt, und von den im Dunst liegenden Azoreninseln geht wenig Freundliches aus. Nieselregen setzt ein und zwingt uns ins klamme Ölzeug. Ja, das ist der Norden, wie wir ihn kennen. Und so sehr wir uns auch freuen, nach dem langen, anstrengenden Törn endlich am Ziel zu sein, so wenig Begeisterung entwickeln wir im Moment für diese Inseln, die es eigentlich anders verdient hätten.

Heute, am 36. Tag, bekommt unser Logbuch nur eine Schwarzweiß-Zeichnung.

Horta: Treffpunkt der Atlantiksegler

Nachdem wochenlang der 65 Zentimeter hohe Seezaun unsere Welt begrenzte, überkommt mich ein merkwürdiges Gefühl beim Aussteigen, denn auf See wäre dieser kleine Schritt über die Reling das Ende. Unmöglich können wir dann auch der OLE HOOP gleich den Rücken kehren. So stehen wir noch eine Weile vor ihr und betrachten sie liebevoll prüfend von außen. Man sieht ihr an, daß sie eine Menge mitgemacht hat. Salzkrusten überziehen Deck, Aufbauten und Segel. Der Lack, in dem wir uns in Durban noch spiegeln konnten, ist stumpf und an vielen Stellen überholungsbedürftig geworden. Wir kriegen dich schon wieder hin, meine Liebe, denke ich. Wenn wir in Blankeneese einlaufen, wirst du so schön sein wie eh und je.

Ohne Frage, wir sind in Europa. Die an holländische Kleinstädte erinnernden Häuser und Straßen Hortas sind blitzsauber, die Menschen weiß und fast britisch gekleidet. Gleich nach der ausgiebigen heißen Dusche machen wir unsere Besuche, denn zwei der sechs Yachten, die mit uns das Kap gerundet haben und ebenfalls auf dem Weg nach Europa waren, liegen schon hier. Es sind die ALBATROS mit Hannelore und Helmut und die SUEVIA mit Ute und Horst. Diese beiden Schiffe verbindet geradezu eine Schicksalsgemeinschaft, denn auf ihrem gemeinsamen Weg von Afrika brach der SUEVIA 800 Seemeilen vor Horta der Mast, und Skipper Helmut von der ALBATROS nahm es auf sich, mit seinem Elf-Meter-Schiff die zwei Meter kleinere, aber schwere Stahlsloop bis nach Horta zu schleppen. Ein nicht ungefährliches Unternehmen, das aber zum Glück beide Schiffe heil überstanden haben. Nach großem Hallo und natürlich eingehender Erörterung der Unglücksursache verabreden wir uns zum Bier im *Café Sport*, der unter Alantikseglern wohl berühmtesten Kneipe der Welt. Das *Café Sport* ist nicht nur Kneipe, sondern auch Postadresse für Segler, Souvenirladen und ein kleines Museum; unter anderem enthält es Walzähne, auf denen einheimische Künstler Walfangszenen und ähnliches eingraviert haben: eine verbreitete Volkskunst, denn bis 1984 wurde auf den Azoren Walfang betrieben.

Auch wir haben Post bekommen, unter anderem Briefe von unseren Müttern, für die die Angst um ihre Kinder, die in unerreichbarer Ferne drei Jahre lang auf den Ozeanen herumschipperten, nun bald ein Ende hat. Doch sie haben es bisher tapfer ertragen; durch unsere Briefe und die vielen Telefongespräche mit unseren Amateurfunkfreunden waren sie immer auf dem laufenden, konnten im Geiste mitfahren, haben sich Bücher über die Länder gekauft, in denen wir waren, und Johannas 83jährige Mutter hat alle

Informationen über unsere Reise sogar in einem Tagebuch festgehalten. Meine auch schon 74jährige Mutter hatte zudem die Aufgabe, unsere Geld- und Bankangelegenheiten zu regeln, was uns unterwegs so manche Schwierigkeit erspart hat.

Im kleinen Yachthafen von Horta herrscht reges Treiben, täglich laufen neue Schiffe ein. Die meisten kommen aus der Karibik und wollen weiter ins Mittelmeer. Darunter sind riesige Rennschüsseln und Luxusyachten. Der Skipper einer 30 Meter langen Yacht staunt darüber, daß wir und die anderen mit ihren kleinen Schiffen eine so große Reise hinter uns haben. Wir sagen ihm, daß es da absolut nichts zu staunen gäbe, im Gegenteil, immer seien es die kleineren Boote gewesen, mit denen die größten Reisen gemacht wurden. Offensichtlich wächst die Lust am Segeln nicht immer mit der Größe des Schiffs.

Auch die anderen Kapfahrer, die wir schon seit Durban kennen, trudeln nach und nach in Horta ein. Es fehlt nur noch die holländische ZEVALK, die den klassischen Weg über die Karibik genommen hat.

Niemand läuft in Horta aus, ohne ein Bild auf der Hafenmauer zu hinterlassen. Seit vielen Jahren schon ist es Tradition bei allen durchreisenden Yachten, sich hier, auf der Drehscheibe des Atlantiks, zu verewigen. Hunderte von Gemälden und Grafiken, solide in Öl gemalt, zieren inzwischen die Mauern und Wege des Hafens. Mancher Künstler muß mit seinem Werk viele Tage zugebracht haben. So ideenreich, witzig und gekonnt sind viele Bilder, daß es lohnt, sich einige Stunden für diese »Ausstellung« Zeit zu nehmen.

Unseren Entwurf für das Mauerbild haben wir schon unterwegs gemacht, doch es ist gar nicht leicht, noch einen freien Platz zu finden. Ein verblaßtes, kaum noch erkennbares Bild eines Vorgängers wird schließlich unser Untergrund, und nach zwei Tagen Malarbeit verkündet ein kreisrundes, blau-weißes Ölbild, daß Johanna und Klaus mit ihrer OLE HOOP die Welt umsegelt haben.

Je mehr sich nach den ersten Tagen das Grau auflöst und sommerliche Temperaturen auf Faial herrschen, desto mehr wächst auch unser Unternehmungsgeist. Uns wird wieder klar, daß wir noch lange nicht angekommen, sondern immer noch auf Reisen sind. Mit dem Mietauto fahren wir durch sanfte, grüne Hügellandschaften, schroffe Vulkangebirge und an wildzerklüfteten Küsten entlang, wandern durch die Urlandschaft einer erst 1957 bei einem Vulkanausbruch entstandenen Halbinsel im Westen Faials und besuchen mit einer Fähre die Nachbarinsel Pico, das frühere Zentrum des Walfangs, wo nach wie vor die hölzernen Fangboote im Hafen liegen, mit denen heute noch gefischt wird. Am Ende stellen wir fest, daß es sich lohnen würde, für die Azoren mehr Zeit zu haben, und daß sie mehr sind als nur der Name des berühmten Sommerhochs.

Es ist Anfang Juni, und der Hafen wird langsam leerer, denn die meisten Schiffe aus der Karibik sind schon ausgelaufen, um rechtzeitig zur Saison im Mittelmeer zu sein. Auch wir sind wieder in Aufbruchstimmung und bereiten uns auf die letzte Etappe unserer Reise vor. Die 1200 Seemeilen durch den Nordatlantik nach England können wir nicht auf die leichte Schulter nehmen, denn wie rauh es in diesen Breiten sein kann, das wissen wir von unseren Nordseereisen. Zwar sind zur Zeit keine Sturmtiefs über England in Sicht, doch in 14 Tagen kann sich vieles ändern.

Wie vor jedem Auslaufen ziehe ich Johanna deshalb in den Mast hoch, um das Rigg zu überprüfen, und wir kontrollieren auch unsere

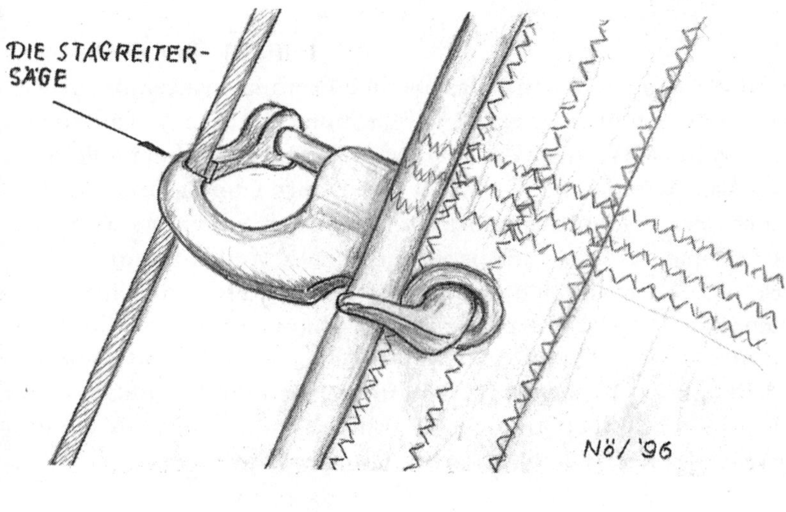

Segel. Etliche Stagreiter sind vom harten Draht des Vorstags fast völlig durchgesägt worden; doch nur die schlechtesten können wir austauschen, denn wir haben kaum noch Ersatz.

Bis zu unserem Ankunftstermin in Hamburg, den wir exakt auf Sonntag, den 3. Juli um 12.00 Uhr MEZ festgelegt haben, bleibt noch genügend Zeit, doch wir müssen natürlich auch ein paar Hafentage bei schlechtem Wetter einplanen.

Das Abschiedsgelage im überfüllten und qualmverhangenen *Café Sport* dauert bis in den Morgen – schließlich ist es ein Abschied für unbestimmte Zeit, denn von hier ab trennen sich die Wege der Kapfahrer, die nun alle verschiedene Zielhäfen haben. Müde und etwas verkatert erledigen wir am nächsten Morgen vor dem Auslaufen noch letzte Kleinigkeiten: ein paar Postkarten an die Verwandten, Bezahlen der Hafengebühr und das hier so einfache und schnelle Ausklarieren.

Bei strahlend blauem Himmel, sommerlicher Wärme und Flaute verlassen wir am 4. Juni gegen Mittag den von uns inzwischen liebgewonnenen Hafen von Horta.

Letzte Hürden vor der Heimat

17. Juni, 14. Tag nach Horta

Von wegen Westwinddrift! Das herrliche Sommerwetter, verursacht durch ein Hoch über England, beschert uns seit dem Auslaufen von Horta östliche Winde. Wieder müssen wir uns jede Seemeile nach Luv erkämpfen. Immerhin bleibt uns dadurch der befürchtete Kälteschock erspart; außerdem ist ein handfester Nordweststurm auch nicht gerade das, was wir uns für die letzten Meilen wünschen.

Endlich setzt ein leichter Nordwest ein und bringt uns durch die sternenklare Nacht mit plätschernder Bugwelle bis vor die englische Küste. Im Dunst der Morgensonne liegen an Backbord die steilen Klippen von Lizard Point, dem südlichsten Punkt Englands. Von hier aus sind es noch 15 Seemeilen bis Falmouth, das wir vor drei Jahren in Regen und Nebel erlebten und wo wir tagelang auf günstiges Wetter für die Biskaya warteten. Wie riesig erschien uns damals diese Strecke! Und wie unendlich weit entfernt, dort irgendwo im Westen jenseits des Horizonts, lag der andere Kontinent; dahinter, schon nicht mehr vorstellbar, wartete ein weiterer, dreimal so großer Ozean. All das liegt nun hinter uns und beginnt Vergangenheit zu werden. Manchmal müssen wir uns kneifen, um zu realisieren, daß es wirklich wir gewesen sind, die diese riesigen Strecken Meile für Meile durchsegelt haben.

Heitere Wochenendstimmung empfängt uns im Hafen von Falmouth. In den Pubs herrscht Hochbetrieb, Ausflüggäste bevölkern die Straßen, und die nach drei Jahren kaum veränderte, fast vertraute Umgebung läßt in uns das Gefühl entstehen, schon angekommen zu sein.

Günther, mit dem wir auch jetzt noch Funkkontakt haben, warnt uns. Ein stürmischer Südwest sei zu erwarten. Auch der englische Wetterbericht gibt für heute, einen Tag, nachdem wir Falmouth verlassen haben, Sturmwarnung für die Gebiete Portland und Plymouth. Es paßt uns wenig, noch einmal in einen Hafen zu müssen, denn wir hatten gehofft, nonstop bis Hamburg durchsegeln zu können. Doch durch die starken Tidenströme kann der Seegang im Englischen Kanal schon bei acht Windstärken sehr unangenehm werden. Gegen Mittag nimmt der Wind immer mehr zu, graue Wolken ziehen auf, und alles sieht nach richtigem Schietwetter aus. Querab liegt Poole Harbour, eine gegen alle Winde geschützte Ankerbucht, in die wir nun kurzentschlossen einlaufen. Nicht zu früh, denn kaum haben wir die Einfahrt in die lagunenartige Bucht passiert, peitschen auch schon die ersten Schauerböen übers Wasser. Es dauert eine Weile, bis wir zwischen Hunderten von Booten noch eine freie Mooringtonne entdecken.

Erster Anlauf: In einer Hand die Vorleine, mit der anderen Hand mich an den Bugkorb klammernd, hänge ich außenbords, um die tief im Wasser liegende Tonne zu erwischen. Es gelingt mir gerade noch, die Leine durch den Ring zu stecken, dann packt uns eine starke Bö. Die Tonne rast davon, die Leine rauscht aus, und wir sitzen fast auf dem Nachbarschiff. Zweiter Anlauf: Da ich festgestellt habe, daß ich beide Hände zum Anbinden brauche, liege ich nun mitschiffs an Deck. Die Tonne nähert sich, ich packe sie mit einer Hand und versuche mit der anderen, erneut die Leine einzufädeln. Fast reißt es mir den Arm aus, als die Ole Hoop wieder auf Drift geht. Ich fluche. Wie zum Teufel machen die Engländer das bloß? Da sind wir nun einmal um die Welt gesegelt, und dann gelingt es uns nicht, an dieser verdammten Tonne festzumachen! Wieder und wieder steuert Johanna auf sie zu, und ich bin schon drauf und dran, mit der Leine ins kalte Wasser zu springen, als es nach dem zehnten Anlauf dann doch noch klappt. Soviel wir auch unterwegs gelernt haben mögen, das Fischen von Mooringtonnen gehört offensichtlich nicht dazu.

Am 22. Juni hat sich der Südwest abgeschwächt, und morgens können wir Poole Harbour verlassen. 500 Seemeilen sind es noch bis Cuxhaven, in vier bis fünf Tagen gut zu schaffen, vorausgesetzt wir müssen nicht wieder aufkreuzen. Doch schon am nächsten Tag zerschlägt sich unsere Hoffnung auf eine gemütliche Heimreise. Mit sechs Beaufort aus Nordost weht es uns aus der Straße von Dover entgegen. In Deutschland beginnt jetzt ein Jahrhundertsommer, die Kinder können sich auf sonnige Schulferien freuen und die Segler auf Nord- und Ostsee über wochenlanges »karibisches« Wetter. Würden wir nicht in die falsche Richtung segeln, könnten auch wir dieses traumhafte Wetter mehr genießen.

24. Juni, 03.00 Uhr morgens

Die Lichter von Calais liegen schon achteraus. Zum dritten Mal bereits kreuzen wir das dichtbefahrene Verkehrstrennungsgebiet in der Straße von Dover. Der nächste Schlag könnte uns bis vor Harwich bringen, und damit wäre die schwierigste und engste Stelle des Kanals geschafft. Unter Klüver und doppelt gerefftem Groß arbeitet sich die Ole Hoop gegen sechs bis sieben Windstärken aus Ost durch eine ruppige See nach Norden. Ich stehe im Cockpit und beobachte aufmerksam die Lichter der vorbeiziehenden Schiffe. »Es sieht gut aus«, rufe ich nach unten und füge optimistisch hinzu: »Jetzt sind wir bald in der Nordsee.« Zu optimistisch, denn als mein Blick auf das Großsegel fällt, sehe ich plötzlich durch einen großen dunklen Schlitz die Sterne funkeln. Während ich noch ungläubig auf das zerrissene Segel starre, erschüttert ein dumpfer Schlag das Schiff. Anders als beim erstenmal weiß ich in derselben Sekunde, was passiert ist: Ein Vorstag ist gebrochen! Als gleichzeitig auch noch Johanna mit dem abgebrochenen Pumpenschwengel im Niedergang erscheint und sagt: »Der ist hin und das Klo ist verstopft!« ist das Maß endgültig voll. Jetzt muß alles auf einmal passieren: Motor an, Segel runter, Vorstag sichern und dann Nordsee ade, wir laufen Richtung Dover.

»Irgend jemand will uns hier nicht durchlassen«, sinnieren wir, als wir im Yachthafen von Dover unsere Schäden besichtigen. »Aber komisch war's schon«, amüsieren wir uns im nachhinein. »Das Segel, das Vorstag und dann noch das Klo – alles innerhalb einer Minute!« Wir beschließen, es nicht als böses Omen zu nehmen.

Diesmal war ein Toggle seiner Aufgabe nicht mehr gewachsen; das letzte Mal, im Indischen Ozean, war es ein Gabelterminal. Das spricht für eine Material- und keine Konstruktionsschwäche des Riggs. »Allens Schiet!« fällt einem dazu nur ein. Müssen wir denn das nächste Mal mit einem geteerten und verzinkten Rigg losfahren oder das Risiko in Kauf nehmen, irgendwann den Mast zu verlieren, nur weil ein kleines, aber lebenswichtiges Teil aus V2A oder V4A (Niro) fehlerhaft hergestellt wurde?

Der neue Toggle ist schnell angebracht, doch drei Meter aufgeplatzte Segelbahn, dreifach genäht, bedeuten wieder viel Arbeit. Um nicht bei jedem Stich um das Segel herumlaufen zu müssen, nähen wir zu zweit. Ich hocke unter dem Segel als »Unterfaden«, Johanna darüber als »Oberfaden«.

Am 28. Juni sind wir wieder seeklar. Auch Rasmus hat ein Einsehen und entläßt uns mit freundlichen vier Windstärken aus Südwest aus dem Englischen Kanal. Weitere ungeplante Aufenthalte können wir uns nun nicht mehr leisten, denn unsere Mütter, Freunde und Verwandten, der ganze Mühlenberger Segelclub sowie Presse, Funk und Fernsehen erwarten uns zum vereinbarten Termin am 3. Juli in Blankenese. Haben wir nicht über die Atlantic Rallye for Cruisers in Las Palmas gespöttelt, die nicht nach dem Wetter, sondern nach Terminplan zur Atlantiküberquerung aufbrach? Haben wir nicht immer gesagt, ein Segelschiff sei kein Linienbus? Aber nun wollen wir auf einmal einen Termin einhalten. Und den ganzen Rummel, wollen wir den auch? Die Westfriesischen Inseln gleiten an uns vorbei: ein friedlicher Törn wie nach einem Sommerurlaub im IJsselmeer. Doch wir sind innerlich aufgewühlt. Unsere große Reise geht zu Ende, und je vertrauter uns die Umgebung wird, unser geliebtes Wattenmeer, desto stärker vermischt sich das Gefühl, wieder zu Hause zu sein, mit dem Bewußtsein, daß wir etwas ganz Besonderes mitgebracht haben, so einmalig und groß, wie wir es hier wohl nie erfahren hätten.

1. Juli, in der Elbmündung

Gewitterschwüle liegt in der Luft, dunkle Cumuluswolken türmen sich auf und vereinigen sich mit dem diesigen Grau über dem Land. Wetterleuchten und leises Donnergrollen im Osten scheinen uns vor dem Landfall zu warnen. Noch motoren wir gegen einen leichten Nordost, doch der Himmel macht einen immer bedrohlicheren Eindruck; tiefschwarze, stellenweise schwefelgelb schimmernde Wolkengebirge wollen uns anscheinend erdrücken, und den immer grelleren Blitzen folgt zunehmend schneller der krachende Donner. Wir sind inmitten eines so heftigen Gewitters, wie wir es selbst in den Tropen nie erlebt haben. Die eben noch an uns vorbeigezogenen großen Schiffe fallen auf einmal hinter uns zurück. Sie »parken« wie eine kleine Yacht, die das Tageslicht für den Landfall abwartet. So etwas haben wir hier in der Elbe noch nie erlebt - es hat fast etwas Gespenstisches. Dann prasseln eisig kalte, dicke Hagelkörner aufs Deck und türmen sich, in der schwülen Hitze schnell schmelzend, zu kleinen Eisbergen. Wir drosseln den Motor, bis uns nur der Tidenstrom langsam in die Elbe hineinschiebt.

Als hätten wir dieses Unwetter als letzte Probe noch bestehen müssen, bevor wir willkommen sind, öffnet sich jetzt der Himmel wie ein Vorhang. Endlich dürfen wir in die »Gute Stube« von Mutter Elbe eintreten. Unter Segeln und bei so schönem Wetter, wie wir es uns unterwegs oft vorgestellt haben, rauschen wir durch den Elbstrom. Beim Anblick der vertrauten Bilder und Landschaften, die an uns vorbeigleiten, steigen alte Erinnerungen auf und machen uns rührselig. »Freust du dich?« frage ich Johanna. »Ich weiß noch nicht«, antwortet sie etwas erstickt, packt die Winschkurbel und holt die Genua dichter, denn wir müssen Höhe kneifen, um nicht aus dem Fahrwasser zu geraten. »Wir könnten mit der nächsten Tide wieder auslaufen, Johanna.« Sie lacht schelmisch und antwortet mit etwas rauher Stimme: »Ja, oder mit der übernächsten ... Und dann rund Südamerika?«

Beim Kentern des Stroms haben wir Pagensand erreicht, wo wir noch eine Nacht vor Anker gehen, um wie verabredet morgen am Sonntag in Blankenese zu sein.

»Du, die fahren ja alle auf der falschen Seite!« rufe ich empört. Ein Schwarm großer und kleiner Boote kommt direkt auf uns zu. Jetzt beginnen sie auch noch ein wildes Hupkonzert. Dann endlich fällt bei uns der Groschen – unsere Vereinsfreunde vom Mühlenberger Segelclub kommen uns entgegen! Nun blasen auch wir in unser Signalhorn, und unter Winken und Rufen veranstalten alle einen Höllenlärm. Auf einem der größeren Boote wird besonders heftig gewunken. Im Cockpit stehen eingekeilt zwischen Verwandten und Freunden, weiße Taschentücher schwenkend, unsere grauhaarigen Mütter.

Die Flotte von 20 Booten begleitet uns weiter elbaufwärts. An der Schiffsbegrüßungsanlage Willkommenshöft erleben wir eine weitere Überraschung. »Willkommen in Hamburg!« schallt es herüber. Wir werden begrüßt wie ein großes Schiff. Auch das haben Vereinsfreunde organisiert.

Die letzten Meilen liegen vor uns. Mechanisch klarieren wir wie vor jedem Einlaufen in einen Hafen Vor- und Achterleinen und binden die Fender an die Reling. Unter einem erneuten wilden Konzert der Signalhörner passiert die OLE HOOP die schmale Einfahrt in den Mühlenberger Jollenhafen.

Wann immer wir irgendwo angekommen waren und nach oft langer Reise sicher vor Anker oder festgemacht lagen, folgte bisher eine Phase der Entspannung und Stille. Nie hatten wir es eilig, an Land zu springen. Statt dessen saßen wir manchmal stundenlang im Cockpit, sprachen über die Ereignisse von unterwegs und gewöhnten uns allmählich an die neue Umgebung. Das vielleicht naive Staunen darüber, daß dies nun Fiji, Australien oder Afrika war, das wir soeben erreicht hatten, ging uns nie verloren. Doch nun bleibt uns keine Sekunde Zeit. Kaum ist die OLE HOOP von flinken Helfern angebunden, beginnt die stürmische Begrüßung. Nicht nur Freunde, Verwandte und Vereinskameraden bevölkern den Steg, sondern auch die Medien haben sich eingestellt und nehmen uns eine Weile in Beschlag, bevor wir alle ins Klubhaus ziehen können, in dem ein großes Fest vorbereitet worden ist.

Der 4. Juli wird ein heißer Sommertag. Aber der große Trubel ist vorbei. Gelegentlich kräuselt ein schwacher Windhauch die Oberfläche des graubraunen Hafenwassers. Nur das Quaken der Enten durchbricht die friedliche Stille, die über dem kleinen Yachthafen liegt. Wir sind angekommen. Ein paar Meilen flußaufwärts, doch hier noch nicht spürbar, liegt unsere Heimatstadt Hamburg, in der wir die nächsten Jahre wieder leben und arbeiten werden – wie schon früher, und doch irgendwie anders. Noch wissen wir nicht, wie uns der Wiedereinstieg in Beruf und Stadtleben schmecken wird. Nur eines wissen wir jetzt schon: Irgendwann werden wir wieder fernen Horizonten und neuen Abenteuern entgegensegeln.

Anhang

Technische Daten zur Ole Hoop

Sloop; Rumpf aus GFK, Deck und Aufbauten aus Holz
Lüa (Rumpflänge): 11,44 m
CWL (Wasserlinienlänge): 8,00 m
Breite: 3,14 m
Tiefgang: 1,70 m
Verdrängung (ausgerüstet): ca. 8 t
Masthöhe über der Wasserlinie: 14,70 m
Baujahr: 1969
Konstrukteur: Gebrüder Ohlson, Schweden
Werft: Gebrüder Ohlson, Schweden / Tyler, England (GFK-Schale)
Segelflächen: Groß 23 m² (3 Reffreihen), Genua 47 m², Fock 30 m² (1 Reffreihe), Klüver (hochgeschnittene Fock) 20 m² (1 Reffreihe), Blister 65 m², Sturmfock und Trysegel je 7 m².

Der Rumpf besteht aus massivem Laminat mit durchgehenden Längsstringern, das Deck aus massiver, 25 mm starker Teakbeplankung auf formverleimten Decksbalken aus Lärche; die Aufbauten bestehen aus massivem Mahagoni (Sipo). Der Bleiballast ist in den Kiel eingegossen; dort sind auch die Tanks integriert.

Die schlanken Linien und der S-Spant bewirken ein sehr weiches Seeverhalten. Selbst in schwerem Sturm bei hoher und steiler See gab es keine harten Einsetzer und nicht die damit verbundenen schweren Erschütterungen, die für Schiff und Crew eine starke Belastung darstellen. Bei Windstärken zwischen neun und elf Beaufort liefen wir unter Minimalbesegelung oder vor Topp und Takel ab, ohne je echte »Einsteiger« zu haben.

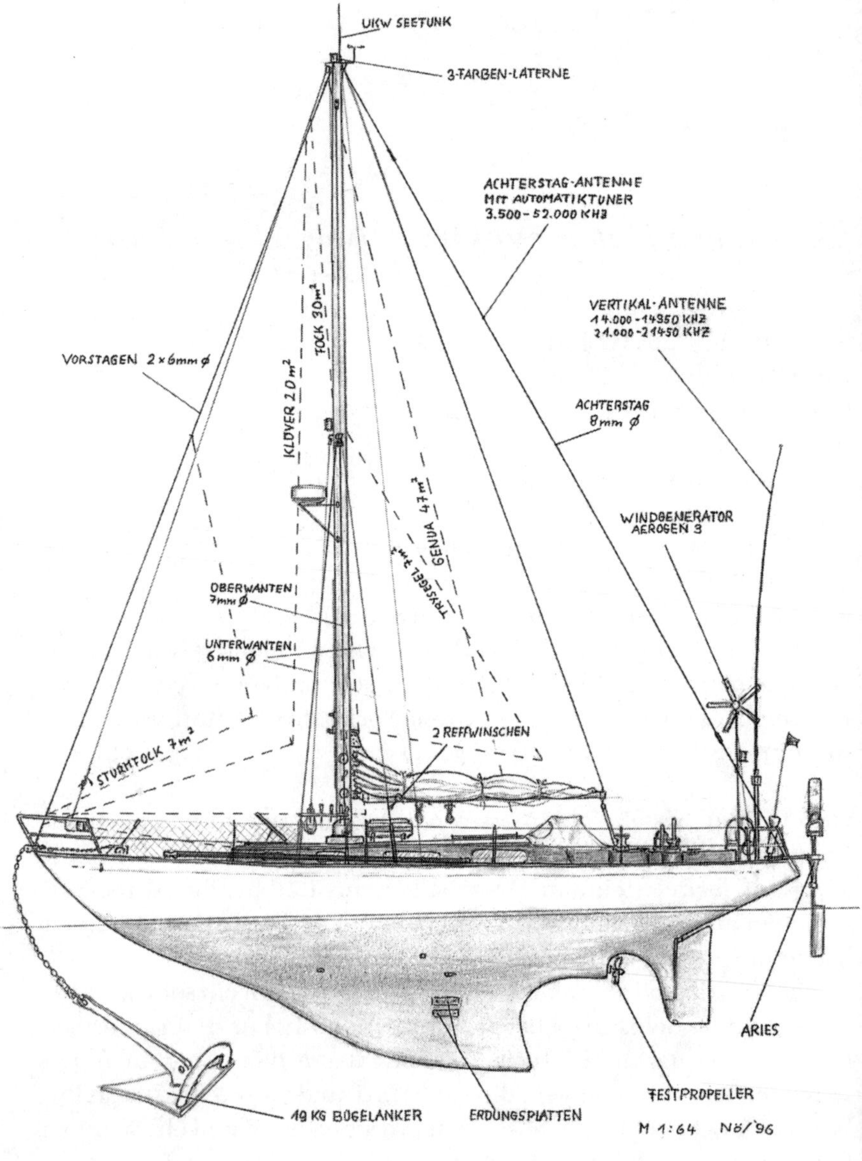
UKW SEEFUNK
3-FARBEN-LATERNE
ACHTERSTAG-ANTENNE
MIT AUTOMATIKTUNER
3.500 - 52.000 KHZ
VERTIKAL-ANTENNE
14.000 - 14350 KHZ
21.000 - 21450 KHZ
FOCK 30 m^2
KLÜVER 20 m^2
VORSTAGEN 2 × 6mm Ø
ACHTERSTAG
8mm Ø
TRYSEGEL 7 m^2
GENUA 47 m^2
WINDGENERATOR
AEROGEN 3
OBERWANTEN
7mm Ø
UNTERWANTEN
6 mm Ø
2 REFFWINSCHEN
STURMFOCK 7 m^2
ARIES
FESTPROPELLER
19 KG BÜGELANKER
ERDUNGSPLATTEN
M 1:64 NÖ/'96

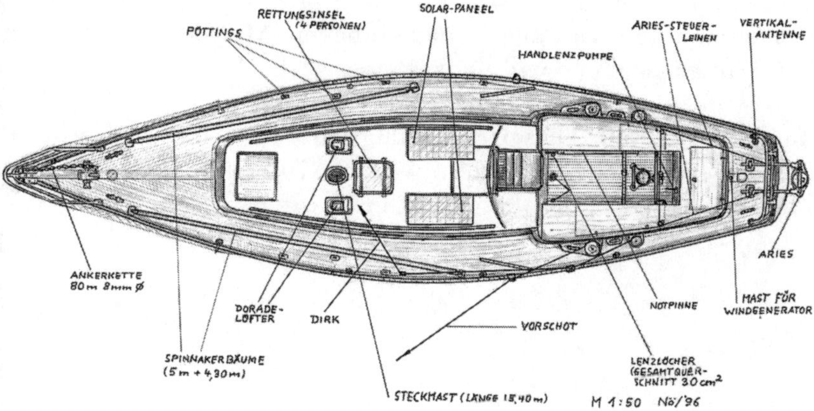

RETTUNGSINSEL (4 PERSONEN)
SOLAR-PANEEL
PÜTTINGS
ARIES-STEUER-LEINEN
VERTIKAL-ANTENNE
HANDLENZPUMPE
ARIES
ANKERKETTE 80 m 8 mm ø
DORADE-LÜFTER
DIRK
NOTPINNE
MAST FÜR WINDGENERATOR
VORSCHOT
SPINNAKERBÄUME (5 m + 4,30 m)
LENZLÖCHER (GESAMTQUERSCHNITT 30 cm²
STECKMAST (LÄNGE 15,40 m)
M 1:50 Nö/'96

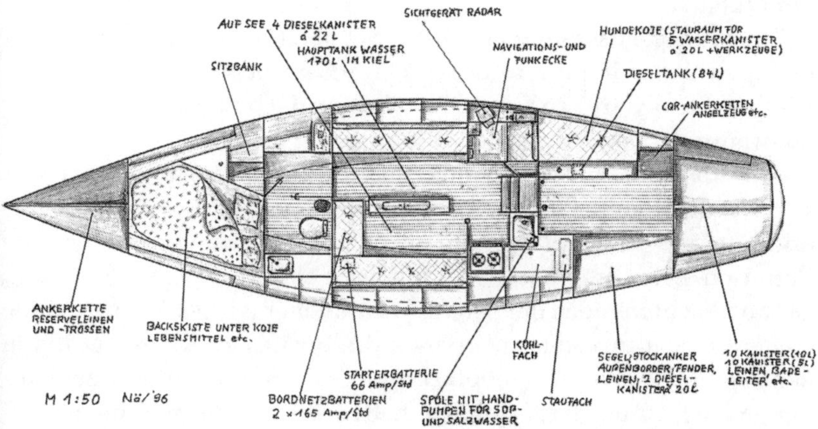

SICHTGERÄT RADAR
AUF SEE 4 DIESELKANISTER à 22 L
HAUPTTANK WASSER 170 L IM KIEL
NAVIGATIONS- UND FUNKECKE
HUNDEKOJE (STAURAUM FÜR 5 WASSERKANISTER à 20 L + WERKZEUGE)
SITZBANK
DIESELTANK (84 L)
CQR-ANKERKETTEN ANGELZEUG etc.
ANKERKETTE RESERVELEINEN UND -TROSSEN
BACKSKISTE UNTER KOJE LEBENSMITTEL etc.
KÜHLFACH
SEGEL, STOCKANKER AUßENBORDER, FENDER, LEINEN, 2 DIESELKANISTER à 20 L
10 KANISTER (10 L) 10 KANISTER (5 L) LEINEN, BADELEITER etc.
STARTERBATTERIE 66 Amp/Std
M 1:50 Nö/'96
BORDNETZBATTERIEN 2 × 165 Amp/Std
SPÜLE MIT HANDPUMPEN FÜR SÜß- UND SALZWASSER
STAUFACH

Motor: Volvo-Penta 2003 (28PS) mit starrer Welle und dreiflügligem Festpropeller. Der Motor war unser größtes Sorgenkind, in Venezuela mußten wir einen neuen einbauen. Mit diesen schlechten Erfahrungen standen wir nicht allein.

Tankkapazitäten: Diesel 84 l Haupttank + 180 l in Kanistern (Reichweite ca. 700 Seemeilen). Wasser 270 l in 3 Tanks + 130 l in Kanistern (täglicher Verbrauch unter 10 Liter)

Ausrüstung

Unsere Ausrüstung hat sich durchweg bewährt. Nicht zufrieden waren wir mit der Ankerwinsch (die Sperrklinken brachen, die Achse rostete, Öl lief aus) und mit der Autohelm 3000 M, da weder Motor noch Bedieneinheit Spritzwasser vertrugen. Das eingedrungene Salzwasser zerstörte den Fluxgatekompaß und machte die Anlage unbrauchbar.

Unser in Deutschland gekauftes Schlauchboot erwies sich als zu klein, so daß wir uns in Venezuela ein größeres kauften (2,40 x 1,30m). Ideal wäre ein fester Bootsboden, doch dafür fehlte uns der Stauraum an Deck.

Die Kombination von Windgenerator und Solarpaneelen erwies sich als ideal. Trotz täglichen Wassermachens (2 Std. = 10 l Wasser) und Funkens (max. 19 Ampere pro Stunde) hatten wir immer volle Batterien. Allerdings besaßen wir keinen elektrischen Kühlschrank, der auf Yachten meist der größte Verbraucher ist. Der kleine mobile Generator hat uns stets zuverlässig die für unsere Kleinmaschinen benötigten 220 Volt AC geliefert und uns von Landstrom unabhängig gemacht. Zum Batterieladen haben wir ihn nie gebraucht.

Navigation: Steuerkompaß (C & P), 2 Handpeilkompasse, Fernglas mit Peilkompaß (Steiner), Schlepplog (Walker), elektronisches

Log mit Tochteranzeige im Cockpit (Harrier), Echolot mit Tochteranzeige im Cockpit (Harrier), Handlot, Satellitennavigator (Navstar 2000), GPS (Shipmate RS 5700, ab Australien), Radar (Furuno 2000, Röhrengerät), 2 Vollsichtsextanten (Cassens & Plath und Davis [Plastik]), HO-Tafeln und nautische Jahrbücher.

Wetter: Barograph, Handwindmesser (Anemo).

Elektrik: 2 Gel-Batterien fürs allgemeine Bordnetz à 165 Amp/Std (Sonnenschein), Starterbatterie 66 Amp/Std; 20 Stromkreise mit Sicherungsautomaten, alle Leitungen öl- und seewasserfest, im Navigationsbereich abgeschirmt. Ladegerät 12 Ampere, Landanschluß, 2 Solarpaneele à 50 Watt (max. 8 Ampere), Windgenerator (Aerogen 3), ca. 3 Ampere bei 5 Beaufort, mobiler Generator (Kawasaki 700 A).

Wasser: Seewasser-Entsalzungsanlage (Power Survivor 35), pro Stunde 5 l Wasser bei 4 Ampere Verbrauch.

Rigg: Steckmast, doppeltes Vorstag (2 x 6 mm), Achterstag 8 mm, Oberwanten 7 mm, Unterwanten 6 mm; 2 Spi-Bäume (5 m bzw. 4,30 m); sämtliche Fallen und Reffleinen am Mast; 2 Sta-Lok-Isolatoren im Achterstag (Kurzwellenantenne).

Ankern und Festmachen: Mechanische Ankerwinsch (Simpson-Lawrence, S-L-Hyspeed), Bügelanker 19 kg mit 80 m Kette (8 mm), Stockanker 35 kg mit 12 m Kettenvorlauf und 50 m Trosse (20 mm), CQR-Anker 14 kg mit 12 m Kettenvorlauf (8 mm) und 50 m Trosse (20 mm), 4 Trossen à 50 m (22 mm), 4 Festmacherleinen à 20 m (18 mm), 4 Leinen à 15 m (16 mm), 4 Leinen à 20 m (14 m); Bootsmannsstuhl und Badeleiter; 6 Fender und 2 Fenderbretter.

Funken: UKW-Seefunkgerät (Sailor, DEBEG), Amateurfunkgerät (Kenwood TS 680 S) und Automatiktuner (ICOM MN 100 L) für Achterstagantenne und direkt angepaßte Vertikalantenne für das 15- und 20-m-Band.

Dingi: 2 Schlauchboote (Caribe aus Venezuela und Bombard AX 2), dazu Außenborder (Yamaha Malta, 3 PS).

Rettungsmittel: 4-Personen-Rettungsinsel (Autoflug, Petrel 2000), Blitzboje (Secumar), Markierungsboje, 2 Rettungskragen, Automatikrettungswesten, Lifebelts, Strecktaue vom Cockpit bis zu den Bugklampen für Lifebelts, 8 Fallschirmraketen, 8 Handfackeln, 4 Rauchsignale.

Medizin: Vor der Reise Impfungen gegen Tetanus, Typhus, Gelbfieber und Hepatitis A. Erste-Hilfe-Verbandskasten; Zahnbehandlungsbesteck mit Material für Notfüllungen; starke Schmerzmittel, Einwegspritzen, Antibiotika, Medikamente gegen Magen- und Darminfektionen, Mittel zur Malariaprophylaxe (nie angewendet), 1 Aloe Vera zur Desinfektion und Schmerzstillung bei kleinen Verletzungen.

Ersatzteile

Mit Ausnahme der Elektronik konnten wir unterwegs von der Maschine bis zum Rigg (fast) sämtliche Reparaturen mit Bordmitteln selbst ausführen. Auch wenn wir uns mit vielen Ersatzteilen ausgerüstet hatten, so gab es doch keinen größeren Hafen, in dem wir nicht unseren Bestand ergänzt oder aufgestockt hätten. Zweimal erneuerten wir unterwegs das Antifouling und lackierten die Aufbauten neu. Für nachträgliche Einbauten (Watermaker, Solarpaneele, Gel-Batterien, GPS), für kleinere Reparaturen und Ergänzungen (Riegel, Haken u.ä.) verbrauchten wir viele unserer mitgeführten Ersatzteile.

Rigg: Reservewanten und Draht, Wantenspanner, Toggels, Schäkel, Bolzen und Splinte, Frösche für Notrigg, Nirodraht weich (1mm) für Schäkelsicherung, Blöcke und Scheiben, 2 Fockfallen (10mm, vorgereckt), 1 Großfall (Draht/Tau), 2 Vorsegelschoten, 1 Großschot, 2 Winschkurbeln.

Segel: 30 Stagreiter und 10 Mastrutscher, Lederreste, Segeltuch und Gurtband, 20-m-Rolle Segeltape (12cm breit), selbstklebendes Segeltuch, beidseitiges Klebeband zum Fixieren von Nähten, 5 Rollen Takelgarn à 100m, div. Segelgarne (gewachst), je 100m Bändselgut von 4 bzw. 5mm Stärke, 100 Stanz-Ösen (13mm – innen) für Sonnensegel u.ä.

Motor: 10l Motor-/Getriebeöl, gegen Seewasser resistentes Fett (auch für Aries), 3 Spraydosen Kriechöl, Diesel- und Wasserschläuche mit Schellen, Seewasserpumpe mit Impeller und Dichtungen, Kupferdichtungen für Dieselleitungen und Hohlschrauben, Dichtungssatz mit Zylinderkopfdichtung, Öl- und Dieselfilter.

Installationen: Ersatzmembranen für Lenzpumpen, gewebeverstärkte Wasserschläuche, Niroschellen, alle Größen Ersatzventile, Dichtungsmaterial, Hanf, Teflonband, Fermitol für gasdichte und dieselfeste Anschlüsse.

Herd: Ersatzbrenner (in Portugal günstig), 10 Düsennadeln, Ventildichtungen, Quetschdichtungen für Anschlüsse.

Aries: Steuerleinen, Lagerscheiben und -hülsen, 2 Ersatzwindfahnen, Ersatzruderblatt mit Verbindungsrohr und Bolzen.

Elektrik: Sicherungen, Quetschhülsen für Verbindungen und Kabelschuhe, 20m Elektrokabel (2 x 1,5mm^2), Lötzinn und -fett, Ersatzbirnen für sämtliche Lampen, Batterien für Taschenlampen, Kameras etc.

Funkanlagen: Coaxialkabel RG 58 und RG 213 je 10m, 5 Coaxialstecker, Drehkondensatoren und Stehwellenmeßgerät.

Werkmaterial: Niro- und Messingplatten (vom Schrottplatz), Gewindestangen, Winkel und Rundstäbe, Sperrholz- und Massivholzreste, Vierkantleisten, Polyester und Glasfasermatten.

Beschläge: Haken, Ösen und Riegel (Messing), Sortiment Bolzen, Muttern und Unterlegscheiben (Niro), Sortiment Holzschrauben (Messing und Niro).

Dichtungsmasse: UV-beständiges Silikon, schwarz (Decksfugen) und farblos, je 3 Kartuschen.

Kleber: Epoxid-Kleber, Kontaktkleber für Schlauchboot.

Farben: Antifouling für eine Überholung (3 bis 4 Anstriche; gut bewährt hat sich das holländische Sigma Plain), Bootslack weiß und farblos; Verdünner, diverse Pinsel und Rollen.

Werkzeug

Keines unser mitgenommenen Werkzeuge war überflüssig. Vielen sah man danach drei Jahre Seeluft an, doch alle sind weiterhin verwendbar. Sehr nützlich war unsere Werkbank mit Schraubstock, ein Brett, das auf den Süllrand gelegt und von beiden Genuawinschen fixiert wurde. Das 2,5 m lange Brett konnte ebenso als Fenderbrett oder Gangway benutzt werden.

Kleinmaschinen: Bohrmaschine, Akkubohrschrauber und 2 Spiralbohrsätze (1 bis 14 mm), Holzbohrer bis 30 mm, Kreisschneider, Stichsäge, Metall- und Holzsägeblätter, Excenterschleifer mit Schleifscheiben von 100er bis 40er Körnung, Staubsauger (12 V DC), Heißluftgebläse für Schrumpfschläuche und Farbarbeiten.

Für Holzarbeiten: Hobel, Stecheisen, Feinsäge, Fuchsschwanz, Raspeln und Feilen, Hammer, Kneifzange, Senkstift, Anschlagwinkel.

Für Metallarbeiten: Eisensäge, Blechschere, Seitenschneider, Hämmer (300 g + 500 g), Körner, Meißel, Flachfeile und Schlüsselfeilen.

Für Malarbeiten: Spachtel, Schaber, Griffe für Rollen, Schalen.

Für Elektroarbeiten: Abisolierzange, Quetschzange, Kombizange, Spannungsprüfer, Meßgerät.

Für Segelarbeiten: Takelmesser, Marlspieker, Takelhandschuhe, Stanzwerkzeug für Ösen, Nähnadeln und Ledernadeln, Schere.

Übrige Werkzeuge: Schraubstock (groß und klein), je 1 Satz Ring-, Maul- und Nußschlüssel bis 23 mm, große Maulschlüssel für Ventile und Motorfundamentschrauben, »Engländer«, Schraub- und Klemmzwingen, 3 Rohrzangen, 1 Flachzange, 2 Rundzangen, 1 Satz Schraubenzieher (Schlitz und Kreuzschlitz), 2 Teppichmesser mit Ersatzklingen, Gewindeschneider, 2 Sätze Imbusschlüssel, 2 große Scheren (Niro), Drahtschere und Wantenschneider, Silikonspritze, 1 Axt, Schublehre, Abstandslehren, 2 Atemmasken mit Gas- und Staubfilter, 100 Einweg-Gummihandschuhe.

Büromaterial: Stifte und Schreiber aller Art, Locher, Hefter, Lochzange, Schreibhefte, 500 Blatt Papier, Pappe, Schreibmaschine (mechanisch), Schiffsstempel mit Stempelkissen.

Die Kosten unserer Reise

Der niedrigere Preis und die vollständigere Ausrüstung sprechen immer für den Kauf eines Gebrauchtbootes. Hinzurechnen muß man allerdings bis zu 50 Prozent des Kaufpreises für Erneuerungen und Nachrüstung. Wir haben nach dem Kauf der »urlaubsklaren« OLE HOOP noch einmal 50000 Mark investiert, um sie zu einem Blauwasserschiff zu machen.

Nicht nur der Anschaffungspreis, sondern auch die Reisekosten unterwegs hängen wesentlich von der Schiffsgröße ab. Etwa die Hälfte unserer laufenden Kosten waren Betriebsausgaben (Versicherungen, Werftüberholungen, Ersatzteile, Hafengebühren etc.). Wir hatten 10000 Mark als eiserne Reserve eingeplant und ca. 20000 Mark pro Reisejahr. Diese Planung erwies sich als realistisch. Auch unsere Nachrüstungen von ca. 14000 Mark sind nicht ungewöhnlich, denn keine Fahrtenyacht ist so perfekt, daß nicht innerhalb von drei Jahren irgendwelche größeren Anschaffungen oder Reparaturen fällig wären.

Aufstellung der Gesamtkosten

Kaufpreis OLE HOOP	81.500 DM
Aus- und Nachrüstung	44.000 DM
Nachrüstung unterwegs	2.560 DM (Wassermacher)
	960 DM (Gel-Batterien)
	960 DM (Solarpaneele)
	1.400 DM (GPS)
	8.160 DM (Neuer Motor)
Schiffskosten gesamt ohne Betriebskosten	139.540 DM
Reisekosten für drei Jahre (à 20.000 DM)	60.000 DM
Gesamtkosten	199.540 DM

Essen und Trinken unterwegs

Lebensmittel für lange Törns (max. sechs Monate)
Die nachfolgende Liste zeigt eine Standardverpflegung. Im Ausland sind für diverse Produkte Alternativen zu suchen, was viel Spaß und landesübliche Gerichte auf den Salontisch bringt. Frisches Obst und Gemüse sowie Eier sind spätestens nach zwei Monaten verbraucht. Bei guter Plege sind Kartoffeln, Zwiebeln und Knoblauch jedoch bis zu drei Monate haltbar.

1 ½ kg Trockenpflaumen
1 ½ kg getrocknete Aprikosen
1 ½ kg getrocknete Äpfel
1 ½ kg getrocknete Bananen
1 kg kandierte Bananen
1 ½ kg Rosinen
1 ½ kg Korinthen
1 ½ kg Haselnüsse
1 kg Mandeln
3 kg Körner und Kerne, z.B Sonnenblumenkerne, Sesamkörner
30 Tüten (à 10 g) Trockenhefe
30 Tüten (à 10 g) Backpulver
30 Tüten (à 10 g) Vanillezucker
5 Pakete Zwieback
5 Pakete Knäckebrot
2 kg Kakaopulver
10 Pakete (à 500 g) Kaffee, gemahlen, vakuumverpackt
5 Pakete (à 250 g) Schwarztee, Darjeeling
5 Pakete (à 50 Beutel) Früchtetee
10 Knollen Ingwer, in Sirup eingelegt
20 Pakete Kekse (nur Lieblingssorten!)
10 Tafeln Schokolade
2 kg Bonbons
2 kg Rohrzucker zum Backen
10 kg Zucker
20 kg Mehl (Weizen und Vollkorn)

8 kg Milchpulver
30 Liter H-Milch
30 Tüten H-Sahne
6 kg Salz, auch zum Einpökeln
14 kg Hülsenfrüchte
15 kg Nudeln
12 kg Reis
20 Tütensuppen
20 Tütensaucen, auch zum Würzen
1 kg Trockenzwiebeln
10 Flaschen Saucen (Soja, Madeira usw.)
2 Flaschen Tabasco, auch als Wachhaltemittel
3 große Büchsen geriebenen Parmesankäse
5 Muskatnüsse
3 Gläser Meerrettich
2 kg Brühe (Fleisch und Gemüse)
5 Gläser Senf, versch. Sorten
5 Gläser Mayonnaise, versch. Sorten
10 Flaschen Ketchup, versch. Sorten
5 Gläser Honig
5 Gläser Sirup
15 Gläser Marmelade
15 Dosen Vollkornbrot
10 Dosen Pumpernickel
12 Einweckgläser Fleisch, fertig gewürzt
20 Dosen Wurstaufschnitt
20 vakuumverpackte Camemberts
5 kg eingeschweißter Hartkäse (Gouda, Emmentaler o.ä.)
5 kg eingeschweißter Speck
5 kg nicht eingeschweißte Räucherware (Schinken, Salami, Hartwürste)
20 Fleischdosen (Rind- und Schweinefleisch, Huhn)
30 halbe Dosen Gemüse (vorwiegend Mais, Champignons, Sojasprossen, Bambus, Sauerkraut, geschälte Tomaten, aber keine Hülsenfrüchte)
20 halbe Dosen Obst
10 Gläser Gewürzgurken

20 kleine Dosen Tomatenmark
10 Flaschen Öl
10 Dosen Butter
5 Liter Essig
10 halbe Dosen Suppen
20 Flaschen Schnaps (Rum, Gin und Cognac)
20 Flaschen Wein
10 Flaschen Sekt und Sherry
10 Liter Bier
Tütensäfte für 30 Liter
5 Fläschchen konzentrierter Zitronensaft
30 kg Kartoffeln
10 kg Zwiebeln
10 Knoblauchknollen
20 kg Gemüse (besonders haltbar sind alle Kohlsorten, Gurken, Kürbisarten)
10 kg Früchte (besonders haltbar sind Zitronen und Pampelmusen; ausschließlich ungekühlte Ware!)
60 frische Eier

Anmerkung

Dosenbrot (äußerste Reserve), eingeschweißten und vakuumverpackten Käse und Räucherware gibt es in Deutschland, Panama, Neuseeland, Australien und Südafrika.

Trockenmilch muß unbedingt aus Vollmilch hergestellt sein (3,5 % Fett). Die allerbeste Trockenmilch bekamen wir auf den Niederländischen Antillen, aus ihr kann man Schlagsahne machen. Geschmacklich ist sie hervorragend.

Getrocknete Hülsenfrüchte haben den Vorteil, daß sie besser schmecken und außerdem im Gegensatz zu Konserven an Gewicht sparen und einfacher zu verstauen sind.

Die 12 Einweckgläser mit köstlichem Fleisch, selbst eingemacht von Johannas Schwester, haben wir zu Festtagen geöffnet (Haltbarkeitsdauer bis zu fünf Jahre).

In Venezuela sind Schnäpse und Bier sehr billig. In Panama sind Zigaretten (auch an Tauschware denken) günstig.

Ab der Karibik haben wir Saft nur noch als Pulver gekauft; mit Wasser angesetzt, ergibt es ein hervorragendes Getränk. Tip: Pulversaftsorten vorher ausprobieren, geschmacklich sind sie sehr unterschiedlich. Hat man seine Lieblingssorte erwischt, kann man Unmengen davon mitnehmen, denn sie wiegen kaum etwas und ergeben viele hundert Liter Saft.

Konservierung, Tricks und Tips

Eier mit Vaseline einreiben, so halten sie bis zu sechs Wochen.

Zitrusfrüchte haben wir in Netzen luftig gelagert, Haltbarkeit bis zu zwei Monaten.

Kartoffeln in einer durchlöcherten Plastikkiste in drei Schichten, dawischen Zeitungspapier, im Dunkeln (Hundekoje) gelagert. Halten bis zu drei Monaten.

Möhren in Erde einlegen.

Zwiebeln in luftiger Kiste lagern, jede Woche einmal im Cockpit in der Sonne trocknen; so halten sie monatelang.

Fisch (roh) kräftig einsalzen, solange er Wasser zieht; Wasser abkippen, neu einsalzen. Ist er trocken, an einen luftigen Ort legen, z.B. unter die Sprayhood. Zur Verarbeitung gut wässern, dann nach Belieben verwenden, schmeckt wie frisch.

Fleisch und Fisch haben wir drei Tage im Drucktopf aufbewahrt. Nach Herausnahme für eine Mahlzeit das verbleibende Fleisch oder den Fisch kurz aufkochen. Druck nicht ablassen!

Einkochen

Dafür braucht man Gläser mit Plastikdeckeln, denn Metalldeckel rosten. Wir haben ausschließlich Gemüse und Früchte eingekocht, z.B. Bananen und Guyava.

Im Topf erhitzen, kurz aufkochen lassen, mit Zucker (Verhältnis Frucht zu Zucker: 3 zu 1), Zitronensaft und Gewürzen abschmekken. Gläser vorbereiten: In heißem Wasser erwärmen, heiße Früchte mit kleinem »Berg« ins Glas geben, einen Schuß hochprozentigen Alkohol (im Notfall auch Spiritus) dazu, Deckel zuschrauben und Glas auf den Kopf stellen, bis erkaltet. Wichtig: Das Glas muß luftdicht und möglichst steril verschlossen sein, deswegen der »Berg« und der Alkohol. Hält monatelang.

Tip 1: Früchte nur kurz kochen, dann schmecken sie selbst nach Monaten noch knackig und frisch. Alle Obstsorten lassen sich so gut konservieren.

Tip 2: Will man unterwegs nicht Gläser sammeln, gleich von zu Hause samt Deckel und Dichtung mitnehmen. Die dreifache Anzahl an Dichtungen vorsehen!

Tip 3: Besonders lecker sind selbst eingeweckte Gurken. Gurken schälen, in Stückchen oder Scheiben schneiden, mit etwas Essig, Zitronensaft, Zucker und verschiedenen frischen Kräutern kurz aufkochen. Alles ins Glas. Weiter wie oben.

Mit frischem Gemüse genauso verfahren, zur Konservierung reicht Essig oder Zitronensaft. Gewürze (nur frisch) nicht vergessen.

Anmerkung: Wird man irgendwo auf der Welt mit Früchten und Gemüse überschüttet, sind sie besonders lecker oder nur in einer Region erhältlich, bekommt man sie frisch vom Baum oder Feld, ist das so Eingeweckte auf hoher See eine Köstlichkeit.

Speck und Käse halten eingeschweißt auch bei tropischen Temperaturen bis zu zwei Monate.

Offene Räucherware luftig unter Deck aufhängen und gut beibändseln.

Quarkherstellung

4 Teile Wasser, 2 Teile Trockenmilch, 1 Teil Molke gut miteinander verrühren, in ein Glas füllen, mit Deckel verschließen. 24 bis 30 Stunden stehen lassen (nicht im Kühlschrank). Fertig ist der Quark, wenn die Molke sich abgesetzt hat. Glasinhalt durch ein Sieb mit Tuch gießen. Die aufgefangene Molke kann für den nächsten Ansatz wiederverwendet werden.

Tip 1: Die Molke kann bis zu vier Tage im verschlossenen Glas auf ihren nächsten Ansatz warten.

Tip 2: Hatten wir zuviel Molke gewonnen, taten wir auch einen guten Schuß davon in den Brotteig oder verschenkten sie an andere Segler.

Tip 3: Die erste Molke stellten wir selbst her. Dabei ist das Verhältnis 1 Teil Trockenmilch, 2 Teile Wasser. Im verschlossenen Glas ca. drei Tage stehen lassen, es setzt sich eine gelbliche Flüssigkeit (Molke) von einer wäßrigen Quarkmasse ab. Vorsichtig voneinander trennen, entweder abschöpfen oder durch Tuch im Sieb abgießen. Die Quarkmasse selbst ist noch nicht brauchbar.

Tip 4: Es empfiehlt sich, die Molke nach ca. vier Monaten neu anzusetzen.

Tip 5: Selbst bei neun Beaufort und gewaltiger »Wackelei« läßt sich so Quark bereiten. Verwendung z.B als Brotaufstrich, für Desserts, Kuchen, Teigtaschen und Pizza.

Brotbacken

Auf See haben wir alle drei Tage Brot gebacken. Hefebrot: 1 kg Mehl (800 g Weizenmehl, 200 g Roggenmehl), 1 Teelöffel Trockenhefe, 1 Teelöffel Zucker, 1 Teelöffel Salz, 1 Eßlöffel Öl, ½ Liter Wasser. Teig ansetzen, gehen lassen (in den Tropen geht der Teig immer sehr gut). Noch einmal tüchtig durchkneten und ein zweites Mal gehen lassen. Nun Gewürze, Körner usw. hinzutun, den Teig zu einer länglichen Rolle formen, in eine gefettete Form legen, mit Tuch abdekken. Zehn Minuten stehen lassen. Backform in den vorgeheizten (Petroleum-)Backofen stellen, 20 Minuten bei voller Hitze backen, dann nochmals 40 Minuten bei geringer.

Anmerkung: Mit unserem Roggenmehl sind wir sehr sparsam umgegangen, weil es rund um den Erdball schwierig zu bekommen ist. Da wir unseren Kühlschrank nicht benutzten, haben wir Trokkenhefe aus Deutschland verwendet. Unsere Mütter schickten uns in Briefen »frische« Hefetütchen. Später haben wir in Französisch-Polynesien gute Trockenhefe gefunden. Steht ein Kühlschrank zur Verfügung, sollte man in jedem Fall frische Hefe verwenden.

Tip 1: Roggenmehl aus Europa mitbringen lassen oder mit Seglern in Tauschhandel treten.

Tip 2: Aus einem Kilo Teig haben wir jeweils zwei Brote hergestellt, so hatten wir immer ein süßes und ein salziges; z. B. Haselnußbrot, Feigenbrot, Zwiebelbrot und Kümmelbrot.

Sauerteigbrot : 500 g Weizenmehl, 500 g Roggenmehl, 2 Eßlöffel Trockenhefe, 1 Teelöffel Zucker, 1 Eßlöffel Backhilfsmittel R 22 (Ulmer Spatz), 1 Eßlöffel Salz, 1 Eßlöffel Öl, ½ Liter Wasser.

Teig ansetzen, mit Vorteig. Weiteres Verfahren siehe Hefeteig.

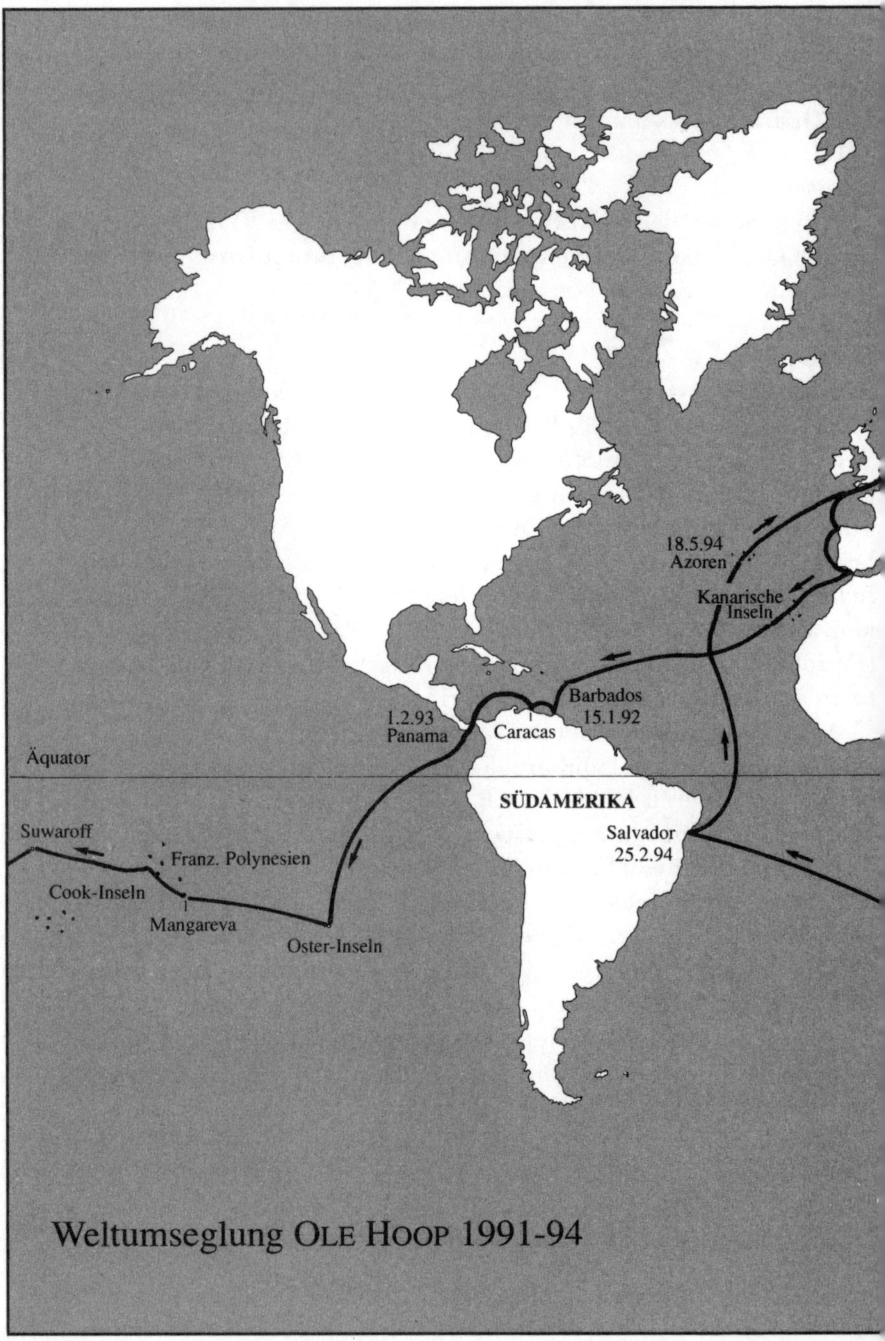

Weltumseglung OLE HOOP 1991-94

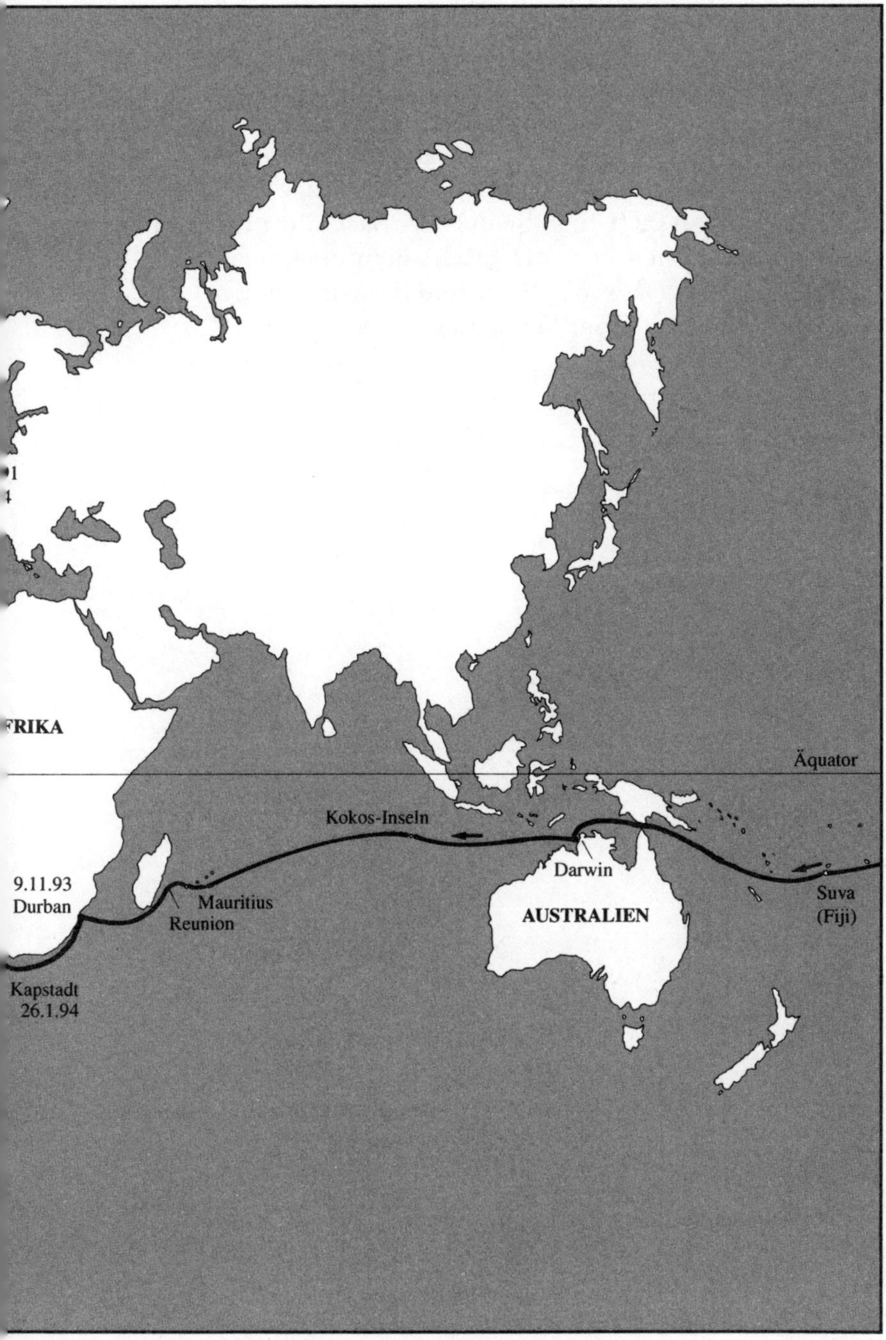

FRIKA
Äquator
Kokos-Inseln
Darwin
9.11.93
Durban
Mauritius
Reunion
AUSTRALIEN
Suva
(Fiji)
Kapstadt
26.1.94

Anmerkung: In Brasilien haben wir den Profibäcker Helmut von der JOSEPH HAYDN getroffen. Er weihte Johanna in die Kunst des Sauerteigbrotbackens ein. Endlich hatten wir jemanden gefunden, der auch unabhängig vom Kühlschrank Sauerteigbrote backen konnte. Das Geheimnis war das Backhilfsmittel, das sich verschlossen auch bei tropischen Temperaturen einige Jahre hält. Tip: Backhilfsmittel R 22 (Ulmer Spatz) oder Backhilfsmittel von Boehringer vom Bäckermeister aus Deutschland mitnehmen.

Buchtip: »Das große Buch vom Backen« von Eva und Ulrich Klever, Gräfe und Unzer Verlag GmbH, München.